汉字动物园

Hanzi Dongwuyuan

朱孟仪◎著

中国文联出版社
http://www.clapnet.cn

图书在版编目（CIP）数据

汉字动物园 / 朱孟仪著 . — 北京 : 中国文联出版社 ,2017.8 （2025.4重印）
ISBN 978-7-5190-3006-3

Ⅰ . ①汉… Ⅱ . ①朱… Ⅲ . ①汉字—研究 Ⅳ .
① H12

中国版本图书馆 CIP 数据核字 (2017) 第 213389 号

汉字动物园

著　　者：朱孟仪

出 版 人：朱　庆
终 审 人：金　文　　复 审 人：王　军
责任编辑：郭　锋　　责任校对：王洪强
封面设计：凤凰树文化　　责任印制：陈　晨

出版发行：中国文联出版社
地　　址：北京市朝阳区农展馆南里 10 号，100125
电　　话：010-85923033（咨询）85923000（编务）85923020（邮购）
传　　真：010-85923000（总编室）　010-85923020（发行部）
网　　址：http://www.clapnet.cn　　http://www.claplus.cn
E-mail：clap@clapnet.cn　　guof@clapnet.cn

印　　刷：三河市宏顺兴印刷有限公司
装　　订：三河市宏顺兴印刷有限公司
法律顾问：北京天驰君泰律师事务所徐波律师
本书如有破损、缺页、装订错误，请与本社联系调换

开　　本：700 × 1000　　1/16
字　　数：275 千字　　印　张：16.625
版　　次：2017 年 11 月第 1 版　　印　次：2025 年 4 月第 3 次印刷
书　　号：ISBN 978-7-5190-3006-3
定　　价：45.00 元

序一

李汉秋

汉字很神奇。

如果我们仅仅把它当作语言的符号、交际的工具，那就会无视汉字丰富的文化内涵，等于入宝山而不见宝藏。

汉字象形为本，以“形”状物，摄“形”会意，是全世界流传至今难得的表意体系的文字，联合国标准化组织称它为“图形文字”。汉字的这一基本特点使它超越时间、空间、语音、民族等诸多限制，可以传得既久且远。同时，汉字又以字形、结构、功用（表音示义）的三维立面，体现形音义的统一。汉字的这一特性又决定了它不同于一般表音文字。在几千年的传衍发展中，汉字融入并积淀了丰富的文化内涵，潜藏着诸多文化信息，是索解传统文化密码的钥匙，是传承中华文明的载体。

一字一世界，汉字至今依然魅力无穷。2013 年 3 月，习近平主席在俄罗斯的中国旅游年开幕辞中说：“中国书画、京剧、中医等传统文化博大精深”。汉字是中华民族的智慧结晶和伟大创造，是中华民族对人类文明的杰出贡献，是全人类的珍贵文化遗产。印度前总理尼赫鲁曾赞叹道：“世界有一个伟大的国家，它的每一个字都是一首诗、一幅画，她的名字叫中国。”

《汉字动物园》作者朱孟仪曾说：“大半生天天使用汉字，却熟视无睹汉字内隐的文化，深感羞愧。为此，我发誓一定要把自己所想所感写出来。”

有了如此可贵的文化自觉，他果然说到做到，以数十年的深厚文化修养，积数年之功，撰成《汉字动物园》。而这，仅是他的汉字文化系列作品之一。

《汉字动物园》通过对动物的汉字命名，以及汉字中大量存在的动物字根的缜密考察，以几十种动物为写作对象和文化解码的线索，从史前文化的探赜索隐，到历朝历代积淀起来的字根、字象（字形）、字理、字脉、字义、字音等方面的钩沉梳耙，在中西文化比较的宽阔视域中，体悟中国文化，激发读者热爱中华传统文化，增强文化自信，从而增强民族自豪感和自信心。

初识孟仪是在三江六岸、云水天涯的宁波。2009年9月20日，我与王蒙先生应邀出席“宁波镇海中国传统节庆文化论坛”。那时，孟仪是宁波甬商发源地——郑氏十七房古村项目的总经理，也是这次论坛的主要策划人之一。在我眼里，作为一位职业经理人、商海中的经营管理者，或许只是出于职业的需要，对民俗文化略感兴趣而已。暌违七年之后，我才知道这位汉字文化的痴迷者，对汉字的研究有自己的一套思路。

作者认为，汉字字形本身就是一门艺术，每一个汉字方方正正、筋骨扎实、结构严谨，又易于个性的驾驭，展现个人广阔的艺术创作空间。字画同源，汉字是一种不似绘画胜似绘画的艺术。解读汉字的书，其本身也应当具有一定的艺术性，方不愧阐发的对象。

《汉字动物园》一书融合了散文、寓言、杂文等多种写作手法，以读者熟识的动物为线索，从一个新鲜的视角，引领读者在习以为常的汉字世界里，觅径进入民族文化的心灵考古历程。本书涉及的动物彼此牵连，左右映带，呼应成趣；每个动物篇章又自成一体，风格迥异，独立成篇；全书又是汉字动物谱系的统一体。作者努力做到知识性、学术性、可读性的统一。洵为难得。希望能为广大读者尤其是青年学生，开启一扇进入汉字大观园的大门，并且起到循循善诱的导游和讲解员的作用。

汉字文化博大精深。唯其如此，汉字的奥义与大众通识确有距离。倘能以科学精神俗解汉字，并于通俗的表达中，阐释不俗的见解，这不仅需要对汉字真相的了悟，更需要文字驾驭能力。孟仪的《汉字动物园》，应该说是这方面的大胆尝试。

2017年9月于北京

*李汉秋：著名人文学家，第七届至第十届全国政协委员，中国科学院文学研究所研究员，曾任中国农工民主党中央宣传部部长。北京大学中文系毕业后，李汉秋先生长期从事中国古典文学的研究和教学，致力于建设中华节日体系，是清明、端午、中秋、除夕等传统节假制的提案人和主要推手。

序二

理查德·西尔斯　姜礼惠子

《千字文》第 189 句“渠荷的历”中的“的历（曆）”，通常被当作联绵词，解释为“鲜明的样子”（《汉典》）。“的历”为什么有“鲜明”的义项？目前能见到的读本大都无解甚至误解。可是，当我们随手翻到《汉字动物园》之豹尾篇时，始发现原来现代汉语中使用频率最高的结构助词“的”，早期小篆构型是（旳，‘的’的本字），字形表现的是两个发光体左右合成，左（日），太阳；右（勺），北斗；一个在白昼炫目，一个在黑夜耀眼。有的篆文（的）将（日）写成（白），后演化成楷体“的”，以至于今人浑然不知“的”的来龙去脉。

《汉字动物园》一书认为，“的”字右边的“勺”既不是单纯的发声附件，也不是“舀”的意思，更不是“灼”和“钓”的省变，而是遥指夜空中显赫的“北斗星”，它与左边的“日”乃至后来讹变的“白”，联袂构成 24 小时“白 + 黑”全天候天文景观，作为“明明白白、准确无误”的视觉参照，具有强烈的目标性和定位感。因此，“的”是“目标”“标的”的符号，甚至包含“箭靶”“莲子”“酒窝”等“鲜明、确定”的义项。

回头再说上文提到的“的历”一词中的“曆（历）”字。晚期金文（曆）表现的是时辰、光阴、岁月、季节和农时的关系。有“太阳行空”的意象，表达的是同样鲜明的时空概念。

汉字在篆化、隶变乃至简化之前，每个构件都有其确定的示义性，那时候的汉字是一目了然的“明码”。但由于古人在汉字的传播中大多是手写（书法），误解、误写是经常的事情，如果书写的那个人是皇帝或者贵族、知名人士，一错百错，写错的那个字，就传承下来，这就是“以讹传讹”。许多汉字真相被错讹至今，原本以“图 / 形”见长的汉字反而成了“最隐秘的符号”。如何还原汉字真（贞）相，变暗码为明码，《汉字动物园》的作者，无疑是破译“暗码”的探索者之一。

博大精深的汉字是中国悠久文化的活水源头。字以溯源，“非文字无以见圣贤之心”。汉字每一个构件，一笔一画，蕴含着中国人独特的物象思维；横平竖直，承载着中华文明厚重的底蕴和价值。今天，值得庆幸的是优秀传统文化已纳入治国理念加以传承，举国上下都在为几乎断代的古汉字发扬光大而努力。2017 年 9 月 1 日，中央电视台与国家教育部联合举办了一场献给全国亿万师生的《开学第一课》，向我们的教育工作者、学生和家长传递了一个强烈的信号：汉字回归重要位置。

《汉字动物园》作者认为，“汉字回归重要位置”是“汉字完形真读”的过程，而不仅仅是从“a、o、e”拼音教学回归到“天地人”的字形启蒙老路上。其实，这里关键的关键并非是先拼音还是先文字的问题，而是能否正本清源，让一张白纸没有负担的学龄童，从认字之始就看见汉字真（贞）相的问题。这里举个最简单的例子：

譬如“大”这个字。“大”字条在《汉语大词典》第 3065 页，首条注解为：da< 廣韵 >徒盖切，去泰，定。又唐佐切，去箇，定。紧接着是详解：1. 与“小”相对。形容体积、面积、数量、力量等方面超过一半或超过所比较多对象（第二条与第一条也差不多）。2. 表示大小程度；3. 粗；4. 扩大、广大；5. 尊重、重视；6. 赞美、称颂；7. 敬词；8. 夸张、夸大… 包括后面的词组，总计上百条注解。这样一个使用频率庞大的“大”字的注释阵容，却没有一条从正面告知读者，“大”的本相本义到底是什么。没有一条阐述“大”的本相是“一个伸展四肢，正面端正直立的人”；“大”本义是“顶天立地、光明磊落、敢于直面人生的成年人”。“大”引申义是“正大光明，正人君子”。

文字学家杨树达认为，“文”分为象形与指事，象形来自图画，即“字生于形”，是为“客观的、模仿的、异体的”。而“指事”源自符号，即“形生于字”，为“主观的、创造的、抽象的”。“字”分为会意与形声，前者“所合之文互相融合，字之音义在所合之文之外”；后者“所合之文不相融合，字之音义含于所合之文之中”。

阅读的最高境界，就是文字成图、“得意忘言”。每一个文字都有相应的图景与情感，当这个感觉与心灵相连时，才能触及文字之真意。孟仪君认为，“完形真读”的真谛，就是恢复文字背后的图景、曲率、色调、味道、温度、情感。

《汉字动物园》以读者熟悉的动物为考察对象，避开了传统学术研究的路数，试图以东西方文化差异为比较背景，召唤大小读者从一个个活生生的角度解读文

字背后的中国历史文化。正如国学大师陈寅恪先生所言："依照今日训诂学之标准，凡解释一字即是作一部文化史。"《汉字动物园》正是摈弃了以往陈述文化史的流水叙事法，融入了文化思辨的元素。比如，作者在写《鹅》篇时，从"它者"与"我者"的角度，审视一只叫作"鹅"的"我鸟"，一只看似普通的家禽，引发了关于"我"的哲思。"所以，湘人拒绝普通话读音，坚持读我（wǒ）为鹅（é）。人不犯鹅，鹅不犯人；人若犯鹅，鹅必犯人。鹅是一种很自我 ego、很本我 Id、很超我 superego 的动物，不分昼夜呼叫自己的名字"的动物呀。如此写法，是不是非常有趣?

可以说，《汉字动物园》是当代风起云涌的汉学浪潮中的一畔绿洲，作者以率真的天性、纯正的立意，将读者领进可爱的动物园。就汉字的价值而言，其出发点与笔者姜礼惠子的"汉字本体论"有异曲同工之妙。《汉字动物园》当之无愧地体现了"存在""本性""起源"等单纯概念。这也是"他日必遍布宇内"（日本汉学家·三木宪言）的凭证。

一向以晚学自谦的孟仪君，在大量的阅读中，辩证地给笔下的动物贴上了普世标签。更难能可贵的是，作者从文化自省到文化自觉，以全新的视角激发民族自豪感和建立民族文化的自审意识。这也是笔者提笔做此薄序的动力之主动。

2017 年 9 月于黄山

⋆ Richard Sears 理查德·西尔斯：美国汉学家、汉字字源网创始人、"中国华表奖"获得者、CCTV-1《朗读者》嘉宾、央视《开学第一课·字以溯源》主讲人。先后被中央电视台等海内外著名媒体评为"感动中国的外国人"，被网友尊称为"汉字叔叔"。

⋆ 姜礼惠子：古汉字研究学者、《汉字真相》作者、北京师范大学国学博士、汉字字源网 www.chineseetymology.org 创始人 Richard Seras（汉字叔叔）首席中文助理，致力于倡导汉字本体论、创办汉字贞相国际研究基金会。

自序：动物尔雅

——闯进汉字的动物们

在寻常所见的汉字中，有很大一部分象形字、会意字取象于动物。那些“闯进汉字的动物”充满灵性，寄托了先民无尽的人文妙思，引导我们一步一步走进远古历史场景，直抵立体方块字的内核。比如“闯（闖）”和“进（進）”这两个字，都与动物有关，悉心研读，可以从中窥见古人造字的玄机。

先说闯。为什么“闯”字取象于“马”，而不是牛或其他动物？原来马起步是前足先，属“前轮驱动”，而牛起步是后足先，属“后轮驱动”；马蹄圆整所以行动迅速，牛蹄坼裂所以行动迟缓；马双耳直立尖耸，通常站着睡觉，出门总是前蹄悬起，十分警觉；牛双耳平直耷拉，常常卧睡，出门时总是低着头，慢腾腾欲进不前，十分温顺。因之，表达“勇猛直前”“敢冲敢为”这个意思时，古人眼波流转，在人类最亲密的“六畜”中，撇开其他五畜，选择了“马”。

再说进。为什么“進（进）”取象于“隹”？原来，“隹”是鸟的一种。古人认为“长尾为鸟，短尾为隹”。隹的造字原型是鸟类中最常见的“麻雀”。麻雀总是跳跃前行，不会像其他动物那样一步一步行走，故有“雀跃”一词。古人发现，所有的陆生和水生动物都可以倒行或倒游，只有鸟类通常不能倒飞（博尔赫斯的鸟除外）。而且，鸟的体温高于人类，属于阳性，古代有称太阳为神鸟之说。于是，他们以隹（鸟）为物象，表达“向前、跃动、发展”的字义……由此，我们不得不叹服于古人神探般的观察力。

汉字犹如“生活的舞台或世界的镜子”（福柯），它以东方式思维，宣称并表达东方式话语。

汉字是东方文化的魔盒，蕴藏着汉民族文化的全息密码。我们只需悄悄地揭开魔盒的一角，便会惊喜万分：尔雅（唉呀），汉字原来这么美！

每一个方块汉字都是一扇窗、一扇门。在这里，宇宙被折叠、收拢在方寸之间，远古时代的物象场景、生活方式、审美图式、思维模式、心灵智慧、巫术宗教，以及历朝历代积淀起来的字象、字理、字脉、字义、字音一一蕴藏其中。“窗含西岭千秋雪，门泊东吴万里船。”打开这扇“门”“窗”，我们的思想就可以穿越时空，接通感觉与心灵、具象与抽象、自然与社会，触及文字背后的图景、曲率、色调、味道、温度，窥见中华文化的万千气象。难怪印度前总理尼赫鲁感叹：“世界有一个伟大的国家，它的每一个字都是一首诗、一幅画，她的名字叫中国。”

动物是我们解读汉字密码的钥匙，是现代人走出中国文化迷宫的“阿莉阿德尼线”。李学勤认为，巫是知天知地、通天通地的专家，动物便是借以通天通地的工具。每一类动物都是哲学家，都是哲学家中的先知、人类的老师。如果说，器物标志商业文明，那么植物和动物创造的就是农耕文明、游牧文明了。动物与器物、植物相比，更有生命的温度，更接近人类。通过汉字构成中的动物字根，可以窥探中华传统文化的堂奥。作为构字的元素，动物们秘藏于汉字，活跃于上下五千年文化传承中，向我们昭示天人合一、民胞物与的中国式宇宙观、价值观。

这个世界，原本是人与神、人与兽、社会与自然的和谐统一。作为万物灵长的人类，本身也是人与神、人与兽的合体。埃及吉萨高地那尊狮身人面的斯芬克斯，揭示了千古不变的谜底：人是人性与兽性的统一，社会性与自然性的统一。

当下，人口的增长给动物们留下的空间越来越少，人、兽分化对立，物、我恶化断链，人成为地球的主宰，动物成为人类的附庸。人的自然性或兽性正在膨胀，而人性或人的社会性却日渐式微，甚至出现人与兽角色倒置，通人性的兽少了，通兽性的人多了，它们不再是统一体的两面，而是正在走向肉体与心灵分裂的极端。为此，《汉字动物园》试图以中国最早的一部解释词义的词典——《尔雅》为模板，换一个角度解读中国文化，在人们熟知不察乃至感知钝化的情境下呈现温文尔雅、浸润人文内涵的汉字里的“动物世界”，通过那些闯进汉字的动物，把汉字的造字机理与现实世界对接起来，寻找民族智慧根文化，以期回归传统、尊重自然，在自然和传统文化中寻求心灵栖息地。是为序。

本书在写作、核校、出版过程中得到了《西湖》文学月刊吴玄总编、百年中国语文人研究院李震教授、张勇教授，连云港作协副主席王成章先生、淮海工学院文学院唐浩博士、杭州好友林晓非先生、《西湖》文学月刊李璐老师，以及宋凯校长、王亚军老师等同道的热情关注和大力支持。在付印之际，深表谢忱。

目录

CONTENTS

“在一切动物中，人离猴子最近。”利希藤贝格没有说“猴子离人最近”，似是在暗示：人类是盗版的猴子，猴子是原版的人类。

最流行的观点认为，兔子是笨死的。成语“守株待兔”记录了这种死法的全过程。兔子的双眼位于脸的两侧，虽说能见范围广，但正前方恰恰是死角。

当希腊牛公然勾引米诺斯王后、美丽的帕西法斯时，中国牛却在教唆放牛娃如何对裸浴的美女耍流氓。罗马人干脆把古罗马的全部历史的肇始，归功于一头公牛和母牛。

蒙元时期，马致远笔下的“瘦马”依然伴着西风远行；明清时期，文人笔下的“扬州瘦马”已经与马没有什么关系了。

羊承载了中国人早期文化生成关系的全息密码：当人们以自己的价值观审视羊，并吸纳羊的优良品质的时候，人正在外化为“羊”，“羊”也正在外化为人。

在第欧根尼看来，老鼠独立于自己的世界，窜来窜去，既不害怕黑暗，也不惮于人人喊打的白色恐怖；他们无拘无束，并不执意向往一张舒适的床。

当美国学者亨廷顿以“文明冲突论”来解释冷战后的世界走向时，费孝通提出了“各美其美，美人之美，美美与共，天下大同”的观点，形象地阐明了东方文化观。

狮子是战略家，老虎是战术家。战略家吃饱了就睡，养精蓄锐，世称“睡狮”；

成为宠物而得以与人朝夕相伴，甚至爬上主人的床榻。

西方人认为大地是个球，中国人认为大地是只龟。龟的腹甲呈“亞”形，圆圆的穹拱形的背甲，四边有四足支撑，“亞”形的四方是神灵之土，四方围绕着中央。

那么，我们就必须再叫一个演员出场：让一个批评家来提出几个疑问以便让思想再度活跃；叫一个对头来注入一点痛苦、不满、恐惧或憎恶，以便感情再度敏锐化。

苍蝇不叮无缝的蛋。有些蛋其实巴望着被叮；那痒痒的感觉，想必是很受用。知堂先生似乎看到了他的子孙们的做派，故意制造绯闻撩拨“吸美”者，权且排遣寂寞。

跳蚤虽有舞蹈天才，但天生不擅礼乐；喜钻裤裆的跳蚤太阴鸷，它们躲于暗处，不按常理出牌，更无风度可言……

哥白尼解除了地球和宇宙之间的壁垒，达尔文穿透了生命与无机界之间的隔膜，弗洛伊德弥合了理性世界和无意识世界之间的裂隙，荣格发现了“个人无意识”背后的“集体无意识”，延安时期的革命者化解了人与寄生虫之间的对抗。

当唯一不需要拿“资格证”上岗的“家长”，集体倒在失业、全民焦虑的枪口之下时，才记起马克思的名言：“播下的是龙种，收获的却是跳蚤。”这是中国人的教育观与教育、人生观与人生开了一场玩笑。

花丛中呛然飞出一只漂亮的花蝴蝶，她柔柔的腹肌、翩飞的妙姿，静止住全部眼睛的狂啸。

画一头大象的轮廓，显摆一下万能的鼻子，这便是殷墟出土的甲骨文“(象)”。乍看还以为是一幅随意涂鸦的儿童画，但它千真万确是商朝文字，今天还在使用的汉字“象”的雏形。

大写意的造字风格，早在3300年前就赋予了汉字系统“像”与“不像”两个对立统一的要素，留给后人一段必须调动情绪和想象不断补充的布白，煞是调皮地牵制着我辈，不得不在“能指”与“所指”之间、“字象”与“物象”之间流连——面对沉睡了3300多年突然醒转的文字，我们多少还是有些踌躇：

到底是“像”的要素多一点，还是“不像”的要素多一点呢？

譬如马尔克斯构造的《百年孤独》小说世界，谁能说得清是“非现实之事物的现实（魔幻现实主义）”多一点，还是“十分合情合理的非现实（现实魔幻主义）”多一点。我个人认为，魔幻的配方和现实的比例固然说不清，但魔幻与现实无边界的混沌状态，恰好用于汉字“意象性”特征的表述：我们可以把现实主义的“像”的成分，称为“象”；把魔幻主义的“不像”的成分，称为“意”。

打个比方说吧。图画描绘的是“形象”，是现实主义的“象”，追求的是逼真的“像”；汉字再现的是“象形”，是魔幻主义的“意”，追求的是似“像”似“不像”。现实主义的“象”，是人凭感官或感官的技术延伸（如照相机、摄像机），可以直接捕捉到事物的外在形象或现象，犹如西方的油画；魔幻主义的“意”，发源于史前人类敏锐的洞察力、巫术思维的感悟力，是一种更高的知觉层次的意象思维能力，犹如东方的水墨。这一段非白非黑的灰色地带，譬如远古彩陶，看似随意的纹样图案正在向有规则符号的演变，乃先民模糊而丰富的创造力和审美感知力、形象概括力的一种衍射。它们介于绘画与文字之间、现实与魔幻之间，是文字的源头，但还不是文字。

汉字的形成，首先是从“现实主义”的物象中取象，并以物象为本象，在本象中凝结为字象，在字象中赋予“魔幻主义”的意象，汉字便拥有了象征意义。最后，恣肆汪洋的“象思维”，便泛滥成中华文化的无形大象。

较早提到“大象”的文献，是帝禹时代国土资源白皮书《山海经》。在《山海经·海内南经》中记载了一条生于南海、身长800尺、黑皮青脑壳的蛇，慵懒而精致地受用一头被它生吞活剥的大象。据说，这条名叫巴蛇的怪物，像广州人生吞蛇胆一样，一口吞掉了最大的陆生动物大象，三年后才吐出象骨头。虽说没人见过传说中的“象骨头”，但在蛇吞象的遗址上，每一个中国人的血管里都或多或少涌动着“象思维”的文化基因。

象中有象，象外有象，象又生象，一切皆象。王夫之在《周易外传》里这样总结：“盈天下而皆象矣，《诗》之比兴，《书》之政事，《春秋》之名分，《礼》之仪，《乐》之律，莫非象也。”

汉字的“意象性”特征，在于它是对物体轮廓的简约化、概括化和具体化的抽象，是中国人对物象长期观察、留意的结果，是符号形象对物象的再现，渗透着中国人的情感、审美和价值判断。这就是说，汉字的形体和象形结构中，已具有抓住事物主要特征加以再现的表现因素，并于再现物体之“象”的同时，深层地表达了造字者的主观意识、审美情感。此时，“物象”借助“法象”，法象渗透在“字象”及其内含的“意象”之中，犹如共性寓于个性之中，构成了中国人认识客观世界的思维介质，并形成了一种能够精致辨形、归纳，且富于创造性的形象思维能力。

由此可见，中国人心目中的“象”，已不再是传说中被巴蛇吞掉的“那一只”，而是龙蛇图腾崇拜文化的同化力与精髓所在。象，如此玄妙，无时不在，无处不有，又无所不包，难怪我们只能在近似盲人的抚摸中认识“大象”了，也难怪中国人那么喜欢马尔克斯了。

在天成象，在地成形。魔幻主义的“象”，是《易经》最神秘的符号。“易者，象也；象也者，像也。”（《系辞》）《易经》的核心密码即以符号、形象等图符工具，推演天、地、人、事、物的运行规律，从而奠定了中华文化的核心思维方式。

大音希声，大象无形。魔幻主义的“象”，是《老子》最基本的道德范畴之一。老子所说的“象”，不是“象形之象”，而是“意象”“心象”“无形大象”之“象”。老子首倡“非言”，认为凭借语言和概念难以穷尽“道”之精微；表达“道”，只能凭借“象”，尤其是“大象”。故云：“执大象，天下往。”南怀瑾在《老子他说》中，为懵懂的我们解释说：所谓“执大象”，不是叫我们去抓一只大象，或者像

遛狗一般牵着大象散步，而是要懂得天地万有的大现象、大道理、大法则。如此，则天下无往而不利。

作为中华文化基石的汉字，无“象”则缺乏依托不成理据，有碍于观瞻；无“意”则磨损任意性，无益于联想。因此，汉字的意象性，不仅是构筑东方神秘哲学的同位素，也为汉诗创造了无限的艺术空间。当代学者们认为，诗的创作说到底，就是主体融意为象，凝象为言，以言传意象，以意象启无形大象的过程。全球视野下，独树一帜的“象思维”，正是以唐诗宋词为标高的汉诗十分发达的原因所在，它让人类的视觉与心灵，一起摇曳生姿，并非只耽于任由两只眼睛独览胜景，而让心灵酣然入眠。

无“意”不成诗，无“象”不成字。名画家石虎说：当一个字打入眼眸，人首先感知的便是字象（一重字象思维）。它是由线条的抽象框架形象所激发的字象思维。它一定会去复合字象所应对的物象。字象在音意幻化中与物象复合，这里便发生了又一重物象的思维（二重物象思维），构成了汉字的两象思维特质。两象相互作用复合，字象便具有了意的延绵。这种字象意的延绵具有非言说性，它决定了汉诗诗意本质的不可言说性。

动物学家根据动物家族亲缘远近，把 5400 种哺乳动物很吝啬地分为 29 个目，而大象就独占一目——长鼻目，现仅存三个物种：亚洲象、非洲丛林象和非洲森林象，再也没有别的现存物种与大象划入同一个目。这么说，大象似乎天生就是一位躲进“象牙塔”的孤独的思想者（据称，非洲象的大脑重量是人类的三倍），偶尔独步意象的森林，恪守自己的精神家园。即使是在中国象棋的棋盘上，它也只是“运筹帷幄之中，决胜千里之外”，淡定地伺立将帅左右，决不越汉界楚河一步，“象限”一词大约由此而来。或许，作为思想家的大象们深知，思想的驰骋不需要远行的鞋子。比方说，欧洲哲学之“大象”级人物康德，就从未离开过他的哥尼斯堡，但他却能够从遥远的中国吸取智慧。因此，尼采称之为“歌尼斯堡的伟大的中国人”。康德谢世时，获得了哥尼斯堡市民的瞻仰，市民们隆重送别了这位伟大而孤独的哥尼斯堡的儿子。

象是神话中负载大地的神兽。法国人德洛尔（Robert Dclort）著有《大象：世界支柱》一书，以法兰西式的浪漫，向我们讲述了世界初民十分普遍的原始观念：大地漂浮在水面上，需要负载在神圣动物的背上才不会下沉，大象便属于这种“宇宙动物”。印度人称大象为“象神”，世界生长在大象的脊柱之上，可见印度的大象有多神奇。泰国人偏重于现实的回溯与反思，他们认为“没有大象，泰国的历史要重写”。尤其是白象，是泰国人崇拜的超级偶像。

据说，林语堂曾称鲁迅为白象，想必是受了泰国人的启发——通常所见的象大多是灰的，偶遇一只白的，自然就很宝贵——鲁迅想必是乐颠颠地接受了这一叫法，所以，专属于许广平的昵称“小白象”，就出现在他们的二人世界《两地书》里。

大象最突出的外部特征是柔韧的长鼻，手一样自如，蛇一样灵活，是大象自我觅食、自我劳作、自我保护的工具和武器，也成为仓颉们造字的最好素材。我个人以为，甲骨文的“(自)”有象牙、象耳，而且突出了象鼻子，完全是参照大象的俯视图创制的，所以“自()”的本义应该是“象鼻”，后来才被自然而然地转注为包括人在内的所有动物的“鼻子”，甚至是器物的“鼻子”。古人用手指鼻子来表示自我的概念，用“自”(鼻，脸部中央)称本人，有自我为中心的意味。西汉扬雄说：“凡人怀胎，鼻先受形。”(《方言》)据说，人在娘胎里最初的形态就是个鼻子，鼻子是胚胎发育成人形的第一个器官。于是，“自”(鼻子)渐渐演化成第一人称。《说文》中“今以始生子为鼻子”的意思是说，可以把头生子称“鼻子”。因之，“鼻”即“第一”“最初”“开始”的意思。比如，最早的祖先、创始的祖师，称为“鼻祖”。今天的科学研究也表明，五官中以嗅觉最为原始，最早进化出来。鼻子作为外在呼吸器官，还与生命、自然、生态、生息相关。先民们认为，气是生命之本，气息一旦阻滞，就意味着生命的完结、轮回。

当“自”的“鼻子”本义消失后，篆文再加“畀”另造“鼻”代替。中国人下意识地以鼻自指的行为，被敏感的瑞典人林西莉女士发现。这位汉学大师高本汉的弟子、诺奖评委马悦然的同门师妹，在《汉字王国》一书中说，西方人自认时拍胸脯，中国人自呼时指鼻子。

可见，大象如人手一般精巧灵活的鼻子，的确是潜意识中自在而有为的“我”，它能够“自给自足、丰衣足食”，所以在象()鼻子旁加一只小手(，楷书为“又”)就是甲骨文的“”(為)字，表现出无为而无不为的道家玄机：“无为”，不是不为，而是作为主体的“无”之所“为”，是自为，即自然而为，自在而为。美学家朱光潜说：“在有所为而为的活动中，人是环境需要的奴隶；在无所为而为的活动中，人是自己心灵的主宰。”对美的追求，需要心与灵的自由，从容。作为环境奴隶之“有为”，无疑是对自由心灵之“无为”的一次负债。因而，亚里士多德在《论心灵》中说：“心灵没有意象就永远不能思考。”

在佛教文化中，大象的鼻子甚至超出了中国人出神入化的想象力。传说，释迦牟尼的母亲摩耶王后，就是因为梦见一头白象而孕育了佛陀。相传，那只白象趁王后入睡，用鼻子擎着一朵白莲花悄然进入她的腹部。此后，王后就怀孕了。据说，进入的那一刻，乐器不触自鸣，河水亦停止流动。因此，佛陀常常以象自喻。

凑巧的是普贤菩萨的坐骑，也是一头白象。

佛学专家们说了，普贤所骑的六牙白象，其实并不是自然界的动物，而是佛教文化的一种象征。《普贤观经》曰："六牙表六度，四足表四如意。"意思是，六牙代表六种到达彼岸的方法：布施、持戒、忍辱、精进、禅定、智慧。而大象的四足，则代表四种很接地气的禅定的方式。

在中国传统的儒、道文化中，由于大象在传说中被蛇（龙）吞没，终于没有成为与蛇（龙）共舞的超级偶像，却独步进入智者的意象世界，成为中国人对模糊、恍惚、混沌之对象及思维模式的指称。

中原文化的核心区域"老家"河南，就以"象"为标识，它的简称叫作"豫"（小篆写作豫，专家们认为这是中原有象群出没的铁证），描述的是大象散漫从容的步态，意念在犹豫不决的十字路口徘徊，心事在"像"与"不像"之间忐忑。你也许不懂装懂地恍然大悟，但峰回路转之后你发现其实一切皆空——也许你没有意识到这种恍惚间的观照，但老子却看到了——"惚兮恍兮，其中有象。"

费尔巴哈说，动物没有宗教，大象的宗教已经属于寓言的范畴了。所以，在"大象"指称的自然与宇宙的奥秘面前，我们每个人都活在《盲人摸象》的寓言世界，永远处于知与未知的边缘。

（原载于《西湖》文学月刊2014年第1期"汉字动物园"专栏）

猪

猪在古书中另有说法，叫“豕”。甲骨文写作[甲骨文]（豕）。

在神话传说中，象是龙与豕交配而生。从外形上看，象与豕的大耳朵与小眼睛之间的巨大 视觉落差，证明它们之间的确有某种值得怀疑的血缘关系。也因此，隶书、楷书的“象”中有“豕（猪）”。

在大象退却南下，远离中原大地的日子里，猪以微缩版的大象步入我们的生活，使得很少见过大象的国人能于猪栏中一睹尊容。中国有句歇后语，可以帮助我们在象与豕之间建立关联：猪鼻子插大葱——装象。这句明显带有揶揄意味的话，作为一种角色价值判断，直接影响人猪之间的一场“对话”。

这场真正意义上的“人本”对话，是针对汉字“家”展开的。家是中国人最有温度的信仰（人口总流量超过30亿的“春运潮”为证），尤其是对背井离乡，想起来就泪眼婆娑的游子来说，家有牵魂的力量。

最早见于甲骨文的“家（[甲骨文]）”字，是由（宀，mián）、[甲骨文]（豕）构成的会意字，描述的是“屋里豢养一头大腹便便的猪”。这就是说，猪（[甲骨文]）在汉字“家”中落地生根安营扎寨至少有3300年历史，这种长期安逸快哉、心安理得占我茅屋的行径，引起“人本主义”文化精英们的强烈不满。于是，精英们力主引“人”入室，将“豕”逐出“家”门。

1977年12月20日，由“宀”下面加一个“人”字组合的新[宀人]“（家）”，陪同853个瘦身处理的汉字，被列入第二批简化字公之于众。但这个著名的“以人代猪”的简化方案，立即遭到了各方面的抵制。1978年4月，教育部发出通知停止使用“二简”；1986年6月24日，国务院正式宣布废止“二简”。这次关于人猪的“对话”，“人”最终没能取代“豕（猪）”，猪获得了空前的胜利。

丛林时代，猪是刚烈剽悍、有血性的猛兽，古人常用“猪突豨勇”形容猪的特征，古今人名中的“毅”“豪”“蒙”等高频字，都取象于“豕”。猪（豕）的勇毅、

刚强和坚韧，连老虎都不敢小瞧。

先民在狩猎之余最逗乐的事，想必就是观赏老虎与野猪掐架。在没有影视剧的远古，当野猪遇上老虎，你可以想象一场不需要编剧（劇）和导演的好戏，如何大快人心。这种坐山观虎斗的恶作剧心态，后来保留在汉字“劇(剧)”中。编剧、剧本、剧烈的“剧（劇）”字里，都少不了“豕”与“虍（hū）”（虎头或虎皮，借代虎）两员斗士。

如果把红山文化的“玉猪龙”、良渚文化的猪面神徽、双墩文化的双首连体猪、凌家滩文化的“中华第一玉猪龙”等出土文物，连缀成一幅远古文化拼图，我们会发现，“猪神崇拜”从史前经农业文明一直延续到后工业时代，成为以龙为图腾的华夏文化的源头之一（况且，龙、豕之间确有一段恋情，象是它们恋爱的结晶）。随着拼图的徐徐打开，作为超级偶像的猪，也渐行渐近，最后登堂入室走进中国人的家庭生活。

与其他家畜比起来，猪长得虽然不够帅，但大腹便便脑满肠肥天庭饱满地阁方圆，一副标准的富贵相，而且不挑食、会生崽，先民一向把它当作食物、活体家产，兼多子的象征，积蓄在猪圈里。直到二十世纪七八十年代，养猪依然是中国农民家庭收入的主要来源，偏远农村至今还可见红军时期遗传下来的墙头式标语：“少生孩子多养猪。”一些出身农家的大学生，其中不少是卖猪的钱供养的。

老子在《道德经》里说：“我独异于人，而贵食母。”老子的“道”，源于太一。太一就是混沌状态，在十二时辰或十二生肖中，相当于亥（猪）时，犹如百果孕生意于果核中（亥是“核”的初文）。因此，有文化学者称“太一”或为猪神。中国人一直以猪肉作为主要肉食，就是出于“食母”以获取作为“天地父母”的猪的创造力。数千年来，猪神不仅以信仰的力量直接参与文化接力，而且默默奉献猪肉惠施于以猪肉为主要肉食的崇拜者。猪以母亲的胸怀养肥了大半个中国。

据叶舒宪推测，远古时期的“北方猪图腾文化，很可能就是后来以龙为图腾的夏文化之一源”（《中国神话哲学》）。叶舒宪认为，在金文符号中，猪的形象总是出现在复合构图的下方。而在神话宇宙模式的垂直系统中，北方与地下黄泉大水世界是相认同的。猪在方位上的下位其实是代表北方，北方在五行中属于水，猪也就取得了水的象征。

在我老家朱稽河中下游一带，“猪”读“居”或“聚”，表明“猪”或含“者”的汉字，均有大水积聚、停滞之义。譬如都江堰，古书又称湔江堰，是大水停聚之处。《说文》称：“家，居也。从宀，豭省聲。”《说文》又称：“豕而三毛丛居者。”

意思是说，猪指的是一种一孔生三根鬣毛的动物。可见，家乡的土话保留了古音，与《说文》是有些渊源的。

汉字是中国文化的活化石。据专家们考证，“家”这块化石里还封藏了一段“族外婚”的文化密码，说的是远古时代浪漫女生初潮后，即可筑屋独处，以方便与外族众多 Fans 幽会。纳西族的走婚制、安顺苗族的跳花节、柬埔寨克伦部落的“性爱小屋”诸现象，即属这个时期的文化遗存。汉字“家”的字象——“‘家’里有头公猪”，大概说的就是这段“普那路亚式”的爱情。

扬雄在《方言》中说：猪在北燕、朝鲜一带称作“豭（jiā）”。豭作为猪的别名，指的是发情的野公猪。热衷于“走婚”的外族拥趸们，时常是黑天里来天明即去，其行为方式类似发情的野猪，破墙而入又悄然离开，史书称这种人类学现象为“寄豭”。《史记·秦始皇本纪》载：“夫为寄豭，杀之无罪。”由于“寄豭”生活方式严重影响了士兵的战斗力，到秦帝国时期被取缔。“寄豭”是一种历史现象，又是一种人类学现象，隐含了“家”的潜层本义——豭，不仅表音，而且表义，是比较典型的形声兼会意字。唐代著名史学家司马贞在《史记索隐》指出其中的秘密：“豭，牡猪也。言夫淫他室，若寄豭之猪也。豭，音加。”

甲骨文“家”的初形[illegible]，形象地表明了“屋里有一头公猪”的意象。在古代，妻子的丈夫最初也被称为“家”。与之相对应，女方提供的“性爱小屋”——婚媾的房子，又称为室，于是妻子也被称为“室”。古代常常用家、室指称夫妻《诗·周南·桃夭》：“之子于归，宜其室家。”意思是，这位女子出嫁了，妻子丈夫两相悦。《左传》上说：“女有家，男有室。”《孟子》也说过：“丈夫生而愿为之有室，女子生而愿为之有家。”因室与房同义，古代也以“房”指称妻之说，妻即“妻室”。例如，正妻也叫“正房”，小妾叫“偏房”。也因此，习惯上人们就把夫妻之间的性行为称为“房事”，或称为“同房”“行房”。

人类学家詹姆斯·乔治·弗雷泽认为，“一切文化都起源于祭祀”。古人祭祀社稷有严格的礼制，天子用“太牢（猪羊牛）”，诸侯用“少牢（猪羊）”，大夫用“猪（豕）”，这都是规定好了的。天子、诸侯统治领域称“国”，大夫统治范围称“家”，这也是约定俗成的。由此，豕（猪）就成为“家”的指定 logo，居于“干栏式”（上面住人下面养猪）建筑的下面，而非“人”所能替代。这是“‘家’里有头公猪”造字来源的另一个版本。

在古代中国，家是小国，国是大家。在家庭、家族内，家长地位至尊，权力至大；在一国之内，君王地位至尊，权力至大。这种以“家”为基本单位构成的“家本位”

文化，辐射到社会生活的各个领域，就催生了一大拨身份角色：公家、私家、大家、小家，人多了就分家；行家、兵家、商家、官家原本是一家；玩家、酒家、浑家、野心家、阴谋家都是专家；道家、儒家、兵家、法家、墨家、阴阳家自成一家……中国文化，说到底就是“家文化”。因之，由豕（猪）而家，由家而国，由国而天下，家与猪（豕）的多米诺效应，构成了中国“家文化”拼图的主脉，以及“修齐治平之道”的译码线索。换言之，“国”“家”“豕”三点一线，是走出传统文化米诺斯迷宫的“阿莉阿德尼线”。

时至当下，“猪”的意义也与时俱进。从食不果腹的“山野”散居，到不愁吃喝的“猪栏”生活，生存环境和生活方式的改变，引发了猪的人生观、价值观和世界观的深刻革命。在这场由经济基础决定的意识形态领域的革命中，“猪头三”位处“猪栏”，安享体制之优，失去的是獠牙和睾丸，得到的是安逸肥美的“幸福生活”。

所以，喂过猪、放过牛的王小波只喜欢长出了獠牙的猪，那种敢于无视对生活的设置的猪。王小波说：“对生活做种种设置是人特有的品性。不光是设置动物，也设置自己。”“我倒见过很多想要设置别人生活的人，还有对被设置的生活安之若素的人。因此这个缘故，我一直怀念这只特立独行的猪。”作家毕飞宇也不喜欢远离山野的猪。他说：“关于猪，我想说它是一种植物。长满肉，随屠夫宰割。或者说，它是一种会走路的肉。”

我不知道爱因斯坦和马克思是否喜欢猪，但我知道他们不吃猪肉。犹太人和大部分基督徒、伊斯兰教徒都不吃猪肉。《古兰经》甚至明文规定穆斯林禁食猪肉。据说猪的脖子上只有一根筋，既不能看到天，也不能回头，穆斯林是讲究回心转意的，猪的这一特性和穆斯林的生活习惯完全背道而驰。具体说来，穆斯林不吃猪肉的原因大约是这样的：

一、貌丑、怪异，性贪婪、愚笨。二、喜污秽。三、性恶无常。四、乱伦交配。幼猪一旦到发情期，有的会同生养它的母猪交配，无上下、尊幼之分。相比之下，牛羊马则完全不是这样，因此被列入六畜的“上三品”。

明代医学家李时珍似乎意识到了猪的种种不端品行，他在《本草纲目》写道：“猪，吃不择食，卧不择埠，目不观天，行如病夫。其性淫，其肉寒，其形象至丑陋，一切动物莫劣于此，人若食之恐染其性。”汉人中也有不食猪肉的，他们认为“猪栏式”价值观，值得鄙视。

戌时（晚 7—9 时）已到，值班守夜的狗发现，早已鼾声大作的猪，睡梦中还不忘摇晃着肥臀上卷曲的耐克标志。真是一头猪！明天就要上案板了还冒充时尚人士。打猎归来又加夜班的狗，真想扑上去咬它一口。

狗是这么想的，但没这么做。因为猪肉是为主人准备的，骨头才属于狗的红利。自古以来，啃骨不吃肉的原则立场，让狗扼制了小我的贪念。或许是认真研读过莎士比亚的《威尼斯商人》吧，狗认为“吞骨不损肉”与“割肉不出血”一样困难。何况，大家端的都是主人的饭碗呢。

由刚毅、聪明、果敢的山间猛兽堕落为懒惰、肮脏、好色的代名词，真是时势弄人！狗想着想着就过了亥时（晚 9 — 11 时），到了子时（晚 11 时—凌晨 1 时）。周扒皮家的鸡，已经开始在高玉宝编造的故事里打鸣。狗伸了一个懒腰，警觉地竖起了耳朵……

（原载于《西湖》文学月刊 2014 年第 1 期“汉字动物园”专栏）

狗

在娱乐生活极度贫乏的中国广大乡村，狗上演的情爱闹剧，曾经引发村童们的极大兴趣。

田间地头、场院道旁，所有的公共场所都是现成的剧场。众目睽睽之下，母狗一改平日的驯服与温良，豕突狼奔嗷嗷直叫，而骄傲的公狗则泪（淚，其中有犬）光涟涟气度非凡。

一群半大小子，一边围着发情的狗转圈起哄，一边呐喊助威：go-go-go！这旷日持久的“狗日”的场景，与球迷看球事并无二致。所不同的是绿茵场上不是两性的角逐，看台才是异性间的修罗场。

李时珍说，狗即叩，吠节有声，如叩物也。文字学家们认为，狗道苟且，故谓为狗，这大概就是韩非所说的“狗苟蝇营”的意思了。也有好事者研究发现，狗与苟、勾、媾音同、义通。我甚至揣测，世界杯主题曲（1998）“苟！勾！媾！呕嘞哦嘞哑嘞”，所具有的全球普适性，莫非源于人类最早驯养的狗不成？

耐人寻味的是，“狗”的基本造型的确来自于甲骨文“（苟）”（甲骨文中有“苟”，无“狗”），狗的禀赋来自于“媾”（公开示爱），而读音则与“勾”（做爱时难分难解的胶着状态）音同；金文（狗）恰恰是由犬（）、勾（）会意构成，表示交配时公狗母狗勾连一体的状态。许多年以后，偶读民间学者唐汉用关中土话训读甲骨文的文章，方知果然如此。

20 世纪 50 年代出生的莫言，以看球事的心态把狗的这桩逑事称为“对狗”。莫言说：“村里文化活动很少，碰上打‘对狗’就像过年一样。往往是看到两个狗在一起转起圈子来了，我们就开始兴奋。”在小说《生死疲劳》中，莫言还把童年的“狗趣”经验总结成“狗精神”，交由诺奖评委裁决，成为继高行健之后第二位获奖的华语作家。

20 世纪 70 年代出生的熊培云，把逑事当糗事描述：“老家人把狗的交媾称作

‘狗连花’。一对公母狗发情时，会头朝两端，将屁股连在一块。……狗们耽于欢乐的放肆，很快便引来了院子里小孩们的追打。它们连着屁股，兀自享受，怎肯轻言放弃，于是侧身仄行，像两个粘在一起的‘π’。”

我老家苏北鲁南地区将此事直白地叫作“狗吊秧”。我个人琢磨，“秧”的含义大约有两层：一是两狗勾连，如南瓜“秧”爬到大蒜地里，扯不断理还乱，贪恋的是那点荤味儿；二是人狗同乐，如扭“秧”歌，舞者起劲看者过瘾，坚挺不疲快乐无央。

狗如此不避人耳目，把前庭当后宫，说来确实比猫大方得多。虚伪矜持的猫连排泄物都不肯轻意示众，更遑论现场直播，与民同乐了。玩惯了“猫腻”，猫只会蹑手蹑脚飞檐走壁贡献靡靡之音，充其量不过是色情电台的夜间主持。正如熊培云所说：“狗们不爱偷欢，却和大小姐一般，喜欢跑到人多的院子里来。”此情此景，不仅需要勇气，更需要一点奉献精神。

狗是人类最忠实的朋友。科学家以最新的研究成果表明，人和狗具有类似的大脑机制，共享接收情绪变化的“声音区域”，他们发现犬科动物大脑响应情绪的声音线索类似于人类；社会学家则从历史的、人性的角度推测：原始人类之所以不惜浪费宝贵的食物，去收养一条狗的心理动机是为自身的需要：狩猎。

这就是说，在狗与人类的合作中，人类给狗的是“工作机会”，而狗给人类带来的却是看得见、吃得着的食物。狗是人类最原始的“剩余价值”。

当然，狗对人类的忠诚度，只是人类对狗的一厢情愿的认同，未必代表狗的意思，尽管人狗相处的历史的确十分悠久。

据考，狗成为人类最好的朋友已有 3 万多年。在以色列北部埃因·马拉哈——已知最早的人类定居点之一，考古学家找到了一块化石：一个人和一条狗相互拥抱着被埋葬在一起。这一考古发现，暗示人类有“拥狗而眠”的习俗，为我们解读“人犬相依”的汉字“伏”，提供了十分可贵的线索。

徐钦琦在《史前气候学》中说，由于古人御寒能力低，人们有拥狗而眠的习惯，那时候谈论天气就以“一狗天”“二狗天”“三狗天”作为区分。民间学者苏三在《锁定红海》一书中引用了徐钦琦的观点，认为“伏天”是指拥抱许多狗一般的大热天。

《墨子》一书曾提到鸡、狗、羊、猪四种动物，分别对应东、南、西、北四方的献牲仪式，为后人留下悬而未决的疑问：动物与四方匹配表达的是一种什么样的神话思维？狗这种动物为何成了南方的编码符号？叶舒宪先生在《中国神话哲学》一书中认为：“在商人眼中，南方是犬图腾氏族的天下，那里聚居着苗黎等

族，普遍流行着犬图腾崇拜。”

我个人认为，“伏”不应该是用于电压的量度“伏特”的简称，而应当用作热量指标，正如马（马力）表示力度，蜡（支光）表示亮度一样。英文专业出身的民间学者苏三女士，还以英语称“大热天”为“dogdays”，作为东西方文化同源的旁证，捎带着揭示了“伏天”的由来。有食狗肉习惯的中国民间普遍认为，狗不畏寒，狗肉亦为热性。据此，窃以为苏三的观点可信。这是狗除开作为村童性专业蒙师之外的另一层贡献（友情提示：“献”字也有一条犬）。

热量过剩的狗，是因其即兴表演而成了人类的朋友，还是因其投靠了人类以后，才被开发出娱乐节目、取暖材料的潜质，以至于唤醒、适应乃至于培育了人类的欲望？我估计，即使是“狗崽队”恐也摸不着头脑。但是，仓颉们凭着对狗性的敏感观察，制造了一大批汉字，却是字典里可以查证的。

比如，因狗的嗅觉灵敏度是人的100万倍，而造了“朱门酒肉臭”的“臭”（“嗅”的本字）字。人用眼睛看世界，婴儿用口腔尝世界，狗用鼻子嗅世界。一条狗依赖其灵敏的嗅觉一路嗅过去，表明它有强烈的领地意识，这就是狗翘起后腿随地小便的原因。强权是人类的番号，小便是狗的旗帜。旗帜插到哪里，哪里就是它的味道，哪里就是它的山头，颇有些“×××到此一游”的做派。

另外，古人还因狗的善跑而造了“飙”字，因狗辅助狩猎的职能而造了“猎”字；因狗是人类的鹰犬，又惯于狗眼看人低，常常是集狂妄与谦卑于一体，所以“狂狷”二字都从了“犬”。

再比如，以取象于羊的合群之“群”为参照，仓颉们创造了孤独的“独（獨）”字。研究者认为，狗与狗之间相互撕咬（狗咬狗）而不是彼此厮守（发情期除外），表明它们背离族群的对内不合作态度，是同类中的“孤独者”——它们集体投靠了人类，而个体却属于不同的主子。“独”字从犬，大概就是这个缘由。

存在主义哲学家克尔凯郭尔认为，哲学真正的出发点和对象，是“孤独的个人”。我认为，孤独不是人的本性。毕竟人是合群的动物，况且还有宠物狗相伴，可以打发无聊，这一点显示了人与狗的意趣迥异。

狗们倘为了一根骨头，或摆出人模狗样，或装出一副可怜相，奴性十足地匍匐于人类的脚下或裙下，大多数情况下会被鄙视为“狗腿子”。一半是厌恶的火焰，一半是欢喜的海水，中国人希望所有的动物都应该像威猛又听话的“犬”一样服从于人的多重欲望，所以犬成了大多数动物汉字的偏旁，甚至连奖状的“状”字都颁给了犬。作家毕飞宇认为，“狗的‘似人非人’满足了人类‘主子’思想与‘奴才’思想的矛盾需要”。毕飞宇说，当他读到张承志诗意地论述狗思想与狗精神时，“我读了几乎热泪盈眶起来。我一冲动，差一点说出‘我要做狗’这样的话”。

据说美洲大约有 5000 万条狗，而狗的远祖狼只有 1 万只。从生物学角度讲，这说明狗至少比它们那些野性的祖先要成功许多。

有学者称，在狗得到进化的最近的一万年时间里，它们掌握了对象——人类的欲望、需要和需求，以及情感和价值观，所有这些已融入了狗的基因，转化为构成它们聪明的生存策略的核心竞争力。我想，这个数据并非来自国家统计局的官方认可，权当是“放狗屁”“狗放屁”，或是“放屁狗”，大可不必当真。但对于崇拜狼图腾、提倡狼性原则的企业伦理来说，这无疑是个反动——老子说，“道者反之动”——真正期待成功的中国企业家嘴上讲的是狼道，而心仪的却是适者生存的土狗。

在这一万年中，究竟是人驯化了狗，还是狗驯服了人，作为哲学命题，只有留待后人研究。今天我们所能思考的问题是，狗通过对人类的效忠，取得了人类的信任，获得种族无限繁衍，造成狗比狼多的事实，是否说明了狗的智慧超过了乃祖——狼，乃至人类呢？

话说到这里，与狗相比，人的确有甘拜下风的时候。正如熊培云先生所感叹，“对狗”之间屁股相连式的爱情，对人类来说，非是靠力度和勇气可以抵达，而小公狗们轻易地做到了；尤其是狗的即兴表演一要大胆二要不要脸三要技术过关，更是让大多数狗男女汗颜。难怪戴高乐将军喜欢上了法国大革命时期著名政治家罗兰夫人的经典名言：“我认识的人越多，我越喜欢狗。”

（原载于《西湖》文学月刊 2014 年第 1 期“汉字动物园”专栏）

猫

猫的三观，都秘藏于猫眼。

古埃及人认为，迷离的猫眼接受了太阳的恩赐，又与月神达成默契，能够在夜间释放储存的阳光。这种说法表明，猫介乎阴阳两界，这就决定了它的神秘身份。

《本草纲目》上说，猫眼“子、午、卯、酉如一线，寅、申、巳、亥如满月，辰、戌、丑、未如枣核也”。没有钟表的时代，猫眼可以定时；童话缺失的时代，“猫眼”可以防盗。

俗话说：“狗是忠臣，猫（貓）是奸臣。”忠臣把全世界都看成是忠臣，奸臣把全世界都看成是奸臣。所以，“猫眼”似乎是专门用来看坏人的，偶尔兼职用来看来访的亲友。如今城里的坏人多，于是人们借鉴猫眼创造了“猫眼”。自此，诗人半掩的柴扉再也没人叩开过。孩子们的世界里，也只剩下“狼外婆”迷幻而性感的声音。

猫是奸臣中的卧底。文字学家认为，“猫”与“埋”同音，这大概与猫盖屎有关。我们可以认同，猫比狗讲卫生，但岂不知猫因此就有了“藏猫猫”的名声，蹑手蹑脚偷鱼吃的贼态，这早被眼尖的漫画家丰子恺识破，与狗“皇皇如也，好像去赶公事”相比，猫“偷偷摸摸，好像去干暗杀”。

大奸的猫经常玩点“猫腻”，做无间道的游戏，表面上又装小可爱，绕着毛线团打转转；没有毛线团的日子里，就拿自己的尾巴尖权当追逐嬉闹的玩物。

可是猫自己并不这样看，她认为家族成员还是很坦诚的——“喵喵”自呼其名，并无冒名顶替之嫌，爸爸是李刚就不说是王刚。艾略特在《老负鼠的群猫英雄谱》中暗示，在人类命名猫的同时，猫也自己起名字。当然，猫也坦承，自鸣得意地整天“喵了个咪”，的确是自恋了一点。

春天来临的时候，猫会像孩子一样自恋地哭。孩子的哭是为了讨得进口奶粉，而猫则是为了爱情，为了追奠远离故乡的初恋。猫的哭声撕心裂肺，比它的锋利的爪子还令人抓狂，尤其不能让单身游子听到。

我认为，猫不仅仅是为孤独、为爱情而哭，我们从它的哭声感受到猫对命运的担忧。自从鼠辈被灭或转入地下，依然被留在防盗门之内的猫，与鼠构成的生态链熔断之后，猫想起了“狡兔死，走狗烹”的前车之鉴——这一点，猫的主人也许没有看到。上海作家张远山却看到了，他认为“尽管狗是猫的死敌，但幸灾乐祸的猫立刻醒悟：鼠患一除，猫亡无日。只要老鼠存在，它的地位就不可动摇。因此，猫决定对鼠辈实行姑息政策，把昔日的主食鼠肉，仅仅当成了‘精神食粮’”。

据考证，猫的自恋还与“血统论”有关。宋人陆佃在《埤雅》中说：“猫有黄黑白驳数色，狸身而虎面，柔毛而利齿，以尾长腰短、目如金银及上颚多棱者为良。”——原来，猫是聪明的狸与勇猛的虎的金刚合体。说实话，出身名门的猫，受过古埃及文明的熏陶，在古印度又得到九条命的佛法，并不输给土狗。

作为家畜，虽说猫在中国出现比较晚，没赶上仓颉大造字运动，与《说文》也失之交臂，错过了春秋时期的“十二生肖”英雄排座次，大多数神话传说中也没猫的戏份。为守护佛经免遭鼠害做出巨大贡献的猫，甚至无缘在《西游记》中挣得一个小角色。但猫毕竟长得像虎，那副尊容至今不减虎威。况且，民间传说中，猫还是十二生肖中坐第三把交椅的老虎的老师。动物中倚老卖老的并不多见，仅有的几个又都与猫相关——一位是学生辈的老虎，另一位是从前的对头老鼠（我老家苏北鲁南地区把猫称作“老猫”，表现出极大的猫尊重）。

按诗人流沙河的说法，家猫在汉代以后（也有说是唐代）由埃及经印度二传手来到中国之前，《诗经》里已有了猫。但遗憾的是，《诗经》里的猫指的不是家猫，而是一种叫山猫的浅毛虎，属于猛兽。鲁迅文中所说的虫豸的豸，估计就是《诗经》里的山猫。

值得安慰的是，《说文》里无猫而有狸，狸的正体字“貍”就是《诗经》里的猫，这是关于猫的“身段似狸”来历的权威说法吧。

在汉字动物园里，状貌之“状”从犬，肖像之“像”从象，形态之“態（态）”从熊，那么相貌之“貌”从谁呢？由于猫的迟到和缺席，以仓颉为核心的造字先哲们并没有选举它作为造字的材料，与猫貌似有关的许多汉字，都让貍和豹们代表了，比如相貌的“貌”是因“豹”而取象、得声。从字音上看，猫与豹的确有些亲缘关系：豹从豸，身段似猫（浅毛虎），文身像艾叶（拜金者看到的是金钱状），像饭勺，还有点“暴”脾气。由此窥一斑而见全豹，“貌”与“豹”相关似乎是锚定的了。

坦率地说，我不认为汉字“貌”是根据动物“豹”创制的，更趋向于取象于猫。因为，看到面、貌（从豸，从皃）二字，撇开发音相近不说，我想到的是独特的虎面（豸）与小儿（皃）夜哭似的猫叫春，眼前再次出现猫眼的幽光，那样子颇有些灵性，简直可以通神。老子说“常德不离，复归于婴儿”，在老子看来，婴儿（皃）柔弱无为，却至为强大，几近于神。无独有偶，尼采则把婴儿视为“精神三变”的最高境界，几近于超人。

虽说苹果也有灵性，可以通神，曾经给人类始祖亚当、夏娃带来智慧，也曾不小心砸醒了牛顿，牛顿慧心大开，因此发现了“万有引力”。但苹果毕竟是不会移动的生命，本身也躲不开万有引力的作用。猫就不同了，猫是会轻巧移动的生命、老虎的远亲，而且它游离于阴阳两界、人神之间——猫的每一个动作，似乎都在接通人、神间的脉冲式感应。当然，这需要怀着一颗仁爱之心去感悟。美国就有这么一位名叫史托克的科学家。

一次，他在家里喂他的宠物猫，他抚慰它，欣赏它，不放过它每一个可爱的媚态。他发现，喝奶的猫从来不会弄湿下巴上的胡子，这简直是一个神迹。史托克的发现，引起了普林斯顿大学、麻省理工学院、弗吉尼亚理工学院的共同关注。

很快，一项合作计划进入实施阶段。这项计划的内容，就是研究讲卫生的猫为什么不会弄湿下巴上的毛。研究工作在充满激情与好奇中推进，科学家们用高速电子摄影，忠实地记录了猫喝奶复杂而精巧的全过程：猫的舌头很巧妙地触及奶的表面——这需要有十分精密的分寸感，只是触及表面，像龙卷风一样，先把奶液向下压，再利用地心引力的反作用力，把奶液像真空管一样吸起来形成一个圆筒形，电光石火之间，美美地卷进嘴里。

科学家们还发现，猫的舌头每秒舔四次，每次喝奶 0.1 毫升。为此，这些在中国人看来很傻 B 的科学家，不厌其烦地看了整整三年半时间，终于演算出了猫舌出击的速度和每次卷舌的频率之间的方程式，然后再根据猫舌面积，得出了一个叫“佛里德函数”的科学结论——猫每伸一次舌头舔进多少奶，与猫舌面积和伸缩速度的关系。

又过了一段时间，科学家们继续看片、记录、分析数据，最后推导出一个天衣无缝的液体力学新公式。

萨特说：“这个世界只有两种人，喜欢猫的人和不喜欢猫的人。”女人大体上属于前者（史托克除外），猫与女人在喻义上几乎是同一类事物。据说 YouTube 上的数十万个猫咪视频，大多是女性的或接近女性的猫粉们的作品。所以，可爱女生喜欢被称为“小野猫”，世界因它们而神秘。

神秘的猫，常常沿着想象中落单的铁轨，俨然T台上的美娇娘，默念左右左、左右左，其步态确有可爱之处。也因此，丧失了判断力的猫粉们，基本上分辨不出梅花阵图，与隐瞒了钩形利爪的蹄印之间的区别。

据说，莎士比亚、勃拉姆斯、雪莱等都不喜欢猫，属于后者。鲁迅先生也不喜欢猫，他认为猫貌似公允实为凶残，这让我们不得不提防因“面貌”而产生的培根式的“剧场假象”。

由于多年在夜间女墙上练就了轻功，猫还是一位骑墙的高手，高蹈而不会摔死。为此，作家毕飞宇似乎也不怎么喜欢猫，认为“它小心翼翼的小解模样、躲在角落里打量人的姿态、眯起眼睛弓了腰体贴主人的抚摸触觉的努力，都标示了它的猥琐”。至于猫爬得越高站得越稳的技巧，则让毕飞宇觉得十分恶心。毕飞宇认为，猫一跤之后，“总能站得很稳，立场坚定，四爪朝下”，“站得那么稳还要看狗的脸色，不如摔死了省事”。

我不知道福柯是否喜欢猫，但猫作为现代人类家庭生活中野性的喷发，可能让福柯抓狂过，因此他给自己的猫起名叫“疯狂”，这大概是因为猫提醒我们人性中“遥远”的本性。一方面，它在我们的家庭中承担着警卫角色，一方面警示我们：它们的大型远亲依然咽着唾沫盯着我们。从这个意义上说，猫是我们原始回忆的物化介质和心灵投射。

老实说，我对猫说不上有什么太好印象，但绝没有不好的印象，属于中间派（我也像猫一样“骑墙”一回）。因为，从猫与鼠的关系看，历史上，取象、拟音于“苗”的猫，是害苗硕鼠的天敌，捕鼠护“苗”有功，正是它的标签。诗人陆游他祖父陆佃认为：“鼠善害苗，而猫能捕鼠，去苗之害，故猫之字从苗。”

另外，比起狗来，猫没那么势利——不会见着穷人就狂吠，见着富人就摇尾。猫与人类始终保持距离，而且与所有的人都坚持等距离外交的原则。所以，从西方猫着腰来到中土的猫，与本土驯化、豢养的土狗相比，还是有那么一点意思的。

（原载于《西湖》文学月刊2014年第1期“汉字动物园”专栏）

蝙蝠

猫介乎阴阳之间，蝙蝠则居于鸟兽之间。

同为骑墙高手，猫受宠于女人大概是源于其名自呼的“咪咪”之音；而蝙蝠红极一时，则仰仗于汉语命名的大谐音法则。

常言道，长得不帅是老娘的错，出来吓人是自个的错。在对待蝙蝠的态度上，中国人极尽淋漓的宽容，不仅一反常态地接纳了蝙蝠，也原谅了蝙蝠他娘。尽管，蝙蝠羞于见人的夜行潜规则令人十分生厌；尽管，蝙蝠他妈不小心生出了一群贼眉鼠眼又黑又丑的孩子。

人类借用了蝙蝠发明的超声波技术，过滤（疑似屏蔽）了蝙蝠的黑与丑，发现了肉眼看不见的“白富美”，全盘受制于“编福”汉字编码的心理暗示，正所谓好身段不如好名头。

文字学者认为，实际上，“蝙”与“翩”义同，描摹的是盲视者的翩翩飞行技巧;“蝠”则指蝙蝠的双翅长而薄，形如布幅。然而，大多数中国人顽固地认为，蝙蝠就是“编福”。福禄寿喜财，福居上位，蝙蝠身披黑色斗篷，出没于风高月黑之时，是东方神秘主义的图腾、财富价值的普世符号。所以，蝙蝠就像被亚当或夏娃咬过一口的伤心苹果，作为当下经典时尚的 LOGO 一样，曾经被广泛地拓印在秦砖汉瓦上，深受祖先的青睐。

在中国人看来，蝙蝠不仅善于“编福”，而且是增寿延年的象征。据史书记载，中国古代有食白蝙蝠长寿的说法。李时珍在《本草纲目》中提到了夜行侠的这一奇特效能:“蝙蝠音编福。阴干服之，令人肥健长生，寿千岁。”也许是受了广州人的蛊惑,《本草纲目》中似乎根本不存在不能吃的东西。好在他老人家随后立刻否定了这种无稽之谈——同样是在《本草纲目》中，李氏转身说:“《仙经》以为千百岁，服之令人不死者，乃方士狂言也。唐陈子真得白蝙蝠大如鸦，服之，一夕大泄而死。”

幸亏李时珍纠错及时，幸亏蝙蝠只是在传说中被吃，而且吃死了人，否则蝙蝠恐怕早已在断章取义的汉语语境中殒身成仁，断味绝声于中国人的舌尖，哪会有悠然自得的情调，在老寿星身边翩翩起舞呢？

对于蝙蝠的种种附会，并不能淹没逆袭者的异见。比如，作家周晓枫就认为："蝙蝠的罪恶来自它对天使形象恶毒抄袭——把纯洁的羽毛抄成油腻的皮膜，把柔情的纤手抄成蜷紧的指爪，把美貌光洁的面庞，抄成阴险邪恶的五官。就像天使是上帝的仆从，蝙蝠，是魔鬼的亲信。"

我个人认为，蝙蝠之所以被人们赋予了一大堆象征意义，原因是这样的：

一是源于蝙蝠诡秘的行藏。《论语·述而》说："用之则行，舍之则藏。"蝙蝠丑陋的夜行衣与夜色一样黑暗，不仅不会污染人类的视觉，还能有效地隐藏真相，增加了几分神秘感。

二是取决于它在鸟兽之间自由转换的穿越本领。在《伊索寓言》中，蝙蝠毅然 PK 了走兽，又淡定地 PK 了飞禽，他一会儿扮演走兽，一会儿扮演飞禽，在禽、兽之间纵横捭阖，左右逢源，信马由缰，游刃有余。

蝙蝠自以为高明，钱钟书先生却不以为然。在《读〈伊索寓言〉》一文中，钟书先生说：

"蝙蝠碰见鸟就充作鸟，碰见兽就充作兽。人比蝙蝠就聪明多了。他会把蝙蝠的方法反过来施用：在鸟类里偏要充兽，表示脚踏实地；在兽类里偏要充鸟，表示高超出世。向武人卖弄风雅，向文人装作英雄；在上流社会里他是又穷又硬的平民，到了平民中间，他又是屈尊下顾的文化分子：这当然不是蝙蝠，这只是——人。"

可惜，蝙蝠不曾领悟钱先生亲授机宜，它只适宜于以其体征和非鸟非兽的劣根性，为背叛者提供背叛的范式，而不擅长在思维的逆光面展示禽与兽身份错位的狡黠的外交策略。

在这一点上，蝙蝠大不了去模仿或剽窃爬行动物青蛙的路数，在自以为合适的时间、合适的地方，做合适的事，其实恰恰是弄巧反拙，徒留话柄。

老黑格尔说，存在的就是合理的。中国人说，合适的就是最好的。不管是选择"入池"还是"上岸"，一切以自身的需要为价值标准。走群众路线的时候，就扑通扑通入池，这就叫作鱼水情深；独享红利的时候，就孤寡上岸，这叫作当仁不让。面对利诱，如果说青蛙能上能下善于变通的话，那么蝙蝠在禽与兽之间的选择，更富有魔术师的魅力、哲学家的智慧。所以，我基本赞同张远山关于"蝙

蝠是哲学家”的说法，在此不妨重温一下：

“蝙蝠热爱一切，因为他自己不是一切。蝙蝠有翅膀，但不是鸟，所以他从不冒充天使。蝙蝠不生蛋，因为他不认为自己优秀到有资格留下后代，这使他避免了生下坏蛋。蝙蝠有独特的眼睛，但他知道，在这个令人目眩的世界里，自己完全是个瞎子。蝙蝠批判黑夜，但不因为夜色而毫无根据地敌视一切；蝙蝠热爱白昼，但不因为阳光而不顾事实地赞美一切——他还给事物以客观的本来面目。”

蝙蝠的显赫声名与丑陋形象的“倒挂”，使它在社会能量的交易效益上，永远处于“出超”状态。这一点记录在它的起居方式上：由于脑部太过发达，蝙蝠停止飞行时，只能将自己的身体倒挂在树枝或岩壁上，它们的嘴却不停地向四面八方旋转，每秒钟发出 10 ~ 20 个信号，每一信号包含 50 个声波振荡，波长为 1 ~ 3 毫米，起始频率与结束频率分别为 90 000 赫兹和 45 000 赫兹，使两种不同的频率在一条信息中出现。

科学的数据固然有点儿乏味，但它却以枯燥的本质成为支持蝙蝠肢体倒挂的理据。正是因为这些数据的客观存在，才成就了蝙蝠的悬置世界。这样的世界满目荒凉：土地龟裂，像天上的云块在闪电中隔离，树木的枝叶向地下扩张，人们精神恍惚，黑白颠倒死气沉沉。爱（愛）无心，亲（親）不见。上帝与人、人与人之间失去了爱的联系，彼此隔膜，难以交流思想感情，虽然不乏动物式的性爱。于是，有感于此，诗人艾略特写了名篇《荒原》，将外部世界荒芜、内心世界空虚的境地记录在案。艾略特笔下“荒原”的荒，是水荒，只听雷声大，不见雨点小，更增添了人们内心的焦急。雨水成了荒原的第一需求。诗人通过雷声，暗示了只有精神甘露（皈依宗教，信仰上帝）才能使荒原人得救。为此，诗人吟道：

长着孩子脸的蝙蝠在紫色的光里
嗖嗖地飞扑着翅膀
又把头朝下爬下一垛乌黑的
倒挂在空气里的那些城楼
敲着引起回忆的钟，报告时刻
还有声音在空的水池、干的井里歌唱

蝙蝠的杂技绝活，在诗人的颂歌中飞舞，也博得了观众的掌声。因为几乎每个观众都喜欢真幻颠倒的魔术世界。蝙蝠自备雷达系统，在人类洞穴时期就开始轰鸣，以发达的大脑和超验的思维方式，不仅博得了哲学家的桂冠，而且最终也博得了哲学家同行的认可。所以，哲学家愿意放弃波斯王位而选择思考，他们常常头脚倒置，仰望星空的时候不必顾及脚下的陷阱。所以，哲学家在被政治家利用的同时，也时常是政治家讥笑的对象。

鹿

蝙蝠作为某种隐喻世界的经典图符，一旦被拓印在秦砖汉瓦之上，就获得了居庙堂之高的上位。蝙蝠因此说：“我的成功，可以复制。”

然后，蝙蝠又俏皮地说：“我很丑，但我很成功。”

蝙蝠巡回在各大山头、丛林，讲演《成功学》，在激光灯、镁光灯下慷慨激昂。于是，他的身后粉丝云集，鹿紧随其后，是其中成功的案例之一。

蝙蝠因“编福”而得宠，鹿因与“禄”谐音，便顺当地逃脱丛林的凶险，接受人类的招安，昂扬进入体制内，作为二号角色伺立于大脑袋寿星左右，被编入“福禄寿喜财”心理地图，一并擢升为价值判断的标准和中国人的“精神俸禄”，为官本位提供了最吉祥的图腾。

可是，鹿的欢快一跃犹如商品的“惊险一跃”（马克思语），一方面跃为天下权力的象征，一方面又跌落人类早已挖好的政治陷阱，成为天下追逐的对象。“秦失其鹿，天下共逐之”，成语“逐鹿中原”的故事，恰好说明鹿成功被逐的命运。

至于鹿为什么被逐，古今说法迥异。据考证，鹿的下颌骨是天然的工具兼武器。虽然我们远离游牧文化背景，远古场景就像今生回推前世一样难以溯望，但常识告诉我们，由于经历若干万年的演变，鹿的犬齿严重退化，门齿与臼齿之间确有10厘米左右的空当，正适合手握，相当于天生的刀把，而齿尖又恰好是锐利的刀刃。只要敲掉鹿的门齿，就可以得到左右两件趁手的下颌骨武器。

史学巨擘白寿彝先生认定，在北京山顶洞人的遗址发现的鹿角和鹿下颌骨，是18 000年前北京人所使用的骨器。可见，鹿之所以被逐，是因为拥有鹿群相当于拥有战略性武器库，俘获鹿群就意味着武装了自己，是渔猎时代赢得战争主动权的关键。由此可以推断，“武装到牙齿”其实并不是武装人类的牙齿，而是用鹿的牙齿武装人类。

苏北老乡倪少坤先生对此有过缜密的考证。苏先生认为，在萨满世界里，鹿神占有崇高的地位。历史上，契丹人、赫哲人、鄂温克人都供奉鹿神；满族人在采鹿茸时要举行场面宏大的跳鹿舞祭祀仪式。据《蒙古秘史》记载，蒙古族深信白鹿为其始祖。已故名作家陈忠实在小说《白鹿原》中，也写过雪地白鹿的神秘传说。

我个人认为，在石器和青铜器嬗变与交替的漫长过程中，实际存在过骨角器与木石并用的时代，只不过骨角与木器易腐败，所以留给我们的证据并不很充分。“当年鏖战急，弹洞前村壁。装点此关山，今朝更好看。”汉字“鏖”为什么取象于“鹿”？毛泽东在《菩萨蛮·大柏地》一诗中用了“鏖战”一词，或许是揭开成语“逐鹿中原”谜底的可靠的文化遗存。

除了政治因素以外，关于逐鹿问题的考据，我其实更倾向于民间学者张远山给出的答案，那是因为鹿有令人眩晕的美丽。他说：“她让我想起宋代的碎花青瓷：优雅，名贵，易碎，轻盈……”

美丽本不是鹿的错，但美丽的确是暴虐的色诱。

对于存活下来的鹿来说，万幸中的不幸就是因为她太美丽了。在动物王国里，只有“咩咩羊”和“呦呦鹿”之类，才配得上“美”（羊美在其大）和“麗”（鹿美在其角）二字。

虽说“麗”字已经被“五四”以来的精英们错把肝胆当盲肠，做了切割手术或瘦身处理，变成了“丽”，但学童依然能够本能地认出了佩戴美丽头饰的“鹿”字来。那回旋的犄角，任你如何简慢也无法从文化遗传中割裂开来。

鹿的美丽，出于敏感的气质——这也是培育雄性猎手成就感的气质——极其轻微的响动，就会使她腾跃远遁。最要命的“美丽”还在于，敏感并不是她的常态，常态是她的傲慢。因为敏感而又傲慢，鹿才无奈地撩拨了猎手的征服欲。

我个人认为，金文的“首”完全是鹿头（、）的摩画，它与一系列野性的动词“狩”“搜”“兽”同音，并作为这些动词的宾语，一并说明狩猎时代，鹿头作为猎物的标志归于“首”功者。鹿高昂她高贵的头颅、美丽的犄角，却把心态调整到贴近地面，贴近食物链的基层，和植物一样成为最卑微的被动食物、猎头的对象。

鹿与所有素食动物一样，瞳孔的间距远远开阔于肉食者，与其说是为了放大视域，不如说是开拓防范的范围，便于第一时间发现天敌，并在逃跑时选取去路。或许，出于适应逃逸的本能，“鹿”与“路”获得了相同的音素。

最早的造字者还是给“逐鹿”找到一条更便捷的理由：鹿一般生活在草地与

森林之间，也因此山麓的“麓”取象于鹿——这样的地段，对于鹿来说，有足够的择路而逃的空间和时间；对于猎手来说，也有了足够的纵逸自如的时间与空间。

兔有三窟逐不得，虎为山君不得逐。所以，柿子挑软的捏，鹿就成为最佳选择。这是皇家苑囿养鹿的原因之一。

政治与权力是性欲的外张。处于发情期的公鹿有进攻性，欧洲中世纪动物寓言家指出，鹿性欲旺盛，充满激情，并非一味地驯服。狄德罗曾把性情冷漠、精力充沛而沉湎于女色的男人比作鹿。所以，鹿的全身都可以摆在权力的餐桌，并转换为权力者的亢奋与激情，一方面更好地照顾他们的后宫，一方面释放到他们钟爱的战场，即使处于和平时代仍然不忘借助皇家园林扼制攻击性本能的蜕化。

但是，鹿茸每年都是新的，已被列入名贵药材档案的鹿茸虽说可以壮阳，但鹿茸每年都会脱落，所以“丽（麗）”与“离”同一音系，与“落”是近音亲属。这就给了我们一个宿命的启示：天下没有不散的筵席，鹿死谁手本无定论。

“呦呦鹿鸣，食野之苹。”鹿的甲骨文“”，长得很俊，特别是密集的鹿群腾挪跳跃，鹿茸交织、叠印成一片移动的丛林。那惊惶失措的情态，最适合于侯孝贤的长镜头、黄祖模的慢镜头表现，也适合于女作家周晓枫的曼妙文笔。但周晓枫在尘埃中看到的是漂移的花园，而造字的先民在漂移的花园中看到的是扬起的尘埃。

据著名学者唐诺先生研判：最早以鹿为取象元素的造字者，应该是一位敏感且有运动家气度的失败的猎手。唯其失败，便只能眼睁睁看着三头美丽的鹿（）绝巖（塵的异体字，大陆简化成“尘”）而去，这个景象才驻留下来，譬如射不到的大雁最肥，钓不到的鱼最大。

唐诺先生于是说：“每个垂钓者心版中都拓印着几条这种传说中的大鱼。”（唐诺：《文字的故事》，上海人民出版社）这就再一次证明一条普世公理：失去的总是最好的，得不到的更妙。恰如俗话所说：“妻不如妾，妾不如妓，妓不如偷，偷不如偷不到的。”

当然，这里所说的“三头美丽的鹿”中的“三”常常是虚称，泛指很多。三只鹿叠加在一起其实已经不再是鹿，而是彼此掩拥着的鹿群所扬起的粉塵（尘）。成群的鹿被逐，而且又是如此脆弱敏感的尤物，不扬塵（尘）才怪呢。

这样的场景，宋代学者陆佃在《埤雅》中有耐心地描述：“麤、鹿皆健骇，而麤性胆尤怯，饮水见影辄奔。”意思是说，既健壮又警觉、胆怯的鹿，是那种饮水都见不得自己身影的小可爱。在惊恐万状、集体逃窜的鹿群中，古书上把最健壮最敏捷的“领头鹿”称为“麈”:“鹿大者曰麈，群鹿随之，视麈尾所转而往。”也因此，麈在古书中又做“拂尘”解。

既然“三鹿”不是鹿而是“尘(麤)”,同理可得“三女”不是女而是“奸(姦)”。吊诡的是，这样两个繁体字竟然无意中向我们揭示了一桩无良奸（姦）商的伎俩。多少年来，我们在简化的汉字程序下竟然不知道美丽的女人和美丽的鹿可以勾搭成姦成麤——现在我们终于活明白了，原来“三鹿”即“麤”（尘）——我们的祖先造字时早已暗示，只可惜我们只识“尘”而不识“麤”，久矣。

若干年前，那些因无知无畏喝了“三鹿”奶粉，并且从胆囊中被提取过“舍利子”的嗷嗷待哺的无辜婴孩，估计至今还是认不出“麤”字来。这个存活了上千年的麤（尘）字，60多年前在尚未遭受沙尘暴袭击的华北大地上第一次被逐出尘埃。小土为尘，尽管“尘”字简化得经济适用，写起来也轻捷便当，但它也放空了麤（尘）之惹人怜爱的美丽场景和机智的造字意图，人为地在古代文明与现代文明之间制造隔阂。

说到隔阂，古今中外有一样东西立马可以瞬间打消，那就是礼物——我小时候就在gife一词的后面加注“给妇（夫）的”。早些时候，学生给老师送的是猪腿（孔子说这叫“束脩”）；更早些时候，情郎给恋人送的是鹿皮。“太昊始制嫁娶，麗皮为礼。”(《康熙字典》)

鹿皮是被喜欢讨口彩的国人首先用于吉礼、聘礼的代表，古来就有“喜庆”之义。所以，喜庆的“庆（慶）”字，内隐一只鹿；是故，贿赂的“赂”字必须与鹿同音。在没有戒指的时代，鹿皮最适合表情达意。因之，送鹿皮示爱而结成的夫妻被称为“伉俪（儷）”；没有赂品的交往，久而久之定然会分道扬镳（你瞧，镳字是不是也隐身一只鹿呢？），大路（鹿）朝天，你我各走一边。

一个正值青春期的男性，顶一脸青春痘，捧一颗滚烫的心，带着一张美丽的鹿皮，去向心爱的女人求爱，或拿来祝贺亲朋好友的喜庆（慶）之事，除了特权者之外，这场景，人的一生中能有几回？

猴

猴是忠实的守候者、精明的观察家。

我老家东南有云台山，主峰名唤花果山玉女峰，山有石猴，其形象酷似猴子望海。石猴其实是从山体分裂出来的巨石，立于海天之间，鬼斧神工、浑然天成。离花果山不远有将军崖，崖上有一处远古遗留的人面岩画，其形象恰如沐冠灵猴。他们圆睨的模样，据说已经历了7000年的风霜。当年吴承恩客居古海州，想必是受到了天启，天然石猴与远古岩画瞬间脉通，于是斗战胜佛孙悟空的形象就跃然纸上。

在吴承恩的笔下，猴子的特点是特别灵敏，它们的灵敏不在于嗅觉和听觉，而在于视觉特别发达，就是眼睛特别好使，其眼睛又圆又大，炯炯有神。猴子能够穿透任何花枝招展、乔装打扮的形式主义掩饰，直抵物事的内核。这是因为，出道之前，在太上老君的八卦炉子里，猴子已炼就了一双形而上的火眼金睛，以至于任何细小的变化，乃至蛛丝马迹，都逃不过这双明察秋毫的眼睛。

去过花果山景区的游客常常会看到，猕猴们逗留山林聚众开会的时候，总有三两只猴子担任警戒，摆出悟空式经典Poss，登高瞭望。警觉的哨兵一旦发现风吹草动，会立刻发出警告，群猴便呼啸而去。“猴望”大概是引发了人们的自卑与崇拜的心理，于是，在中国民俗文化史上，无论炕头、墙头、码头、槽头、埠头、口头，乃至寺庙石雕、居民建筑都少不了“猴望”的形象。

猴子善于候望的特性，被东汉学者载入由班固主编的《白虎通》:“猴，候也。见人设食伏机，则凭高四望，善于候者也。”稍后，许慎在《说文》中进一步解释了“候”的含义:“候，伺望也。从人，矦声。”清人俞樾在《广雅·释诂》中也说:“矦，覗也。”覗（sì）即“暗中察看，等待机会”的意思。

不过，造字的先民显然没有把眼光仅仅停留在与猴眼的对视上。汉字“猴”在古书里写作“侯（矦）”，字象中嵌有兵戈象征的“矢”字。譬如蝙蝠体内自备雷达系统，“猴”是汉语命名的动物中少有配备战略性“武器”的家族。但令人纳闷的是，汉字“猴（矦）”随身携带的武器为什么是“矢”，而不是其他像样的法器呢？

当科学无力解释的问题摆到我们面前时，汉字的介入常会像路标一样标明来路和去处，惊人的谜底其实就在字根、字理当中——原来，“矦”字中的“矢”，描述的是“箭到靶倒”的神射场景（厂，读 an，箭靶反转的意象；勹，人形，即悟空式的候望、窥视的意象）。

追溯汉字源流，可知“侯（矦）”是“猴”和“候”的本字。“侯”在甲骨文中写作（侯），由（厂，反转符号）和（矢，箭）会意组成；金文的（侯）将甲骨文的（矢）写成（矢）。有的金文（侯）上头加了“人（）”字，大概是强调人的在场。

“礼乐射御书数”，六艺中的“射”，是古代士大夫的必修课。在古代射礼中，“矦”有观测、伺望、守候的意思，有可能专指守候于箭靶旁的那个“人（）”；在古代政制中，矢作为远距离进攻性武器，并非寻常人家可以随意制造的，它终归要由体制内有身份的“侯爵”一类的上等人家专供。

还有一层意思不可忽略：守候箭靶的那个人（，勹），放大之后或可特指被帝王分封在边远地区守土御敌、出兵勤王的诸“侯”。也因此，猴（侯）成为古代君王贵族的尊称；“善于候”，即指猴子像伺靶人或诸侯一样，守望、观测、窥伺，等候机会。

备受托尔斯泰推崇的德国启蒙思想家利希藤贝格，在达尔文尚未出生之前即预言：“在一切动物中，人离猴子最近。”这位 18 世纪的驼背怪杰，没有说“猴子离人最近”，似乎是在暗示：人类是盗版的猴子，猴子是原版的人类。远离猴子的人类，经过猴年马月缓慢进化，成为地球的主宰之后，把原版近亲当猴耍；离开人类的猴子，依然故我地留守丛林，拒绝哪怕最缓慢的点滴进化，他们把赝品近亲当戏看。猴子想必是十分乐于接受利希藤贝格的观点，他们认为，有朝一日人类定会结束闹剧重返森林，回归自然。这也许是他们忠实守候灵长类动物最初家园的原因吧。

从西部的贺兰山、阴山、祁连山，以及北方的红山文化区，到东部的连云港将军崖，广泛分布有猴面岩画。补缀这些岩画的片段，我们发现，人类在石器时代有过一段漫长的猴图腾崇拜的历史，这个时期甚至要比豕、熊、羊、隹、龙、

犬之类图腾动物产生得更早。

在干支体系中，猴与“申”对应，而“申”即“神”的本字。汉字“神”的造字原理表明，“申（猴）”加上表示祭祀和神喻的“示”，即“神”的原型。在中国和古印度文化体系中，无论是《西游记》中的“孙悟空”，还是《罗摩衍那》中的“哈努曼”，都是以祖先神的模样，或天神战神的化身出场。在后工业时代，早已遗失神性的猴子们，甘居其次，排在不愿意再做动物的人类之后，于世态喧嚣中保留种群的原生态和自然纯度。猴子的隐忍与淡定，使他们有资格成为精明的人类行为观察家。

在无数次观摩“杀鸡儆猴”恐怖大片之后，超然物外、见过世面的观察家得出这样的结论：进化的人类与拒绝进化的猴类，的确存在一张纸的文明差距。猴类说什么就是什么，丁是丁卯是卯，而人类则惯于含沙射影拐弯抹角指东打西。比如敲山震虎、打草惊蛇，目的不是真敲或真打，而是为了唤醒对方被打的记忆；再比如想打驴子，鞭子偏偏落在马身上，只为求得孙武圣“不战而屈人之兵”的场景效果；心里想骂丧气的桑（丧与桑音同义近），嘴里却把狗血泼向安分守己的槐树，让凄惶惶的桑树时刻有个反思的参照，目的是把自己的痛苦传递给别人。

由于猴群中的宿儒多次带领众猴反复研读达尔文的进化论，“杀鸡儆猴”的把戏不仅没有吓坏猴子，反而让聪明的猴子明白了许多人情世故。据管理学家分析，第一次观看“杀鸡儆猴”恐怖大片时，猴子们的确是吓破了胆；第二次，猴子们已经敢于战战兢兢地从指缝间偷窥骇人的杀鸡场面了；到了第三次，识破玄机的猴子们完全是有恃无恐大大咧咧地旁观杀鸡的全过程了。

有学者认为，“猴子捞月”，看起来是在嘲笑猴子愚笨，其实是表明人类对猴子情商的认可。国人认为，能够关心月亮命运的动物，都是高情商的动物，地球上只有人、兔子、狼和猴子才会关心月亮。孔子说“食色，性也”。国人拜月是因为月亮里面有个美女嫦娥，雌兔拜月是因为广寒宫有世界上唯一的雄兔，饿着肚子的狼整夜盯着月亮里的兔子哀嚎是为了食，而猴子膜拜月亮则是一种别样的诗意情调。

猴子中的杰出代表，一手捧着从西王母后花园里偷来的蟠桃，一手握有除魔降妖的金箍棒，顽皮、诙谐、搞笑、活泼、可爱，具有某种超自然的神奇魔力，调皮起来可以搅得天翻地覆，严肃起来可以护法取经，抚慰人类痛苦的心灵。这些事迹，后来被吴承恩载入中国四大名著之一的《西游记》中。

至于“朝三暮四”的成语故事，表面看起来似是在讽刺猴子不够精明，实际上是在夸耀猴子的智商。这是因为，能够数到三以上的动物毕竟十分罕见，他们不是不识数，而是不想让超过三以上的数字膨胀了私欲，以至于破坏身心平衡、生态平衡，从而引起上帝的反感，重蹈洪水灾变的覆辙。

老虎不在家，猴子称霸王。猴子的情商与智商，足以让他在森林里游刃有余，左右逢源。中国人大体上可以分为两类，虎气的人和猴气的人。只有少数领袖人物才能做到虎气与猴气兼备。虎是山兽之君，是霸道与专权的象征，他们高高地坐在龙椅或虎皮椅上发号施令，而猴子至多腰围虎皮裙吓唬妖魔鬼怪，真正的目的是恪守丛林文化的原生性，为讨生计而表现出来的是非观和趋利避害的实用理性（李泽厚语）价值观，偶尔代表平民百姓除魔降妖。

正因为如此，猴子在中国民俗文化中几乎无处不在、无所不能，成为最贴近大众的“万能之神”。听过蝙蝠关于“我的成功可以复制”的演讲之后，为了满足人们追求功名利禄的宏伟愿景，猴子除了做家园守望者、专业观察家之外，他还兼职做了中国人借喻的最佳对象之一。于是，他们与蝙蝠（编福）、鹿（禄）、鸡（吉）、鱼（余）、鸭（甲为第一名）等一类讨口彩的吉祥物一起，活跃在年画、挂历和台历上。许多中国人都熟悉这样的场景:桂花树上,一只大猴背着一只小猴，旁边还有一只小蜜蜂，题字是“花开富贵，辈辈（背）封侯”。

作为在帝禹时代国土资源白皮书《山海经》中现身最多的动物之一，猴子们经多年观察，亲眼所见与传说中的祖猿分道扬镳的人类，险象环生，无聊欺诈，终于为自己没有走出丛林喜极而泣，也为传说中同根同源的人类的命运黯然神伤。从李白的“渌水荡漾清猿啼”、刘禹锡的“杜鹃啼血猿哀鸣”、杜甫的“风急天高猿啸哀”，到王昌龄的“愁听清猿梦里长”等诗句中，我们仿佛听到猴子们嗷嗷哭成一片，泪水化成中国历史上最浩瀚的诗歌海洋。

兔

没有哪种动物像兔子这样，在生死问题上诱发人类浓厚的兴趣。也因此，兔子的汉语命名成为汉字发生学和神话发生学共同关注的话题。

东汉哲学家王充在《论衡・奇怪》中，提到了兔子奇怪的生殖特性，认为兔子是从口中诞生的。晋人张华在《博物志》中进一步解释说，妊娠期结束以后，兔子通过口腔而不是产道，将小兔子生出来。究竟是什么诱因让古人萌生可爱如顽童的妙想？及至宋朝，陆佃在《埤雅・释兽》中揭开了谜底："兔，兔口有缺，吐而生子，故谓之兔。"在陆佃看来，兔、吐音同义近。这种突破字形束缚，从语音出发探求词义的尝试，与清人王念孙"训诂之旨，本于声音"的思想，如出一辙。原来，习惯于"象思维"的古人是依据兔唇的意象，借助语音探究兔子生殖秘密的。

在《博物志》中，张华还提到了兔子的受孕问题，并煞有介事地说：性别不明的兔子（兔子的生殖系统是内隐式的），是因为看到月亮而怀孕。这种说法穿越中世纪的黑暗，一直不曾有人质疑过，甚至连博物学家都将兔子受精繁殖的这笔账算到月亮头上。

据说，大地上所有的兔子都是雌性的，而唯一的雄兔是史上第一位登月宇航员、美少妇嫦娥的宠物。因此，望月成为兔子繁衍后代的唯一途径。直到大明帝国时期，张瀚还在考证兔子与月亮的暧昧关系。他说，兔子会因为看到月亮而受孕，原因在于月亮里本来就生活着一只捣药的兔子，那正是世界上唯一的雄兔。

农历八月十五中秋夜，是月亮最圆满明亮的一天。当中国人万家灯火团圆赏月时，兔子们正情真真意切切地聚集在林间隙地，仰望月亮集体意淫。随物诘诎、画成其形的甲骨文[甲骨文字形]（兔），正是一只仰望星空脚扑朔眼迷离的兔子。

月中雄兔的传说，可以追溯到 long long ago。相传，上古时代神射手后羿射下多余的九颗太阳（据考，实则灭了九个崇拜太阳的部落），只留下既照古人也照

今人的唯一的这一颗，因此立下了汗马功劳，被尚未烤焦了的先民拥戴为千秋英雄。

英雄不图回报，但人民却知恩图报。大伙儿一合计决定为英雄增加万世永生的桥段。于是，先民们便让后羿在传说中向西王母求得了“不死之药”。不料事与愿违，英雄不仅无福享用灵药，却从此弄丢了风姿绰约的娇妻——嫦娥，偷吃了灵药，一并提携她的宠物飘飘然奔月而去。自此，全世界的雌兔子就陷入鞭长莫及的“地对月”相思中。

文学大师韩愈在《毛颖传》中，也谈到兔子因月亮怀孕的段子，为月亮授精说提供了佐证。

韩愈以隐喻的方式提到的那只奇葩名叫毛颖。毛颖是中国最早的兔神、“有卯”国的领袖、“明视”的七十二代传人。王充在《论衡》一书中说，“卯，兔也”。在十二生肖中，兔排行第四，与十二地支相配，属“卯”。卯即兔，兔即卯，这是大伙都知道的。由此可以推测，“有卯”可能就是月亮国（据考，“有”即“国”），“明视”估计就是月神的别称，那么毛颖应该是月神的第七十二代“性而上”中彩的婴儿了。陆佃在《埤雅·释兽》曾引用陶氏书云：“兔舐雄毫而孕，五月而吐子。”据说，宣城一带出产一种制笔的兔毫，见于宣城人梅尧臣关于《兔》的诗句：“有狡难穹穴，中书惜拔毫。”诗中所说的“毫”是不是暗指“雄毫”或“毛颖”呢？从字义上看，这两者想必有些瓜葛，但没人知道到底是什么关系。

关于兔子的生殖问题，还有一个境外版本。传说在太子乔达摩·悉达多冲破一切执着成为佛陀之前，也曾经在这个无聊的星球上经历过漫长的转世。他一度投胎兔子，为救助一只捕兽夹上的同类，牺牲了自己。为纪念这位慈悲为怀的兔子，它被护法神送入月亮供奉。后世的兔子，知道月中雄兔是佛陀的前生，纷纷发誓要繁衍它的后代，延续它的香火。

人类学家弗雷泽把人类文化的发生、发展分为“巫术—宗教—科学”三大阶段（弗雷泽:《金枝》）。很明显，中国人关于兔子的传说都没有离开巫术思维模式，而佛陀转世的传说则属于宗教思维。随着近代生物科学的建立，直到阿姆斯特朗登上月球之前，人类仍然没有丧失对月亮的想象力。看来巫术、宗教与科学的确不是一个轨道上跑的车，中国传说中的兔子到了佛经上，连主角都换了姓名。尽管故事都发生在月球上，而人类登月行为，则将科学的辉光照彻巫术与宗教的最后一块藏身地。

希腊哲学家德谟克利特说，我们总是被感觉所欺骗。赫拉克利特却说，感觉从来不会欺骗我们。两位大师各执一词，互不相让。好在有苏东坡在两者之间打了个圆场："横看成峰侧成岭，远近高低各不同。"苏学士的意思是说，你俩都对，只是因为视觉偏差、立场不同，造成貌似相左的结论，其实是各有各的道理。

那么，在兔子出生的问题上，是我们欺骗了感觉，还是感觉欺骗了我们呢？科学扫荡了巫术与宗教带给人类的想象力和心灵慰藉，却不能替代巫术与宗教。当科学家像冒险家一样苦苦攀登时，宗教家早已在山顶准备好了终极答案，这就是佛陀所说的"轮回"。譬如兔子，虽然随小主升月成了仙，但无法改变"兔子的尾巴——长不了"的宿命。阿姆斯特朗登月之时，正是月兔神话破灭之日——美国人的一小步无疑是中国人的一大步——因之，兔子之死成为人类关注的另一个神话供给侧。

关于兔子的死法，中国民众普遍指控兔儿爷因坏了千年不变的戒律，贪吃窝边草而被双规，然后窝里反，拔出萝卜（多数是胡萝卜）带出泥，使案情不断升级。接着是窝里斗，墙倒众人推，把兔子当成过街老鼠人人喊打。最后公开审判一窝端，或服无期或上断头台。

当然，权力争斗本无真理可言，兔子也有做了冤大头的时候，这就是汉字冤枉的"冤"，取象于"兔"的原因吧。甲骨文（冤）像兔（）子被罩在网中的样子。兔子是温顺的食草动物，没有长爪利齿，一旦落入网中，便毫无反抗力，可怜兮兮地等死。这情境，多少引发了旁观者对蒙冤者的同情。

坊间传言，兔子突然承受较多的精神压力会拒食、有攻击行为，严重者甚至会休克而死。所谓精神压力有多种，如房贷、车贷、降职、意外伤害、环境变更、季节交替、遇上猛药去疴重典整治等等。其中，最重要的精神压力来自情感问题。话说嫦娥和吴刚孤男寡女整天在兔子眼前晃来晃去，他们除了广舒水袖排遣寂寞、滥伐桂树破坏植被之外，想不出有什么可乐的，于是稍有空闲就眉来眼去公开勾搭示爱。月宫中，高处不胜寒的兔子急红了眼（兔子的红眼病大约就是此时患上的），在孤独中忍无可忍又无可奈何，最后只剩羡慕嫉妒狠，一死了之（当是时也，阿姆斯特朗来了）。

最流行的观点认为，兔子是笨死的。成语"守株待兔"记录了这种死法的全过程。科学告诉我们，像其他食草动物一样，兔子的双眼位于脸的两侧，虽说能见范围广，但正前方恰恰是死角。因此，兔子不小心跑得太快往往容易撞上正前方的大树。生物学家说兔子天生色盲，视力上技不如人，大白天基本上看不见"守株”的那个宋国男人，只有在光线昏暗的地方才看得比人类清楚些。这就是说，兔子是晨昏觅食的夜行动物，大白天出来的兔子大多数都是自个儿找死。

兔子是善跑的动物，汉字逃逸的“逸”字就取象于兔子。受兔思维的启发，中国自古就多逸士、隐士，小隐隐于林，中隐隐于市，大隐隐于朝，巨隐隐于海外。据说，但凡有点钱势的大都会把老婆孩子送到美国，美国也乐意做中国新贵的后花园。对兔子来说，在缺乏安全感的世界里，储备三个窟窿是必须的。

在野外，因为兔子一向是被猎食者，常常是围追堵截的对象，因此兔子的跑永远与战略转移无关，而是一种警觉的跑，被动的跑，不转弯的跑。为求能快速逃离猎食者，兔子除了有强劲的后腿可以弹跳之外，还有一副轻薄的骨架来减轻自己的体重，从而跑得更快。当然，如果不巧撞上了前方的大树，死得也更难看。

蒙田曾说过，学哲学，就是学习如何去死。日本电影《入殓师》有一段对白说，死亡是一扇门，是另一个旅程的开始。死，对亲人或生者无疑是一件悲伤的事，但又是生的一个组成部分，是任何人都无法抗拒的自然法则。于是，我想起了陶潜的诗句：“亲戚或余悲，他人亦已歌。死去何所道，托体同山阿。”

在西方，当受过蒙田思想启发的小白兔终于想快乐地、有趣地不再活下去时，它透过放大镜静静地看太阳；它义无反顾地袭击外星人；它炸掉比萨斜塔；它向核弹基地发起攻势；它在直升机螺旋桨下玩蹦极；它从瓶子底下钻进硫酸溶液里游泳；它含着唱片去撞墙；当其他动物都登上诺亚方舟的时候，它却在地面上悠然自得求证洪水的覆盖力……世界上所有新鲜有趣、稀奇古怪、出人意料而又聪明绝顶、富有创意的上百种死法，小白兔都帮我们一一尝试了。这只傻不拉唧的兔子的所作所为，被天才的英国画家安迪·莱利如实画入漫画书——《找死的兔子》中。这些诙谐有趣却又荒诞不经的死法，让我们从兔子身上获得了短暂而难忘的快乐，教会我们了悟死亡、拥抱死亡、期待死亡，留给我们的是死过之后，开开心心活下去的决心。

孔子说，不知生焉知死。兔子说，不知死焉知生。

（原载于《西湖》文学月刊 2014 年第 3 期“汉字动物园”专栏）

牛

春秋战国时期，当一部分牛接受庖丁分解的时候，另一部分牛正在温顺地分解历史。子时过后就是丑时。估摸着凌晨 1 — 3 点的光景，温顺而勤劳的牛，默默犁开了黎明前的黑暗，把中国历史分解成两个时期：奴隶社会和封建社会，或说青铜时代和黑铁时代。

牛对历史的分解，是通过犁耕技术实现的。

假设我们并不怀疑东方文明也像西方那样，严格分解为奴隶社会与封建社会的话，那么牛耕技术以及那些貌似突然涌现的铁制家伙，正是这两种社会政制、两种文明形态的分水岭。

甲骨文中，有“（利）”（手持刀具割禾）、“（黎）”（疑似太阳如持刀割粟一般刺破黑暗），但无“犁”字。那个时节，牛被用于祭祀神灵，骨头用作占卜契刻的材料，尚未广泛应用于农业。

金文中第一次出现的“犁”（）字，由（年，收成）、（刀，带铲刀的耕具）和（牛）三个字根会意合成。其造字本义是：用牛拉动耕具翻耕土地。这说明，犁耕在西周时期其实就已出现。史学家称，这一技术到春秋末期得以普及，并广泛引起社会变革。正是牛耕技术的推广，牛及其役使者——社会广大底层的人与畜，承担了整个社会的生计，从而有机会让一小部分人的时间、心力解放出来，得以有闲情逸致地去百家争鸣，造就了中国历史上第一个“轴心时代”。

传说中的牛，还是分解民间疾苦的救世主。这件事类似于普罗米修斯的所作所为，只不过普氏盗的是火，而牛盗取的是天仓的谷种。也就是说，如果没有牛，我们可能像牛一样还在吃草料。因此，中国人尊牛为下凡拯救黎民百姓的社稷神。牛的义举，在西风东渐的近现代中国，长期以来被普罗米修斯的英雄行为抢了风头，所以牛的功德，中国人知道得并不多。好在天帝知道，但天帝一知道，牛就免不了代人类受罚。天帝不念人间疾苦，惩罚了盗取谷种的大盗，世代受劳作之苦，为它的施惠对象人类所驱役、宰杀，并作为祭祀的“牺牲”。

可见，牛天生就是解构主义大师。牛带着“分解”“解放”的使命，慢腾腾地从祭坛上走下来，犹如德里达对语言的分解，福柯对历史的分解，拉康对自我的分解。

所以，除了取象于“牛”的“犁”，是对土地、井田制的穿刺与分解之外，“半”“件”“解”等汉字也都纷纷以“牛”为造字素材，有步骤地实施着它对万事万物分解的计划。“对半分”的“半”、“零部件”的“件”，指的是事物分解后的状态。甲骨文“”（解），由“爪（手）”“角”和“牛”会意构成，描述的是持刀剖取牛角的物象场景，后多用作“分解”的意思。如“解放”，就是分解旧体制，解除束缚获得自由和发展。其中，解放女性就是解开裹脚布，任天足绽放赤裸的美丽。

顺便说一下，“解”还有“关节”“肯綮”的义项，这是因为“解”与“节”音同义通；正中肯綮、打通关节，则是“解”的动作指向。《庄子·养生主》说，“彼节者有间，而刀刃者无厚，以无厚入有间，恢恢乎其于游刃必有余地矣”，庖丁“目中有牛”又“目无全牛”的“解牛”流程，说到底就是抓关键、中肯綮，化繁为简的分解过程。因之，以牛为主角的牛耕技术，无疑是解读农耕文明及其历史嬗变的关节点、肯綮点，这些“点”嚼起来很劲道。

我们无意考察解构主义先驱德里达，在中国逗留期间是否见过汉字“牛”，但这位文字学界的牛人在《论文字学》一书中，确曾多次认真谈到汉语与西语的差异。这种差异在他看来，充满无与伦比的魅力，因为只有汉字能够超越时间、空间和历史的限制，也超越了“逻各斯中心主义”的局限。

德里达认为，汉字文明是逻各斯中心主义之外的伟大文明，汉字是一个完整的自足世界，是拼音文字的“他者”。这位解构大师借用了“他者”，试图解构语音中心主义，用东方来解构西方，用汉字来解构拼音文字。

禅宗祖师将羊车、鹿车喻为小乘的声闻缘觉，而将牛车用来象征境界较高的菩萨，以“露地白牛”比喻修行上的最高境界。禅宗还以牛为喻，通过寻牛、见迹、见牛、得牛、牧牛、骑牛归家、忘牛存人、人牛俱忘、返本还源、入廛垂手等十个阶次，表明寻找、发现、驯服与归家的修心过程，牛表达了修行者内心对尘世的超越。

也许正是这种超越，抽象的“牛”成为认识万物的起点、野蛮与文明的分野。《史记·律书》:“牵牛者，言阳气牵引万物出之也。”“牛者，耕植种万物也。”《说文》:“物，万物也。牛为大物，天地之数，起于牵牛，故从牛，勿声。”所谓“天地之数，起于牵牛”或指牵牛的绳子拉直后正是“一”字形，暗合于“一生二、二生三，三生万物”的中国传统宇宙观。许慎解释“物”字，涉及牛，涉及万物，因为“物”字从牛，特指杂色牛，后泛指各色人、物；“牛毛”则作为数量词，用来表示天下品类之盛。所以，“物”又有“万物”之说。

关于牛最著名的传说，是克里特岛那只牛头怪。在古希腊神话中，马和牛都是海神波塞冬召唤出来的，不同的是波塞冬还精心地为牛策划了一场浪漫的爱情。关于牛头怪的故事，后来被悲剧大师索福克勒斯写进了《迷宫》，喜剧大师阿里斯托芬不甘示弱也写了一本。于是，这头与妖艳王后有过切肤之亲的公牛，成为西方文化迷宫的源头。

神话虽然有荒诞不经的一面，但它也表达了一个民族的思维方式和价值观。当希腊牛公然勾引米诺斯王后、美丽的帕西法斯时，中国牛却在教唆放牛娃如何对裸浴的美女耍流氓。

罗马人干脆把古罗马的全部历史的肇始，归功于一头公牛和母牛。传说罗马城的奠基者罗慕路斯，亲自赶着一头母牛和一头公牛，围绕帕拉丁犁出一条深深的垄沟作为城墙的边界，建立了罗马城。

中国人无疑是喜欢牛的。分离于银河两岸的牛郎织女的暧昧故事，是普及率最高的神话传说之一；老子出函谷关，骑的是青牛而不是白马；近代文学大师鲁迅，俯首甘为孺子牛；中国历代官员自称“公仆”，乐于做劳苦大众的老黄牛。吹牛皮、执牛耳分别是官场苦心经营的本钱和目标。但是，在缺乏统一信仰的中原，牛无非是贿赂各路神灵的祭品，最终没能成为与龙凤比肩的超级偶像神。

只有在印度，牛才踏踏实实地做了回真神。印度人敬牛是玩真格的，他们没有惯于做表面文章——名与实、说与做，常常是风马牛不相及。直到今天，牛从容的脚步仍然在影响着印度的速度。圣雄甘地甚至说“牛是印度千百万人的母亲。古代的圣贤，不论是谁，都来自牛”。

中国人认为，马健牛顺。牛无私地向我们贡献肉身、皮囊、乳汁和蛮力，甚至还有供插鲜花用的牛粪，并在精神上塑造了中国人温良恭俭让的人格品质。它任劳任怨，不骄不躁，逆来顺受，从不反抗，吃的是草挤出来的是奶（鲁迅），因此被视为世界上最温顺的动物。

然而，中国人的集体无意识忽视了牛原本野性的一面。虽然，牛可能在99%的时间里表现出无比的温顺，但谁也无法想象在1%的时间里（据前些年中国官方权威机构统计，中国奶粉只有1%不合格，但愿你的孩子没吃那个令人纠结的1%），牛脾气、发牛疯有多大威力。这是牛给自己留下的最后一道防线，它在恐惧中孕育恐惧，并以恐惧的方式告诫人类：我是牛，而且我很牛。所以，汉字“犟”中有牛出没（牛之犟，据说是出于自卑，因为牛眼惯于放大视觉对象，就像当今人类放大金钱的力量一样）。

人反思历史，牛反刍食物。牛有四个胃囊，吞下食物后能逆呕、反复咀嚼。不消说，经常反思自己来路的牛，不是不反抗——斗兽场上，温顺的牛发起飙来不知剥夺了多少个勇士的性命；生态链中，牛一旦发起疯来，整个世界都为之恐惧。在《历史的抉择》中，丘吉尔曾撂下一句话：“每天结束时都要算总账，末日来临时更要算总账。”这句话，用司马懿在《三国杀》中的台词可翻译为：“出来混迟早要还的。”牛的反抗教会我们像牛一样对自己的过往进行反思，生命都有周期，万事皆有终点；不是不报，时候未到。当全世界疯牛病肆虐的时候，我们发现“天人合一”的传统观念在“解构”的后现代社会，正等待着重新“建构”新世界。相信总有一天，人类与牛能够想到一块去。

牛从农耕文化枷锁下退役后，十分倔强地着手解构被普遍感染了的世界，继续贡献于人类。这回，牛用的不是犁耕技术，不是反刍的“胃”，也不是“老黄牛”精神，更不是臭烘烘的“黄牛”手法，而是可以解毒开窍的“黄牛”的“牛黄”。

据说，长期生活在恐惧中的牛，通常只能靠牛胆的分泌物来壮胆，于是如蚌病生珠一样，牛在粗犷的体内培育了精致的“舍利子”——牛胆结石，为长期生活在恐惧中的中国人提供暂时忘却恐惧的解毒良药。

行文至此，用王小波的话说，应该有一个寓言式的结尾了，但我不是哲学家，想不出形而上的警句。权且套用一下诗人北岛的句子：温顺是温顺者的墓志铭，反抗是反抗者的通行证！

（原载于《西湖》文学月刊2014年第2期“汉字动物园”专栏）

马

擅长造神的古希腊人认为，天上的人马座是由人马英雄喀戎变来的，而世间的第一匹马则是海神波塞冬的杰作。殊不知神话之外，血气方刚的具象马是通过白令陆桥，从原产地美洲偷渡到欧洲，才有了神话传说中的抽象马。

大约一万年前或更早，美洲马在一场浩劫中集体失踪（美洲的玛雅人也擅长这一手），直到 15 世纪西班牙人将 27 匹马带到美洲，马才荣归故里。据我所知，在郝晓光绘制的《竖版世界地图》上，位于欧亚大陆北方的美洲大陆，确有一条“马的走廊”，这就是架设在美洲与欧亚大陆之间的白令陆桥，这条跨越北冰洋的白色通道，便捷地缩短了太平洋，消融了我关于美洲长期位于亚洲以东的坚冰，眼前浮现仓皇南渡的马群。

据说，从亚洲迁徙美洲的印第安人，同样是借道白令陆桥的偷渡客，我相信许多亚裔都是通过这条走廊远赴美洲的。不过，他们与马在同一条通道上错失交臂。也因此，印第安人第一次见到马，以为是天神下凡，立刻拜倒在美洲原土著后裔的“铁蹄”下。

大约六千年前的某一天，第一个地球人突发奇想跨上了马背。这无意间的一跨，改写了人类长期用双脚定义空间的概念，大大缩短了地球的尺寸，放纵了人类的野性。古波斯人正是在马的鼓舞下，发动了希波战争，战争的结果使世界中心向西转移。完美无缺的马，一边张扬人类的欲望，一边改变世界格局。马匹曾背负亚历山大席卷欧亚大陆，一路向东向东，一直打到恒河流域；马匹也曾承载成吉思汗踏平了欧亚大陆，一路向西向西，一直打到多瑙河畔。可以这么说吧，数千年人类文明史，到处充斥着一坨坨马粪。

老子在《道德经》里，就提到了这么一坨马粪，他说：“天下有道，却走马以粪。天下无道，戎马生于郊。”

马粪的前生是马草。据说，曾有一家世界著名杂志向全球最著名的几百位科学家、人类学家、历史学家发出邀请，请求他们选出对人类发展影响最大的一项发明。结果出乎意料，得票最多的竟然是马草（比如，汉武帝时从西域引入中原的苜蓿之类）。

老子所说的马粪，未必实指马的排泄物。但在驭马耕种的生活场景下，马粪恰好可以肥田，这是马在老子反战思想中的一次功能蜕变。在漫长的历史长廊，我们总能看到马的主子不断蜕变的身影：他们怀揣马表、手提马灯、上穿马褂，下着马裤，外罩马甲、脚蹬马靴，头梳马尾辫，骑大马挎马刀背马枪，弹的是马头琴，走的是大马路，用的是马粪纸，大人物俨然中世纪“骑士”，他们的屁股后还三三两两地跟着马弁或马仔……虽然，这些以马命名的物件早已与马没了直接关联，但“马”的嵌入式构词法，足可见马的影响有多大。

在中国，马匹不仅是战略武器，还从血腥的疆场昂首扬鬣转战到波澜壮阔的中国文化场，成为汉字中最有力度的造字符号。甲骨文中的[甲骨文]（马），十分逼真地保留了马的基本特征：耳小直立，长脸大眼，鬃毛飞扬。以至于许慎在《说文》中说：“马，怒也；武也。”在许老师看来，马是一种昂首嘶鸣、神勇无比的力畜。所以，汉字“闯”字里面有一匹烈马，仿佛自备了动力系统——马达，一旦发动起来拦都拦不住。这使我想起了卢梭对其老师、知己兼情人和母亲多元身份的华伦夫人说过的一句话：“夫人，发动我是困难的，但让我停下来更加困难。”

《本草纲目》记载：“《造化权舆》云：干阳为马，刊阴为牛，故马蹄圆，牛蹄坼。马病则卧，阴胜也；牛病则立，阳胜也。马起先前足，从阳也；牛起先后足，卧先前足，从阴也。独以干健顺为说，盖知其一而已。”这段话大意是想告诉我们：古人造“闯”字，之所以用马而不用牛，原来是因为马起先前足，属于前轮驱动，而牛起先后足，属于后轮驱动；马蹄圆整所以行动迅速，牛蹄坼裂所以行动迟缓；马站着睡觉，牛卧着睡觉；马出门或遇路障总是十分警觉地前蹄悬起，牛总是慢腾腾欲进不前。

也因此，驚（惊）、骇、驰、骋诸字里都有“马”的身影，我们不得不佩服古人神探般的观察力。

在中国文化史上，马催生了最早的人力资源学科建设，其中贡献最大的莫过于伯乐和九方皋两位老师。“同槽喂猪，分槽喂马”，高傲的马又为中国人初涉“管理学”上了一堂重要的启蒙课。成语“田忌赛马”可称为现代“运筹学”的滥觞，而“塞翁失马”的故事，则教给中国人辩证思维的方法和祸福所倚的中国式智慧。

庄子是最早认真而系统讨论马的哲学意义的古代先哲。在庄子眼里，马是野

的载体，野是马的天性；野是一种无拘无束的思想驰骋，是一种人与自然合二为一的自由。野马在天地间奔腾，渴了饮纯净无污染的泉水，饿了吃绿色有机食品。庄子用自由自在的野马，形象地说明了“无为而治”的道理。

在《死亦可乐》中，庄子谈到了“死”。庄子骑着一匹瘦马，目睹哀鸿遍野的悲惨景象，突然对死亡有了别样的理解。后来，庄子死了老婆，居然能盘腿坐地，鼓盆而歌，这不能不说是中国人在死亡认识史上的大规模的超越。那时候，庄子自己正在与死神博弈，陪伴他的就是那匹瘦马。在《逍遥游》中，马是一种理想的人生状态；而在现实中，马只能不停蹄地服役，然后瘦弱，死去。

庄子不愧为中国最好的寓言家，也是出色的预言家。

蒙元时期，马致远笔下的“瘦马”依然伴着西风远行；明清时朝，文人笔下的“扬州瘦马”已经与马没有什么关系了；到了犬马声色的后工业时代，肉身的马虽没死，但抽象的马早已退出了历史舞台。台湾著名学者唐诺感慨道：“现实的马从现实世界除役下来，文字的马便也得跟着一并在文字国度里死去。”据唐诺先生统计，《说文解字》中“马”部曾收有 115 个字，多达 28 种马。今天这 28 种马中大多数已经死亡，只有少数马借助主人的威名还活在传说中，这些值得表旌的名马包括：项羽的坐骑乌骓马，关公的坐骑赤兔马，秦琼的坐骑黄骠马，刘备的坐骑的卢马，秦始皇的坐骑追风马，岳飞的坐骑白龙驹，汉武帝、马岱的坐骑汗血马，还有赵云和唐僧的坐骑白龙马。

马退出历史舞台以后，隐去刚烈的身首，给现代人留下健美的马屁股。美国铁路的标准轨距是 4 英尺 8.5 英寸，约等于 1.435 米，也是我国及其他各国通用的铁路标准轨宽，据说是起源于罗马帝国战车的原始轮距。

罗马人为什么以 4 英尺 8.5 英寸作为战车的轮距呢？原因很简单，这恰恰是两匹战马屁股的宽度。因此，当今世界最先进的运输系统的设计，在两千年前便由马屁股的宽度决定了！这个故事，形象地解释了经济学中一个著名的概念“路径依赖”。一旦我们选择了“马屁股”，我们的人生轨道可能就只有 4 英尺 8.5 英寸（注意，不是 4.85 英寸）。虽然我们并不满意这个宽度，却已经很难从惯性中抽身而出了。

在中国，人们踏过充满文化气息的一堆堆马粪，越过了科技发明、人文创意，直奔马屁股而去。不过，中国马的屁股已经与运输系统无关。据说，“拍马屁”一词源于蒙元殖民时期，与汉族人本来无关。原因是蒙古人是马上得天下的民族，所以蒙元时期的官员大多是武将出身，马往往是一个将领权力、身份、地位的象征，下级对上司最好的赞美，就是拍拍他的马、夸他的马好，与今人夸他人的“马子”，有异曲同工之妙。于是，人们逐渐把对上司的奉承称为“拍马”。这是因为，夸赞的话是不一样的，而拍马的动作是一样的。后来，随蒙古入主中原，拍马屁文化就逐渐掺杂到汉文化中，成为官场的必修课。至于马屁股到底能不能拍，目前尚无定论，总之不要拍到马蹄子上就好。

如今，拍马屁在中国渐成显学，被视为一种富有人生境界的大学问，构成中国式“成功学”的核心内容。世态炎凉，怎生奈何？社会不会适应你，你就得适应社会。于是，一个显而易见的选择摆在我们面前：大拍则大成，小拍则小成，不拍则不成。为此，曾有人编了本书叫《马屁大观》。此是后话。

（原载于《西湖》文学月刊2014年第2期“汉字动物园”专栏）

古岩画马蹄印类的符号。

马蹄形圆凹易与性联系，因之与性崇拜密切相关，被古人喻为女性生殖器的象征，是一种生育崇拜现象。《红楼梦》的詈语“小蹄子”即与性有关，隐指女性生殖器。“小蹄子”在元明清三代是相当流行的一句骂人的话，在当时文人的小说、戏剧中使用频繁。

羊

阳光下，偏执于令人仰视的清洁精神，羊常常高傲地昂首远眺。

这是川西高原羌人居住区寻常所见的场景。我想，这也是远古游牧时期，古人寻常所见的场景。

这场景，激活了我意象中关于一幅岩画的图腾记忆，也激活了我内心深处关于汉语的审美感受。汉语就是这么美。一个词的远行，可能是双声叠韵、同声同韵的一个词族的集体穿越；一个词的独白，或许是语境中无数词语一片远远近近高高低低声韵相和的回应。

早在大造字运动之前，先民们就将阳、羊、昂（扬），撮合在同样尺寸的口形中，赋予它们相同的发音。

文字产生以后，在同音体系下，依照三种不同物象创制的字象，从此分道扬镳，蜕变为不同的模样，以不同的字形标记语音、区隔词义。

这么说，发声相同或相近的字族——字典中的同音或同韵字，是否意味着它们拥有共同的语源祖先、遗传基因呢？

南宋著名文学家戴侗在《六书通释》中提出“因声而见义”的主张，给今人一些不经意的提醒：倘若我们能够沿着语音生成的路径回溯语源，反观古人的发音造字意图，想必能打通词义上的隔断，发现其中的奥义。

因为，“羊”和“阳”，以及“仰”“昂（扬）”等字音或同或近，于是“羊”就富含阳刚、高远、昂扬、向上的品质修养，从而区别于其他“文化”程度不高的动物。所以，凡取象于羊或与羊同音同韵、近音近韵的汉字，都秘藏了充满生机、积极向上的一层意思。

比如，祀至上为“祥”；鸟高飞为“翔”；活性气体 O_2 为“氧”；树轮螺旋上升为“样”，学为人范称“榜样”；病在体外无关大碍为“痒”；水至浩渺为“洋”，溢满河川则为“漾”；言至察为“详”，隐情备陈为“详细”；火至盛为“烊”，熄火休整为“打烊”；行由内而外、由外而内，来来往往为“徜徉”。

不消说，还有“庠”。《说文》：“庠，礼官养老，夏曰校，殷曰庠，周曰序。从广，羊声。”意思是说，“庠”有教养之义，殷商时指学校，是教人习礼义、向上学好的场所。

《本草纲目》：“（羊）在畜属火，故易繁（繁殖）而性热也。”自然界的“动物羊”很“阳光”，繁殖力强，看来古人对此早有察觉；人文界的“汉字羊”也是一个拥有旺盛“生殖”潜力的“根字”，在它的主根上滋生了大量重量级、高热量的唯美汉字。

据统计，徐中舒先生主编的《甲骨文字典》收入以“六畜”为字根的甲骨文，其字数依次为羊部45文，豕部36文，犬部33文，马部21文，牛部20文，鸡部3文，羊部独占鳌头。尽管这些汉字没有留声机功能随时播放原创发音，但部分汉字内置了自鸣器，虽经历史流变、地域差异，有些上古音可能会变了腔走了调，所幸不会变得离谱，走得太远。这些由“羊”字辐射的同音不同形的汉字构成的语义场，以及取象于羊的形似音异的汉字，几乎充盈在炎黄子孙日常生活的各个领域，贯穿于中华民族传统文化的所有层面。

比如，取象于羊的“养”（養）字，今天可与“包”并置构成“包养”一词，无非是弄些“二奶”或“小三”之类拿来消遣，或做钱权交易的介质。当下，“包养”成为热词，看上去或说是汉语的堕落，离“阳光”“向上”的距离有些远。殊不知，古代的“养”却是民生大计，巫术祭祀、修身养性、休养生息、颐养天年都离不开“养”字。《说文》：“养，供养也。从食，羊声。”《玉篇》：“养，具珍馐以供养尊者。”即以精美食物供养尊者（包括祖先神位）。羊是反刍动物，食草为生，肉鲜味美，古人除了用以进献、侍奉神灵之外，也用于肉食。所以，源于“羊”的“养”字，体现了天人合一的养生之道。

与“养”密切相关的另一个字是“羞”。甲骨文“羞（[甲骨文]）”字从“羊（[甲骨文]）”，从“又（[甲骨文]，手，抓）”，像一个人手持羊腿大快朵颐的样子，这让我想起了《围城》中葛优版李梅亭在墙角吃红薯的那一幕。当然，远古神秘的祭祀场景立刻扼制了我的想象力，同时替偷食者感到羞愧——事实上，谁会瞬间联想到汉字“羞”是一幅持羊头献祭的画面呢。

由此可见，养（養）、羞二字均有“持羊进献”之意象。只不过，前者倾向于由食物带来的滋养，后者作为“馐”的本字，则倾向于指食物本身。至于孟子所说的“羞恶之心”的“羞”，那是词义的引申，大可不必计较。所以，送上门被包养之慷慨行为与“羞”无涉，有无羞耻之心恰好是古代与现代的分水岭，也

因此，著有《清洁精神》的名作家张承志把古代定义为“洁与耻尚没有沦灭的时代”。如今，生物学家从羊胎盘中提取出一种叫作羊胎素的生物药，据说有驻颜效果。倘若拿来作为包养的饲料，出脱“鲜美”可人的新物种，也算为生物优化做出了贡献。所以，与“养”间接相关的还有两个字：鲜与美。

“鲜”字是鱼、羊合体的会意字，本义是指味觉体验，如今已从味觉转移到视觉，甚至有一小部分词义不小心跑到了抽象的轨道上，比如“寡廉鲜耻”之“鲜”，早已失去了鲜美的味道，变为升官发财的才干。至于味觉体验的另一个与“鲜”血缘相近的“羹”字，至今还忠实地保留了本义，大概不会是指美人的口水（羹字中的“灬”不是水），而是用文火熬制美味的羊肉汤（原来，羹字中的“灬”是火）。“鲜”可能是东北大老爷们暴殄天物式乱炖的滥觞，而“羹”无疑是粤菜小厨娘巧手煲出来的美味，这味道足以让饥肠辘辘者艳羡不已。因而，取象于羊的“羡”字，表现的是一幅时尚休闲的卡通图景：看到一摊白肉之类美味美色，口水直流的可爱糗态。据考证，羡、涎、线三字古音相同，音同则义通，所谓“垂涎三尺”之“涎”，正如一条“线”扯成色眯眯的“哈喇子”（婴儿的口水不属此列）。敢吃、会吃的广州城就以“羊”为图腾，显示其没有什么不可吃的勇气，扮靓了“舌尖上的中国”。

孔子说，食色，性也。希腊人的审美意识与性活动、性快感密切相关，比如爱神兼美神阿弗洛狄忒是性爱、生殖与丰产母神的集合。由于中国文化中“爱神”的缺席，中国人的审美首先建立在对食品的经验上。

汉字中的“美”字，从“羊”、从“大”，最早的权威解释出自《说文解字》：“美，甘也，从羊从大。羊在六畜主给膳也，羊大则美。”甲骨文中已发现美、善等字，其字形上部均为羊的头角形象，作为“给膳”对象的羊，因体大肉丰而为初民称道，“美”字本义显然专指食快感。鲜美之“美”，是取象于羊的唯美集合。美字从味觉的甘美出发，然后调动眼耳鼻舌身意六根，集中并辐射到色声香味触法所有的感觉体验，泛指一切事物的美好，同时又是一个抽象的过程，是民生问题到审美高度的升华。只可惜今天的“美”与“女”字联袂，表示一种不分年龄的新的生物物种。

古人所说的美，其价值取向不仅来自味觉、视觉和嗅觉，还来自对羊内在特质的认识，即人们对羊的精神感受。许慎、王筠、段玉裁、徐铉等文字学家分别从味觉、视觉感受，探索过美与羊的字源关系。郑玄干脆把羊称为“美畜”。正如鹿是“麗（丽）”的符码，“羊”成为“美”的化身，是羊的美德人格化、人性化的过程，也是美的意义扩张引申的过程。由此，人类的意识就沿着羊肠小道，从审美的层面一路风光地攀升到伦理道德的高峰。

比如，取象于羊的“善”字，就是一个典型的伦理道德范畴。从字形来看，“善”是会意字，有善良、慈善、正义感等意思，这些义项都是从人们对羊的认识中演化出来的，成为中国人的道德规范。

中国传统道德规范的另一重量级汉字是“义（義）”，作为“仪（儀）”的本字，也是取象于“羊”。《说文》：“义，已之威仪也。从我、羊。”“我”字中有“戈”，取象于兵器，本有“杀生”之义。古时羊常常被用来做祭祀的供品，義（义）字正是杀羊祭神活动的符号化反映。祭祀最讲究规矩、范式、流程和法度，所以“义”的本义就有了仪式、仪程、准则的含义。人的容貌风度、穿戴举止都要与祭祀礼仪相符合、相匹配，故义（仪）又有容貌风度、匹配相宜的寓意。

文字是文化的载体。文化学者们认为，中华始祖之一的炎帝为姜姓，甲骨文中姜、羌二字通用，意指从河西走廊走过来的牧羊人。这大概是中国汉字美、善、义（義）、羞等字的字形上部均有羊角饰物的原因所在，作为给膳对象的羊因体大肉丰而为初民称道，成为中国人审美趣味指向食快感的载体。

叶舒宪认为，游牧民族在融入中华大家庭的过程中把基于肉食饮食习惯的味觉美感观念，输入到意识形态中，形成汉语里美、甘互训的情形。存留在“美”字中的汉字原型表象，不仅使我们可以直观把握由具体到抽象的概念发生轨迹，而且对美、善、羌、姜等从“羊”的汉字字例的系统分析，还将具有文化寻根的重要意义。既然羊的造字生殖功能在六畜中拔得头筹，这就为古人将社会民生、情感价值、审美情趣、道德伦理，乃至图腾崇拜、巫术祭祀、宗教信仰首先投射并凝聚到“羊”身上，提供了有热量的物质基础。

这么一来，“羊”已不再是咩咩叫的生命存在，而是作为一种观念、一种精神，渗透进中国传统文化的方方面面，甚至渗透进传统中国人的性格中，并在极大程度上准确地表达了中国人的思维模式和生活方式——羊承载了中国人早期文化生成关系的全息密码：

当人们以自己的价值观审视羊，并吸纳羊的优良品质的时候，人正在外化为“羊”，“羊”也正在外化为人。于是，羊就成为人化的羊，人则成为羊化的人。

（原载于《西湖》文学月刊2014年第2期“汉字动物园”专栏）

鼠

一、老鼠自辩

老鼠下意识地捋着胡须，准备发表自辩演说。老鼠无意于训导年幼无知的人类，它们试图向天下昭示老鼠的内心世界。为此，它们不舍昼夜磨砺洁白细碎的牙齿，试图制造世界上最尖刻的语言。

老鼠的语言虽说有些尖刻但并不浅薄。它们首先数铜钱一样一五一十、十五二十地诉说悠久的历史，以及近两三百万年以来人鼠之间的恩恩怨怨。众所周知，在人类出现之前，老鼠就在地球上生活了4700多万年，老鼠完全有资格倚老卖老。一只学院派出身的老鼠文采斐然，发表了《“鼠目寸光”之我见》的讲演。这位鼠学院教授优雅地正了正老花眼镜，慢条斯理地说：千万斯年，光阴悠悠，活到这把年纪，谁的眼睛不昏花？可是，我们鼠辈之所以伟大，一不在于视城的广域性，二不在于眼镜的屈光度，而在于我们能够用灵敏的胡须代替退化的眼睛。我承认你有文化，可是你知道吗：老鼠的胡须作为经验的象征物，能够像拨动的琴弦一样，直接感知外部世界。据说，当老鼠的胡须掠过物体表面时，即便是光滑的地板，也足以使鼠须抖擞。鼠须代表超验主义的灵性和宿儒般的智慧。所以，老鼠被尊称为老鼠，正像李耳被尊称为老子一样。

几只从人类火烧水灌乱棍追杀下侥幸逃脱的老鼠，惊魂未定地控诉了中国20世纪70年代全民灭鼠的白色恐怖。说到激动处，老鼠们上气不接下气，胡须乱颤，浑身痉挛，会场上一片吱吱声。接下来，老鼠们针对千百年来被迫害的历史与现状做了具体分析，重点声讨了“老鼠过街人人喊打”的极端物种歧视政策。一部分有过受迫害经历的老鼠，你一言我一语地做了细节上的补充，但由于情绪失控，没一个说到点子上。唯有一只披着一身白毛的老鼠抚今追昔，有理有据地分析了人与鼠间的亲缘关系，并且，还抖出一份名叫《老鼠骨骼断层扫描图》的研究报告，从学理上一语道破人类“一喊二打”的行为属于近亲迫害、残无鼠道的行为。

白毛老鼠认为，人鼠之间本来应该是和平相处的利益共同体，他们与人类拥有最为相近的遗传密码。

这份由耶路撒冷大学公布的研究报告表明，如果将老鼠按比例放大舒展开来，老鼠和人类有 99% 相同的骨骼结构。正如当年欧洲贵妇们不愿意接受达尔文进化论一样，高贵的人类不愿意接受人鼠同构的结论。然而，科学似乎要与矜持和高贵的人类一再过不去，英美科学家通过研究，也爆出令人惊愕的结论：老鼠基因密码链的长度与人类相差无几，80% 的人类基因与老鼠完全相同，99% 的人类基因与老鼠非常相似。科学证明，即使外形与人类极为相近的猴子，也没有达到人鼠之间的契合度。

人鼠之间不仅基因密码相近，聪明狡黠的老鼠确实有令人难以置信的 IQ、EQ。老鼠偷油，懂得翘起屁股，把长长的尾巴伸入瓶口窄细的油瓶里蘸满了油，再放进嘴里慢慢品味。老鼠还会将搁在桌子上的鸡蛋完好无损地偷进鼠洞。老鼠抱起鸡蛋，仿佛揽过自己的舞伴，然后先把自己放倒，仰卧，潜意识里将舞伴想象成刚过门的新娘，四只瓜子温存地搂紧它（不可太紧，太紧了就淌黄了），同伴则咬住它的尾巴，沿桌腿把它们轻巧地送到地面（不可太重，太重了就碎球了）。这样的镜头，想必你在电影里看过。不过，电影桥段很黄很暴力。

更令人称奇的是美国科学家为“老鼠接近人类的智商”提供了一个更有力的实验结论：鼠有利用工具的技能。这是一位十分有耐心的科学家，他在墙壁的左右两面设置了两个悬空的棚架，左边架上放有奶酪，右边棚架旁放一架扶梯，两个棚架之间的天花板上悬挂一只篮子，并用链条将右侧棚架和篮子连起来。小白鼠略加思忖，就沿着扶梯噌噌爬上右棚架，然后拉动链条，当篮子像秋千一样荡起来，小白鼠会乘势跳进篮子，再一跃登上左棚架。

老鼠们认为，这段文字读起来需要耐心，估计急躁的国人早已不耐烦了。如此煞费周折地测试老鼠的精明指数，中国人有理由耻笑美国人太傻蛋（更可笑的是，美国借中国人的钱也要养活这帮傻蛋）。老鼠们回顾一个世纪以来尤其是二战以来的国际局势，他们一致认为美国才是老鼠的天堂（许多老鼠通过白令海峡纷纷移居美国）。虽说美国并非米的故乡（中国才是稻米的原产地），美国也不盛产重金属超标的大米，但美国的大米不仅培育了史上第一只鼠标，还养育了两只世界上最著名的老鼠：一只叫米奇，一只叫吉米。

米奇生于 1928 年，是美国迪士尼动画形象；吉米生于 1940 年，是美国米高梅电影公司的宠物。为了中国人民的启蒙事业，他们先后于 20 世纪 80 年代、90

年代，不远万里来到中国。米奇以机智勇敢、正直善良、幽默乐观的形象，博得了从6岁到60岁中国观众的喜爱；而吉米的猫鼠游戏，则是鼠性启蒙的另一种读本。基于一种人类普世文明，各种不同文化和政治背景的儿童，甚至儿童的制造者们纷纷成为“米粉”。如今，70多岁的吉米老当益壮依然故我地调戏“体制之猫”。在白猫黑猫肆虐中国的时候，米奇和吉米的破冰启蒙，促发了中国文创事业蒸蒸日上，诞生了体制内著名的暴力形象“黑猫警长”和“灰太狼”先生。

二、老鼠正传

美国大片《捕鼠记》改写了“老鼠”的定义。片中，除害专家恺撒说：对于老鼠而言，人类才是入侵者。这句话无疑引起了人类对人鼠关系的反思：史前时期，究竟是老鼠选择了与人类接近，还是人类选择接近了老鼠？这是个大是大非问题，也是人鼠关系的基本问题。

学者们认为，老鼠善于贮藏食物，是地球上最早建立社会保障体系的动物。所以，汉字“鼠”与“储”语源相近、音义相通，这说明中国人早就发现老鼠善于储存食物的特性。就人而言，储备食物是农耕时期定居文明的特征（毛主席说手上有粮，心中不慌）；深挖洞广积粮，说的其实是老鼠的特长，而不是现代人的策略（穴居的古人才精于此道）。在老鼠的生存经验中，储蓄是非常重要而且是必须的，这不仅关系到个体的存亡，也关系到种族的兴灭。事实上，老鼠的确喜欢将巢穴建于食物丰沛的地方（这个情报，对先民来说太重要了）。老鼠建造的地下宫殿阡陌纵横，四通八达，除了建有日常生活必备的十分考究的婚房、厕所、KTV包房、娱乐厅、会客室等专门场所外，规模宏大的仓库是地下宫殿的主体建筑。在十二生肖中，老鼠之所以端坐首席，大约也与鼠辈善于储备食物相关。

由于发现了这个秘密，人类果断选择与鼠同居；老鼠在哪里，人类就出现在哪里。因为，跟着鼠佬混，一定有饭吃。你可以想见，两眼发绿、可怜兮兮的先民在饥不择食之际，偶尔发现一个鼠洞，那是一件何等欣喜的事！鼠洞的发现，不仅意味着可以有肉吃，而且沿洞口一路开发下去，另一个更大的惊喜正在等待着他们，那可是一个大大的粮仓啊！当然，这话说的是衣食无着的蛮荒时代（其实，距今天并非遥远），这种情形对21世纪新新人类来说，恐怕需要奇思异想来补充当年的背景和情节。我读小学时，参与了灭鼠运动，有幸体验过类似的惊喜。若干年后，我的学长在回忆母校朱绍良老师时著文说：

沉闷了一个冬天，我在麦地里跑着蹦着，哪里去找鼠洞？朱老师仔细在田埂上小河边寻找。很快就发现了鼠洞。他把我喊过去，让我张网，他挖洞。突然蹿出三只老鼠，我用网没捕着，倒是他用脚踩着了一只，总算没空手。天已晌午，可他还是深挖不止。我问他，洞穴里还会有老鼠吗？他说："不会有了，我在挖粮食。"不一会儿就挖出了玉米花生和稻粒豆粒，足足有好几捧。他说，小时候家里穷，特别是在春天，青黄不接的时候，他就带着弟弟到田里挖鼠洞。有时候，一个鼠洞能挖出四五斤粮食，凑合一家人吃好几天。

这个故事，已经淡出新新人类的视野，所以当今人们不会再有类似的体验。因此误以为是老鼠选择了接近人类，而不是人类选择了接近老鼠。这可能是继蛇案之后，人与动物之间的又一大冤案吧。

制造冤案，或可说是人类的特长。回溯到3300年前的中国，我们找到了无须跟着老鼠混饭吃的年代里，人们对老鼠形象误读的证据。甲骨文中，老鼠（）尖嘴、大耳、长尾的形象十分龌龊，而且好像还在不断地啃啮什么，其中作为指事符号的四个小点（），想必不是大米就是被啮碎的物屑了。金文突出鼠的利齿（）、爪子（）和长尾（）。楷书"鼠"字源于篆文，承续了金文字形。鼠的造字本义是指啮齿动物——门齿可终身维持生长，常借啮物以磨耗门齿，故俗称"耗子"。

在汉字动物园里，鼠是汉字"竄（窜）"的造字元素，竄（窜）是个典型的会意字，简化字"窜"变成了形声字，掩盖了竄的动作敏捷度与"鼠"有关的事实。"竄，鼠在穴中。"《说文》认为，竄（窜）有"隐匿""逃窜"的意思。东汉以来，所有的汉字工具书都承袭了许慎的说法，所有的中国人都认为，"窜"是指与光明正大大相径庭的鼠辈做派，比如"抱头鼠窜""上蹿下跳"，均表示为人类所不齿的跳梁小丑的勾当。

许慎的定义是否有理有据呢？我个人认为，（竄），上为"穹庐"，下为"老鼠"，天穹与地鼠的构造法式，分明是"鼠咬天开"神话场景的形象摹写。古语云："自混沌初分时，天开于子，地辟于丑，人生于寅，天地再交合，万物尽皆生。"意思是说，创世之初，中国历史上发生了三件大事：第一件是"鼠咬天开"。天地混沌一片，老鼠于夜半时分（子时，23时至次日凌晨1时）将天地间的混沌状态咬出缝隙，所以子属鼠。第二件事是"地辟于丑"。天开之后，接着要做的是辟地，牛是辟地之物，所以丑属牛。第三件事，则是人生于寅，所以人与寅两字音同义近。

三件大事中第一重要的就是开天。至于辟地与造人，那是牛与女娲的事，不属本文讨论的范围。

关于这三件大事，中国古代学者从十二时辰的角度做了翔实的解说，并且在地支和肖兽之间建立了匹配关系。生肖的说法，据传是东汉王充提出来的。虽然许慎比王充小31岁，但基本上算是同一时代的人。也许那时信息闭塞，许慎未必读过《论衡》，怪不得许老师。但对汉字“窜”的解释，人类可以谅察，老鼠们不一定买账。

在中国流传甚广的《诗经》，因被误读而首开“鼠冤”之先河。《诗经·魏风·硕鼠》载：“硕鼠硕鼠，无食我黍！三岁贯女，莫我肯顾。”几乎所有的中国学生都认为“硕鼠”就指代剥削阶级（教科书要求我们记准这个标准答案）。幸好有专家做出了新的解释，认为《硕鼠》是一篇祈鼠的祝词。人们唱诵着《硕鼠》之类的祝词，其目的是为了祈求安居乐业（毕竟庄稼太重要了）。

《诗经》时代，人类对鼠看来还是充满敬畏和感激的。据说，天地玄黄宇宙洪荒之时，以采集狩猎为主的人类，对有毒无毒的野果还分辨不清（彼时，神农氏还没有诞生）。人们发现老鼠嗅觉出奇灵敏，它们在黑夜中觅食，从来不会选错食物。于是，人们便从老鼠那里学来了辨别食物的本领。

不仅如此，老鼠还是传说中为人类盗取了谷种的灵兽。这正是令鼠辈最伤心的冤结——老鼠为人类盗取了谷种，不仅被人类据为己有，反而被反咬一口，污鼠为盗——先是人类盗取了老鼠的果实，后是老鼠盗取人类的粮食。传说，牛从天仓为黎民百姓盗取谷种，惹怒了天帝。天帝很生气，后果很严重，他决定把人间所有的谷种都装在一个袋子里统统收回。所幸，有那么一只老鼠趁风高月黑的子夜时分，神不知鬼不觉地钻进袋子，并在袋底咬了个小洞，偏偏就有五种粮食漏了出来，于是五谷的种子就这样留在了人间生根发芽开花结果。

国内有学者认为，母系氏族时期，女性采集的植食，多为山里红、酸枣、野苹果、枸杞、柿子等一类浆果，也有营养价值比较高的野核桃、榛子、松子等芳香型坚果，以及遍地生长的野菜。人类从此类种子发芽得到启发，仅够促成果树种植业，并不能够形成粮油类种植业。文化学者王红旗谈到这个问题时，分析说：“当然，我们不能完全排除人类在远古时期也会采集狗尾巴草之类的种子充饥（尽管这种可能性非常低，你见过猴子吃草籽吗？），但是狗尾巴草的种子落在地上，仍然是只能长出狗尾巴草，而这样它们就不可能直接被人类看上眼，从而持之以恒地被选育成产量更高、口味更好的粮食作物来。”由此，王红旗发出了疑问：那么，人类究竟是如何发展出农业的呢?

比人类更早精于采集、储备食物的老鼠，大概的确有过被人类尊为“老师”的历史时期。许多食物与鼠同音，可能是这段光荣时代的历史遗存。我们可以想象，不识谷物、以渔猎为生的先民，曾经郑重地以鼠的名义为那些帮助他们活命的谷物命名，比如黍（黄米）、粟（小米）、菽（豆类）等重要作物，以及薯、蔬、茶等植物的根茎叶子，甚至包括与食物有关的动作“一锅煮”的“煮”字，食物比较充足的“暑天”的“暑”字，书写历史的“书”字等，都取得了与“鼠”相同或相近的读音。有学者还专门撰文为老鼠翻案，认为在狼帮助人类建立了畜牧业之后，老鼠帮助人类发展出伟大的农业，从此人类便从被动采摘、拣拾的行为，变为主动培植农作物的生产方式的革命（张凯蛟《老鼠帮忙发明农业》)。

历史是“掩饰”的别名，鼠的功德早已在历史中湮没。诚然，从负面影响人类的动物，的确非鼠莫属。老鼠为害农林草原，吞吃粮食，啃噬衣物建筑，罪不可赦，因此落下了“老鼠过街，人人喊打”的千古骂名。尤为甚者，人类历史上数次大规模的鼠疫，造成的死亡人数动辄几百万乃至上千万，鼠疫甚至一度让欧洲的人口锐减大半。在东方，鼠疫也曾加速了明朝的灭亡。即使是在科学昌明的今天，鼠疫也并没有消停过，印度等国几度遭遇鼠疫的荼毒。

老鼠传播疾病、贻害无穷的残酷现实，令脆弱的人类对其恨之入骨，又奈何不得。在漫长的人鼠关系史上，人类对老鼠由恐惧、憎恶到全面妥协，乃至顶礼膜拜，最后形成了世界范围内独特的鼠文化现象，这就使老鼠得以窜（竄）入各民族社会生活、风俗习惯以及人类文化的方方面面，甚至脱胎换骨，从一个无恶不作的害人精，演化为古灵精怪、聪慧神秘的小生灵。人们普遍认为，这些动物代表着上天和鬼神的意志，得罪不起。正因为如此，《诗经》也不能免俗地为老鼠哼唧唧地唱祭歌（类似赞美诗），而民间则大行“老鼠嫁女”的习俗。当中国当代屌丝们无房无车无存款无望结婚的时候，民间却年年为老鼠上演婚庆大典。人们供奉盐米糕饼糖果祭祀老鼠，渴望与鼠“和平共处”，对老鼠崇拜示好的遗俗至今保存完好。传说，老鼠结婚当日，人们不点灯不喧哗，就是害怕搅黄了老鼠的好事，民间有“你吵它一夜，它扰你一年”的遗训。“老鼠嫁女”传说，表达了人们对老鼠既恨又敬、既逐又拜的矛盾心理。“嫁女”颇有“送出”的意思，说到底是表达人们期望驱灾避难的心愿。

宋人洪巽在《旸谷漫录》中把十二地支分为阴阳两种，属相中奇数为阳，偶数为阴。十二生肖对应的动物，足爪为单数的属阳性，足爪为双数的属阴性。龙、

虎、犬、猴都有五趾，属阳性；猪、牛、羊、兔、鸡都是四爪，属阴性；蛇虽无足但舌分两岔，也归于偶数，算阴性；只有老鼠是个例外，它前足是四趾，后足是五趾，介乎阴阳之间、首鼠两端（《蠡海集》：“龟之前爪五指，阳也；后爪四指，阴也，故为阴阳之大用”）。由此可见，人类对老鼠的矛盾心理早由老鼠的前后趾数决定了。

三、老鼠外传

正如爱默生的“一滴露水”是世界的缩影一样，在老鼠看来，世界将缩小为“一粒米”。

从苏格拉底的“认识你自己”，到薇奥拉的“我不是我自己”（莎士比亚《第十二夜》）、罗密欧的“我已经遗失了我自己”（莎士比亚《罗密欧与朱丽叶》），到爱默生的“相信你自己”，老鼠与时俱进地举起个性化浪漫主义大旗，抒发热情奔放的爱米情怀。

在与人类长期亲密相处的动物圈子里，老鼠不以物喜，不以己悲，保持独立精神，是圈子里唯一不肯被人豢养的动物。它们自由自在、自我放逐的生存状态，引起了古今中外众多时尚达人的关注。其中，最著名的超级达人是古希腊先哲、犬儒派哲学的代表人物第欧根尼。据说，在圣哲云集的古希腊，第欧根尼曾应邀到柏拉图家用餐。这位用脚说话的哲学家，用脏兮兮的赤脚踩遍了柏拉图家的锦缎沙发。然后，他得意地说：“我践踏了柏拉图的骄傲。”柏拉图想必是很生气，称之为“发了疯的苏格拉底”。当然，也许柏拉图压根就没有生气，因为第欧根尼在行事风格上太像乃师苏格拉底了。这个故事表明，达人就是达人，达人与常人之间有天壤之别。

关于第欧根尼做客的故事还有一例，人文背景仍然是古希腊，不过这回东道主是一位富翁。达人第欧根尼环顾了华丽的地毯和精致的家具后，把一口痰啪的一声吐到主人的脸上，然后又连忙道歉说，那张脸是整个客厅里唯一肮脏、让他觉得可以吐痰的地方。

第欧根尼鄙视权贵看来是出了名的。他曾说：“亚里士多德什么时候用晚餐得要看腓力王的意思，但第欧根尼却喜欢什么时候吃晚餐就什么时候吃。”据说有一次，年轻的亚历山大大帝，一位最有权力的男人慕名前来拜访第欧根尼，问有没有什么可以为他效劳。“有。”第欧根尼回答说，“走开一点，别挡住我的阳光。”主宾对话时，第欧根尼正在晒太阳。

这样一位特立独行的伟大的思想家，竟声称自己的老师是一只雅典的老鼠。在第欧根尼看来，老鼠独立于自己的世界，窜来窜去，既不害怕黑暗，也不惮于人人喊打的白色恐怖；它们无拘无束，并不执意向往一张舒适的床；人类费尽九牛二虎之力想去获得的东西，老鼠都一概不感兴趣。从雅典老鼠身上，第欧根尼为他的心灵找到了最后的归属，也为他的犬儒派哲学找到了生存的根基。

第欧根尼死后大约 7 年，也就是公元前 254 年，欧亚大陆的另一端，一位有志青年正着手做一个伟大的实验。这个实验没有美国学者那么孩子气，而是直接带有功利色彩。青年才俊名叫李斯。话说李斯在做粮仓管理员时，发现厕所中的老鼠吃的是肮脏的粪便，又经常受到人和狗的侵扰；而粮仓里的老鼠吃的是堆积如山的谷粟，住着宽大的房舍，且没有任何人来打扰。他顿生万千感慨。这件事，后来被司马迁录入《史记》，李斯也因观察细致，发明了“仓鼠哲学”，并立身扬名。

中国人最怕认真二字。李斯偏偏是一个极其认真的人，他觉得观察所得不足取信，于是决定做一个实验。实验的步骤是这样的：先把仓鼠关在厕所里，再把厕鼠关在粮仓里。三天之后，他拿出了实验报告：曾经的仓鼠一旦步入厕所之后也开始“食不洁，近人犬，数惊恐之”；曾经的厕鼠走进米仓之后则“食积粟，居大庑之下，不见人犬之忧”。青年李斯如醍醐灌顶，境由心生，说出了他在中国政治舞台上的第一句著名台词：“人之贤不肖譬如鼠矣，在所自处耳！”

通过实验，李斯洞悉了人的高贵贤能、有无出息，是因人所处的环境和体制决定的，于是他审时度势，做了秦相吕不韦的门客，后又跨入梦寐以求的体制大门（那时候还没有“国考”，基本上都需要推荐才好混），成为一人之下万人之上的秦相。在任期间，他真刀真枪辅佐秦始皇废分封、建郡县，车同轨、书同文，制定法令，统一度量衡，完成了秦统一大业。然而，在事关国家前途命运的历史拐点上（因此，理智的中国家长应该明白了：让孩子赢在起点上，不如让孩子赢在转折点上），李斯与赵高沆瀣一气、狼狈为奸，废扶苏立胡亥，上演了一场史上有名的篡权丑剧。剧情显示李斯是个好演员，他奉行的人生哲学是：不管白鼠黑鼠，躺在米仓里的就是好鼠。这个理论直接被某女承袭，并成功熔铸成当代最有影响力的格言之一：宁可坐在宝马里哭，也不骑在自行车上笑（注：宝马是一种现代交通工具）。

李斯太认真了，而历史偏偏喜欢跟认真的人开一个不太认真的玩笑。第一皇帝死后，第一丞相李斯很快为赵高所忌，腰斩于市。临刑前，面对捆绑在一起的儿子，他老泪纵横地说出了他在中国历史舞台上的最后一句台词：“吾欲与若复牵黄犬，俱出上蔡东门逐狡兔，岂可得乎！”在生命的最后一刻，浮现在李斯脑海的不是他一生中所做出的丰功伟绩，而是年轻时那些简单而纯粹的快乐时光。那时候，他总是和两个儿子一起，牵着一条黄狗，出上蔡东门，在野外追逐狡兔。如果历史可以重演，如果让李斯重新选择一次，结局会是怎样？当然，时间不会倒流，所以也没有人能够准确回答这个问题。不过，善于思考的史家依据历史教科书的线索，为我们建立了一个时间坐标：

3 天后，赵高代李斯进位为丞相。

10 个月后，赵高杀死秦二世。

11 个月后，赵高被子婴车裂。

12 个月后，刘邦攻入咸阳，秦亡。

14 个月后，项羽杀子婴，屠咸阳。

62 个月之后，项羽兵败垓下，自刎而死。

64 个月之后，刘邦称帝，天下统一于汉室。

……然而，这些都已和李斯无关。

希腊的光荣被瓜分在各国的博物馆中（木心语）；大秦的奢华，“楚人一炬，可怜焦土”（杜牧语）。第欧根尼和李斯们早已作古；满脑子史前思想的老鼠，却依然卑微地活着。小说家薛忆沩认为，“卑微其实就是一种宗教”。老鼠以顽强的毅力和韧性，躲过大大小小无数次不可抗拒的自然劫难，慈祥地直面人类的鄙夷和唾弃，几近于宗教。教堂里，老鼠们齐声朗诵了“五经”之首、中国历史上最经典的赞美诗：

“相鼠有皮，人而无仪！人而无仪，不死何为？相鼠有齿，人而无止！人而无止，不死何俟？相鼠有体，人而无礼！人而无礼，胡不遄死？”

这首诗来自《诗经·鄘风·相鼠》。意思是说，你看那老鼠都有脸皮，你们人类怎能不讲自尊，寡廉鲜耻呢？如果做人不讲自尊，寡廉鲜耻，那还不如买块豆腐凉粉米糕果冻炼乳撞死算了！你瞧，两千多年前，《诗经》已经为老鼠说话，似乎看到人不如鼠的一面，其不愧为五经之首。

（原载于《西湖》文学月刊 2014 年第 8 期“汉字动物园”专栏）

狮 子

譬如“般若（bōrě）”，中国式的“智慧”既然不能涵盖佛家对宇宙秘密的观照，只好自谦（毋宁说是自卑）地将梵语的发音照搬过来，而且委屈了“般若”两字的读音（读如 bān ruò 才算“不委屈”）。

由于这份文化心理上的自卑（也可能是文化包容的自谦），佛教乘虚而入。经过敬佛—灭佛—敬佛，自卑与自尊交替呈现、三起三落的反复较量，儒、道两家最终与佛教达成和解。握手言欢的结果是，佛家同化为中国传统文化的有机组成部分，以对“来世”宏伟愿景的勾画，弥补了儒、道“入世”与“出世”的不足，为中国人现世的进退攻守、三世的因果轮回提供了心理指导。自从佛教被改写（并非翻译）为“禅宗”，融入中国文化的中枢神经以来，大凡意译上捉襟见肘之时（尤其是在翻译梵文时），一般都采取音译的变通。“狮子”就是其中一例。

说来也巧，东汉时期，伴随着佛教传入中土，狮子也大模大样地步入我国。古籍中最早出现狮子的记载是《汉书·西域传赞》：“明珠、文甲、通犀、翠羽之珍盈于后宫，蒲梢、龙文、鱼目、汗血之马充于黄门，巨象、师子、猛犬、大雀之群食于外囿。殊方异物，四面之至。”《尔雅·注》也曾谈到过狮子：“汉顺帝时，疏勒王来献封牛及师子。”

面对这位殊有异相的神兽，中国人一时手足无措，竟然找不到满意的汉字加以标识；情急之下，“师（[古文字]）”就做了它最初的名称——这也是上古典籍中不见“狮”字踪迹的原因。

据说，直到梁武帝大同九年（公元 543 年），在太学博士顾野王编撰的《玉篇·犬部》中，才出现了“狮”字。

师（師），甲骨文写作[古文字]（师），金文[古文字]（师）与篆文[古文字]（师），比较流行的说法，认为“师”的本义是王师和军队的意思。组成“师（師）”的构件[古文字]，在甲

骨文中写作𠂤（𠂤），这个奇怪的字符，引发了学界众多议论。有学者认为其形很像古代兵符，有的则认为是弓或肉的断面，也有的学者认为是悬棺或小丘的形象，西安民间学者唐汉先生甚至认为是屁股。

我个人赞同𠂤为小丘的说法。当然，这不是一般的丘，而是人工堆积的祭祀墩（土堆）；其右侧的币即今文的帀（匝）。许慎认为，“帀（匝）”就是反写的“之”。《说文》：“帀（帀），周也。从反之而帀也。”字圣许慎的解释表明了古代先民对去而复返、生命轮回、灵魂永生的祈求，与右侧表明祭祀堆的字符（𠂤）互文，意义上也吻合。

从这层意义上说，用汉字“师”作为“狮子”的标识算是恰到好处，既表明它的来路与去处，同时寄托了佛教轮回的思想。大约是为了区别于“天地君亲师”的“师”，后来才在师字旁加“犬”，《玉篇》就将其被归于犬部，以标明狮子虽有佛缘，但毕竟是兽的类属——此前，《说文解字·虎部》中只有“师”字：“虓，虓，虎鸣也，一曰师子，从虎，九声。”《尔雅·释兽》中也没有“狮子”，只提到“狻麑，似虦猫，食虎豹”。虽然晋人郭璞在《尔雅·注》中固执地认为，狻麑“即师子也，出西域”，但没有更多文献证据——狮子的确来得有些迟。

所以，狮子虽号称百兽之长，但在汉字系统中，地位却很低。有关龙虎的成语、俗语比比皆是，而关于“狮子”仅有“河东狮吼”“狮子大开口”等可怜的几条。美国语言学家萨丕尔说：“语言是我们所知的最硕大、最广博的艺术，是世世代代无意识地创造出来的无名氏的作品，像山岳一样伟大。”龙、虎既然与中国政治、经济和社会生活有着理不清的瓜葛，在语言中的表现当然就非常出色；而狮子是外来的动物，又与佛教相关，它既不像龙那样见首不见尾弥散于无限想象的空间，也不像虎那样虎虎生威大长中国人的志气。因此，狮子在语言中抛头露面的机会就很少。

俗话说，来得早不如来得巧。虽说狮子不见于中国上古典籍，“遣词造句”的能力表现一般（更别说造字了），但因沾了佛光，狮子初来乍到就以“老师”的面目傲然出现在华夏文化语境中，这是动物中唯一被中国人认可的“老师”。

这位经印度或西域中转、来自西方的神兽，大约真的自以为是全体动物乃至全体中国人的老师了，尤其是一头叫斯芬克斯的哲学狮子，曾经不厌其烦地盘问每一个过路人：“有一种动物，早上四条腿，中午两条腿，晚上三条腿。这是什么东西？”老实说，这种关系到人的属性的屈原式天问、高庚式的大哉问，只有长胡子的狮子才想得出。不像独霸山林的老虎从不装模作样——“山大王”摆出的理由一般都很直白：此山是我开，此树是我栽，要想从此过，留下买路钱！正因为如此，“哲学家”狮子在近现代中国遂成为思想启蒙的动物喻体和精神导师，寄托着中国人的殷切期望。

比如，著名教育家陈鹤琴曾把他在江西泰和创办的“幼师”（我国第一所公立幼儿师范学校，成立于 1940 年）称作“幼狮”。似乎是为了缓解当初以“狮子”命名的尴尬，在“幼师”与“幼狮”之间，陈先生有意识建立了一个“超级链接”，无意间消解了“师子”命名由来的历史迷瘴。

据说，陈鹤琴当年设计了一只可爱的小狮子形象作为幼师的校徽，还成立了“醒狮团”，要求每个学生立志成为一只睡醒的狮子。每当学校集会，大家都齐唱《醒狮歌》：“醒呀！醒呀！醒！大家一起醒。醒呀！醒呀！醒！唤起中国魂。”陈的上虞同乡、作家谷斯范回忆说：“陈校长常常谈起拿破仑的名言：‘东方有个睡狮，一旦醒来，将震撼世界。’鼓励同学们要有狮子的搏斗精神，改造环境，服务社会，不能在困难面前低头。”陈校长所说的“狮子”，经历了自东汉以降漫长的沉睡期以后，突然吼声大作，铆足了劲儿闯进近代中国思想者的视野。

1900 年，清末教育家、诗人丘逢甲曾赋诗一首：“神州莽莽将陆沉，诸天应下金仙哭。谓佛不灵佛傥灵，睡狮一吼狞而醒。”

1903 年，“诗界革命”先驱黄遵宪写道：“散作枪炮声，能无惊睡狮？睡狮果惊起，牙爪将何为？”同年，“革命军中马前卒”邹容在《革命军》中叹道：“天清地白，霹雳一声，惊数千年之睡狮而起舞，是在革命，是在独立。”陈天华在《猛回头》中也有“猛狮睡，梦中醒，向天一吼，百兽惊，龙蛇走，魑魅逃藏”的句子。同年的 3 月 29 日，高燮发表了《醒狮歌》：“斯时狮睡睡正熟，锯牙不露阖其目。……呜呼！岂有巨物庞然称兽王，含羞忍辱气不扬。”

1904 年初，蒋观云也写了一首《醒狮歌》，发表在梁启超主编的《新民丛报》上。歌曰：“狮兮，狮兮 / 尔前程兮万里，尔后福兮穰穰 / 吾不惜敝万舌、茧千指 / 为汝一歌而再歌兮 / 愿见尔之一日复为威名扬志气兮 / 慰余百年之望眼 / 消百结之愁肠。”

1904 年 4 月，由革命团体上海作新社出版的《教育必用学生歌》，其中收录《醒狮歌》两篇、《醒国民歌》一篇、《警醒歌》一篇。

1905 年，留日学生高天梅主编的《醒狮》杂志，在东京创刊，李叔同为之设计封面并撰稿。

1906 年 5 月，同盟会机关报《民报》连载陈天华的未竟遗著《狮子吼》，时人争相购阅，一时洛阳纸贵。

抗战期间，著名高僧巨赞法师在桂林创办《狮子吼月刊》，宣扬抗战救亡，在佛教界产生了巨大影响。

……

从20世纪初开始，仿佛禅师忽作狮子吼，一声棒喝，令意障神迷的中国知识界菩提自现、立登般若，狮子一时成为顿悟者普遍乐于接受的象征性符号。也因此，拿破仑关于中国睡狮的名言成为妇孺皆知的常识。

然而，“常识”常常是思维的盲区。一位美国学者认为，不用自己的动物形象（比如龙虎麟凤等）来描述民族复兴，说明中国人缺乏自我号召的力量，似乎只有诸如拿破仑和长一张狮子脸的马克思等西方人的观点，才是靠谱的。

另一位名叫费约翰的美国学者甚至认为，拿破仑的预言完全是中国人的杜撰。费约翰说，一些英法学者曾经彻底翻检过与拿破仑相关的原始资料，发现“无论法文或其他语言的任何一手资料，都没有记载拿破仑曾经说过这句话”。

如果说醒狮的“棒喝”令人警醒的话，那么美国人的这一通“棒喝”，却将中国人一棒子砸晕。为此，学术界不得不另寻“睡狮”的发明人。直到有人站出来说，“睡狮”的形象是梁启超于1899年提出来的，才让中国人稍许安慰。一位日本学者前些年发表在《中山大学学报》上的文章证实了这一点（《石川祯浩：晚清“睡狮”形象探源》）。

国学大师梁启超似乎并不领情，他在《自由书·动物谈》中，把“睡狮”的专利权推让给了曾纪泽。费约翰也建议将“唤醒中国论”的发明权，归还给曾国藩的长子、著名外交家曾纪泽。自此，狮子由文化心理领域进入学术争鸣的前沿。

从考据上看，也许费约翰的观点是对的。但是，我们无法否认梁启超在“睡狮”形象的推广和传播中，所起到的统领作用。正因为维新派领袖梁启超无可匹敌的语言魅力和学界公认的号召力，使得意欲唤醒睡狮，甚至要以醒狮作为未来的国旗、国歌形象的观点，逐渐成为清末民族主义者的共同理念。

撇开梁启超的传播，假如将不远万里来到中国的狮子绵延起伏的意象，连缀起来，不难发现，在动物中，狮子赢得近代中国普遍好感的原因是这样的：

一、在西方漫画中，清廷那条腾飞的黄龙被描述为拖着“猪尾巴（pigtail）”的劣兽，已是昏聩的象征；近代精英对这条东鳞西爪的可怜虫，早已深恶痛绝。闻一多在《龙凤》一文中认为，如果非要给这个民族选定一个象征性图腾的话，“那就还是狮子罢，我说还是那能够怒吼的狮子罢，如果它不再太贪睡的话”。

二、外来的和尚会念经。东鳞西爪的龙既然是封建帝王的专属，离百姓太远（龙过于专断）；虎产于中国，离中国人又太近（容易露丑）；而狮子虽是凶兽，却不产于中国，对中国人没有切身的威胁——中国人不曾有一例被狮子吃掉的记录。狮子以真理为上，是勇猛的象征，兼有佛光的笼罩，是护法护身的瑞祥之物。

二、德谟克利特说：动物中只有狮子是睁着眼出生的，所以狮子才如此勇猛，一生下来就证明了自己的高贵。勇猛而高贵的狮子又与“筛子”同音，符合中国“精英教育观”，从八股取士到国考取士，天朝一贯坚持“筛选法”遴选英才（“筛”是“师”参与造字的少数案例之一）；况且，狮子是群居动物，奉行集体主义的原则，不像老虎独来独往，无组织没纪律，难于驾驭。至于凤凰麒麟羔羊骆驼之类，又太清高孤傲、仁慈柔弱，尤其是麟凤不食人间烟火、缺乏群众基础，不足以领导国人集体抗辱。

四、在鲁迅看来，骆驼的头酷似羊头，驯服的羊只会率领羊群赴死；尼采在《查拉图斯特拉如是说》中谈到“精神三变”时认为，骆驼与狮子的差别在于：骆驼必须听从他人的指导、接受他人的命令，说的是“你要我如何”；而狮子则是自己做决定、对自己负责，说的是“我要如何”。所以，尼采说：“为了获得自身自由和神圣的说‘不’的权利……为了这一切，弟兄们，必须成为狮子。”

总之，“借他人之酒杯，浇我心中之块垒”是中国人一贯的禀赋和智慧——狮子不必产于中国，但可以在中国得到虚化、神化、符号化、理想化，以至于能够以“他者”的身份代中国人说话，成为中国文化的新载体。这是一头理念的狮子，一头代表中国力量的新狮子，而且这一形象符号暗含了传统文化中狮吼的号召性。于是，睡狮—醒狮—狮吼，作为同一主体的三种状态，用来指称同一主体——中华民族。

佛教用语中早就有“狮吼”一说。据说，狮子吼则百兽惊。

在印度，狮吼意指“如来正声”，比喻真理的威严。但是在古代中国，狮子与生俱来的伟大发声术并不招人待见。大文豪苏东坡曾以“狮吼”一词调侃惧内的好友陈慥（zào）：“龙丘居士亦可怜，谈空说有夜不眠。忽闻河东狮子吼，拄杖落手心茫然。”这个说法，后来被南宋文学家洪迈写进《容斋随笔》，用来比喻悍妇，一直沿用至今。

中国古代知识分子的这份文化自信，自夏商周三代经汉唐宋明延至清朝中叶，还是信心满当当的。他们以世界中心自居，号称“中国”，唯我独尊，视一切“他者”为番夷，如此骄傲了数千年之久。然而，数千年既没有换种也没有换地的农业文明，毕竟敌不过强大的工业文明；当西方开启的近、现代化风潮席卷全球时，船坚炮

利下令人痛心的屡战屡败、屡败屡战的近代史，给中国人添了一份堵，一份痛。

痛定思痛，痛何如哉！经历了最初的东西方文化冲撞、文明冲突，在文化反省中，中国近代知识界试图走出迷茫，他们放眼西洋、回望东洋，在空间坐标上树立学习的榜样，却在时间坐标上竭尽所能地指责、否定传统文化。

直到1918年底，从欧洲考察回国的梁启超，了解到西方社会的问题和弊端之后，才大胆主张光大传统文化，用东方“固有文明”来“拯救世界”。梁启超们在经历了自满、自足到失落、回归的曲折心理过程之后，通过审视本民族历史和文化传统及“西洋文化”优劣，终于在空间和时间的双向“他者”坐标下，对中国现实和未来有了独立的判断。

可是，这样的声音，已经被“新文化运动”精英集体浮躁的喧嚣声所掩盖、淹没。

在狮子的崇拜热潮中，我的本家朱执信先生说：“一个国对一个国，一个人对一个人，要互助，要相爱；不要侵略，不要使人怕；要做人，不要做狮子。既然从苔藓起进化成一个人，便有人的知识，有两不相侵两不相畏的坦途。在这个时代，还要说我是狮子，那就同变老虎去吃亲哥的公牛哀一样。好说，也是梦还没有醒。”

从《周易》睽卦荒诞梦、黄帝华胥梦、庄周蝴蝶梦、卢生黄粱梦到胭脂红楼梦，中国似乎是一个多梦的国度，耽于梦境却始终没有诞生《梦的解析》之类的精神分析法。

朱执信不是狮子，但他的声音似乎比狮吼更令人警醒，只可惜这样的声音，同样被迷乱的近代史冲淡、淹没了。

维特根斯坦在《哲学研究》中写道：“假如狮子能言，我们无法听懂。”智慧的中国，已经意识到了民族文化的自足与自觉。所以，当美国学者亨廷顿以“文明冲突论”来解释“冷战”后世界走向时，费孝通提出了著名的“各美其美，美人之美，美美与共，天下大同”的观点，形象地阐明了东方式的文化观。

亨廷顿讲冲突，代表的是西方以力服人的文化观；费孝通讲和合，乐观中透着中国文化的自信。有了这份自信，我们或许从此不再妄自菲薄、崇洋媚外，也不会妄自尊大、盲目排外。

（原载于《西湖》文学月刊2014年第5期“汉字动物园”专栏）

虎

在生命进化的最近一万年里，猫获得了女性的特别宠爱。女性特有的持久耐心，加持了人类驯化的韧性，也加速了野猫到家猫的嬗变。

经过驯化的家猫，驯服于女主人的意志，披一身柔软的锦缎皮毛、操一口娇细的咪咪之音、持一种慵懒而温顺的居家心态，着实招人喜欢。但如果把猫放大100倍，恐怕喜欢它的人就不会多，因为它已不再是猫，而是一只令人畏惧的老虎了。那么与猫相比，有没有见到老虎而不必心生畏惧的可能呢？

当然也有。比如，如果你看见的是一只失了虎威的虎，锁在虎牢关的虎，圈在动物园里的虎，不仅不必畏惧，甚至可以无动于衷。因为，这是一只与数百万年进化史无关，与原始生态场景、巫术占卜、图腾崇拜无关的虎，它们褪去了神秘魔幻的纹理，不过是野生动物园里的一个活标本，远不如一只鲜活的猫可爱；它们“被选择”做了猴子的邻居，却不如猴子赚来更多甜的甜点、香的香蕉和好看的看客。

好在当代作家张抗抗为当下的老虎，补充了丰富的历史背景、鲜活的人文内涵，于是老虎立刻生动起来、威风起来、肃穆起来。她说：

老虎之美，具有一种无可替代的震慑性，看一眼就会被俘获、被征服。那一刻我会忘记它原本是一头凶猛的野兽……它雄健优美的体态与斑斓鲜艳的毛色、独处的尊严与高傲的神态、端庄的品相与丰富的个性，历经了大自然500万年雨雪风霜的锤炼，才孕育演化而成，并如同雄奇的雪峰和美丽的冰川那般不可再生。有时候我甚至觉得，老虎这种动物出现在我们这个地球上，一定负有神圣的使命——向人类展示大型野生动物的雄浑之美、无敌的力量之美。在我们有幸远眺它的那些时刻，它通常只是旁若无人地静卧或是目空一切地踱步，即便它什么也不说不做，仅仅只是一种壮硕伟岸的存在，那也已经足够。

坦率地说，这是我读过的作品中写虎写得最饱满的一段文字。文笔细腻且张力十足的张抗抗，毫不吝啬地将美丽而富有尊严的词奉献给了她热爱的老虎，以至于其他写虎的文字都面临“词穷”的窘态。

当然，作家“远眺”或“看一眼”的“这”一只，不见得是景阳冈吊睛白额的“那”一只——在没有性命之虞（注意，“虞”字中有“虎”出没）的情境下，作家与武松的区别在于，作家可以“忘记它原本是头凶猛的野兽”，只管从容铺纸研墨，将溢美之词悉数呈现，而不必像武松那样手提哨棒，靠大碗喝酒来壮胆。

因为，如今能进入我们视线的老虎，不过是动物园里的大猫，不可能是作家白桦当真看到的“那一只”（白桦在《一瞥》中说，“我只见过一只老虎”），并不代表老虎家族在武松时代的真相。不擅辞令者，看到的老虎不过是动物之一；擅长辞令者看到的老虎，却又很难是山野中的老虎，既擅辞令又见过真虎，这种情况就非常稀缺了，所以白桦说：

动物园里的老虎能算是老虎吗？不是它们被关在笼子里，就是我们被关在汽车里。我和它们之间隔着钢铁栅栏或是玻璃，隔着戒备，隔着误解，敌视着。那些虎的皮毛失去了锦缎般的光泽，像枯黄的干草。眼睛失去了光芒，充满倦怠和怯懦。体态猥琐，步履犹疑，它们哪里是真正意义上的老虎呢？它们比猫还要卑微。（白桦《一瞥》，摘自《与生灵共舞》）

可见，动物园里的虎与山君之兽，显然是不同的物种。

从造字本义上看，在汉字动物中，老虎恰恰是最令古人恐惧的动物——俗话说“老虎的屁股摸不得”——这种恐惧甚至沉淀为人类集体表象（列维·布留尔）、集体无意识（荣格），潜入先民的意识底层，不时制造恐怖梦境。在古代，人们甚至不敢真呼虎名，谓之为“大虫”——据考，老虎被称作“大虫”成文记载，最早见于晋代干宝的《搜神记》：“扶南王范寻养虎于山，有犯罪者，投于虎，不噬，乃宥之；故虎名大虫。”——我个人认为，大虫的说法估计在民间早有流传，绝不可能始于一部志异小说。

在殷墟出土的中国最古老的书写体系里，“”（虎）的那副嘴上长有獠牙、身上绘有花纹、张着血盆大口的面目，准确转达出造字者恐惧与崇拜的双重心理。

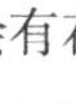

晚期甲骨文“”和早期的金文“”，虽略去兽身上的纹理，但形象依然阴森可怖。

接近隶楷形制的石鼓文“”，兽头（）的下面冒出了一个“人（）”字形——这种半人（）半兽（）的构造模式，很容易令人联想到吉萨高地的那尊狮身人面兽，表明体格巨大的猫科动物掌控着生杀予夺的大权，是狩猎时期“人”的最大威胁。

在我国古代神话版图上，虎正巧是主司西天的神，象征肃杀、萧条。作家徐来在《想象中的动物》一书中说道：“传说虎只在立秋这个节气才会发出真正的虎啸，也只有在虎啸发出之后，寒季才能降临世间。”虎啸催生了恐惧，恐惧挟持了崇拜，原始先民（尤其是山民）由此对虎不得不奉若神明，并模拟其形态、仿效其吼声，创造了声色俱厉的“虎”字。

汉字中，凡由“虎”构成的字，大多与虎的形态、啸叫和虎的脾性有关。例如，“虞舜”的虞字，“虍(hū)”的名号背后隐约透露着远古图腾崇拜的遗迹。古文字学家叶玉森认为：“虞乃掌田猎之官，狩猎时披虎首以镇慑群兽。”浙江绍兴有上虞古地名，郦道元在《水经注》的引文中说：“舜与诸侯会事讫，因相娱乐，故曰上虞。”由此可知，虞还有祭祀娱神唯恐不周的意思。

《本草纲目》曰“虎，象其声也”，认为“虎”的读音来源于虎啸时发出的唬唬声。《说文》收录的“唬”（释曰“虎声也”）、“虓”（xiāo，释曰“虎鸣也，从虎九声”）、“虖”（hū，释曰“哮虖也，从虍乎声”）等，都是由“虎”衍生出来的字。“呼號（号）”的“號”，则由“号”与“虎”会意而成，表示猛虎的咆哮，大有秋风扫落叶之势。

孔子仿佛聆听过虎的咆哮，甚或在周游列国的半道上遇见过老虎。因此，《论语》中三次提到的虎，均指现实中的虎，而不是城市动物园中的虎。《礼记·檀弓下》感喟的“苛政猛于虎”，表明了虎患的严重性。春秋时期，苛捐杂税名目繁多，老百姓不堪重负，举家逃到深山老林，宁可生活在猛虎威胁的环境中，也不愿生活在暴政之下——残酷压榨人民的政策，原来比老虎还要凶恶暴虐。

同时代的老子，在《道德经》中也曾两次提到虎。老子姓李名耳字伯阳，人称老聃。彝族学者刘尧汉认为“老聃”是彝语“虎头”的意思，“老子取此名，可能表示他自己是虎年或虎日这个祥年吉日所生”；《方言·八》提供了楚人对虎的特殊称呼：“虎，陈魏宋楚之间或谓之李父，江淮、南楚之间谓之李耳。”

“摄提贞于孟陬兮，惟庚寅吾以降（《离骚》）。”从离骚的自白中可知，同为楚人的屈原也以生于寅月寅日而自豪。有专家考证说，“李耳”就是黑虎、雌虎，老子的哲学中也有“知其雄，守其雌”“知其白，守其黑”的辩证思维。

虎的威力甚至直达天庭，反映出中国人“天人合一”的传统观念。古人之所以称二十八宿为“四象”，乃因东南西北各有七宿，每七宿联系起来很像一种动物。东方七宿连起来就像一条腾飞的龙；因东方属木，木为青色，于是古人称东方七宿为“青龙”。西方七宿连起来像一只跨步向前的猛虎；因西方属金，金为白色，故古人称西方七宿为“白虎”。“四象”作为四方的代名词，在先秦文献《礼记》中已有记载：“行前朱鸟（雀）而后玄武，左青龙而右白虎。”

文字学者认为，虎的暴力、肃杀意象完好地存留在“虐”字中。甲骨文虐（）是一个会意字，右边是一个“虎”形，左边是一个“人”字，两字形会意，表示虎抓人欲噬的意思。《说文》：“虐，残也。从虍爪人，虎足反爪人也。”小篆的“虐（）”字，在虎口之下，有十分清晰的虎爪和一个爬行的小人，一副可怜兮兮的样子。《风俗通义·祀典》说：“虎者阳物，百兽之长，能执搏挫锐，噬食鬼魅。”虐字源于老虎用大口利齿残害生灵。因此，虐的本义为残暴、侵害，如“虐杀”“虐待”“暴虐”“虐政”等词中皆包含有此意。上古时代，商代的最后一个统治者纣是鱼肉人民的暴君，遂有“助纣为虐”的成语。

许慎试图对“虎”的暴虐倾向，做出合理的解释。五经博士认为，在汉代，人们把虎称为“山兽之君”，意思是说，所有隐居在山林的哺乳动物都得对虎山呼“万岁”，将肉体奉献给它。包括中国人在内的所有动物，之所以心甘情愿地在老虎面前俯首称臣，是因为老虎的暴君形象并不像龙那样恍恍惚惚若隐若现、见首不见尾，而是照实（倘用“明目张胆”一词，则显然是对老虎的蔑视）在额头上写了一个大大的汉字——“王”。

当然，虎额上的“王”，不过是老虎“王道”的外在标签，而真正起威慑作用的，据说是神秘的“虎威”。

古人所说的“虎威”，不是指虎的威严或威风，而是指虎身上的一块骨头。直到隋唐之际，民间还认为这是一块神奇的骨头。唐人段成式在《酉阳杂俎》中有相关记述：“虎威如乙字，长一寸，在胁两旁皮内，尾端亦有之。”小说《儿女英雄传》第 31 回对“虎威”做了通俗的解释：“大凡是个虎，胸前便有一块骨头，形如乙字，叫作虎威，佩在身上，专能避一切邪物。”

虎威既然如此神奇，老虎也因此从恐怖分子转身化为传统文化特别看重的消灾避害的符号，这些观念遗存于民间戴虎头帽、穿虎头鞋、枕虎形枕的习俗中。

古书上说：“毛虫三百六十而麟为之长。”意思是说麒麟曾管理 360 种兽类，是一切陆生哺乳动物的君主。儒家主张施仁政，而麒麟恰恰是仁兽，所以虎的君主地位有僭越麒麟的嫌疑，这让儒家很不乐意。

儒道双修的东晋学者郭璞尝试调和这一矛盾，在注释《山海经》时，他认为麒麟的性格过于仁慈柔弱，无法有效管理弱肉强食的兽性世界。

天帝获悉人间的纷争后，果断赋予了虎许多神性与特权，以平息这场诉讼。譬如，让虎成为懂卦象的动物，它们画地做卦，卜算理想的猎食方向，一算一个准。徐来在《想象中的动物》中提到了周文王的这位动物粉丝。他还说，虎会趁夜色出巡，左眼化为灯盏，右眼搜索领地。如果猎人射出一箭惊扰了虎王，那光芒就会掉在地上。第二天去原地挖掘三五尺，就可以看到被称为“琥珀”的白色石头。

由于早熟的中国，出乎老虎意料提前结束狩猎时期，进入农耕社会，中国的神话格局随之发生嬗变。老虎作为“山兽之君”的威风和地位，不久被“龙”取代。

东北师大汪玢玲在《中国虎文化研究》一文中为此愤愤不平地说，与“龙文化”处于中华民族文化核心地位相比，“虎文化”应有的地位长期被忽视。1988年，在河南“仰韶文化”墓葬中发现了距今6000多年的蚌塑龙虎图形，被称为“天下第一龙虎”。虎在墓主人之左，龙在右，表明在原始氏族晚期的信仰中，龙虎文化同时存在，且虎的地位好像高于龙（古人尚左），虎崇拜曾盛行一时。

在那个人神混杂尚未祛魅的蛮荒时代，原始人还没来得及把自己跟动物区分开来，他们以为人的生死均拜老虎所赐——在古代各民族神话传说中，老虎经常被视为开天辟地之神、人类繁衍生息之祖——“天开子（鼠），地辟丑（牛），人生寅（虎）。”彝族史诗《梅葛》说，天地日月、风雨雷电的生成，无不化生于虎。因此，他们对老虎顶礼膜拜，以求得到宽恕，这就形成了虎崇拜的原始宗教。

虎图腾取材于原生动物，是狩猎时期的图腾；而“龙”能兴云布雨，正是农耕社会所必需的偶像。因此，华夏族漫长的农业文明扶正了龙的尊长地位。相反，与狩猎文化相关的虎，在封建文化语境下只能为臣，不可为君，这种局面统御中国长达数千年。数千年来，屈尊第二位的老虎也曾几度向龙挑战，他身披美丽花纹织成的旗帜，啸聚山林，于是华夏大地龙争虎斗、血沃千里。然而，偌大个中国，龙椅只有一张，不是虎踞就是龙盘。坐龙椅的永远是龙，坐虎皮椅的非匪即寇。

随着佛教传入中国，一头卷发的狮子也跨进中国大门，成为虎的另一个强有力的竞争对手，形成龙虎狮三足鼎立的超稳态的铁三角结构。由于佛祖释迦牟尼被喻为“人中狮子”，因此狮子作为佛的化身，在佛教中享有着崇高的地位。相传，狮子还是文殊菩萨的坐骑，这让狮子更加春风得意，充满宗教色彩。狮子在佛教中的地位，直接影响到中国人对狮子的态度。狮子外貌威严，天生异相，毛发纷披，吼一声檐上瓦片儿就得纷纷落地。据说中国官员见状后赶紧拥戴新的“兽王”，

把老虎头上的王冠撸下来给它戴上，还不惜动用文人编排出“狮子吃老虎”的神话。以下是相关神话的摘抄：

北魏《洛阳伽蓝记》说：“虎见狮子悉皆瞑目，不敢仰视。”唐朝虞世南作《狮子赋》称其为“拉虎吞貔，裂犀分象”，宋人罗愿在《尔雅翼》中说：“其为物最猛，虎豹犹畏之。”《本草纲目》说得更有点离奇：“狮子出西域诸国，目光如电，声吼如雳，……虽死后，虎豹不敢食其肉，蝇不敢集其尾。”明代夏言《狮子诗》称：“怒慑熊罴威凛凛，雄驱虎豹气英英。”戏曲家孔尚任也跟着起哄，在《桃花扇》第27出用了“狮威胜虎”的喻词。

虽说上述所引文献并非正史，不足取信，但古人对狮子猛于虎的认识，看来是真实不虚的。

到了现代，在狮子与老虎谁厉害的问题上，形成意见相左的两派：西方人认为狮子勇猛，东方人认为老虎威风，双方一时争执不下。其中比较公允的评价是：狮子是战略家，老虎是战术家。战略家吃饱了就睡，养精蓄锐，世称“睡狮”；战术家刻苦练功，除了攀缘上树这种有失身份的逃生本领缺失以外（没学成上树，并非猫狡猾，实为虎傲慢），虎谙熟各式摸爬滚打的技巧，还会游泳，更有不耻下问向猫学艺的儒家风度。西方人认为狮子具有国际眼光、普世情怀，它们从西向东一路征战，甚至通过白令陆桥进入美洲腹地，行走的区域遍布全球；东方人认为老虎有乡土意识、本位观念，虽然它们也曾由东向西迁徙，但始终没有冲出亚洲走向世界，害得欧洲人在翻译中国典籍时遇到“老虎”一词，只好用“狮子”替代。

老实说，撇开东西方的不同见解，在中国，如果硬逼着狮子和老虎决一死战的话，那么打群架，老虎肯定斗不过狮子，因为狮子是群居动物，有团队意识；一对一单挑，狮子又不是老虎的对手，因为老虎占主场之利，生活在东亚已有数百万年历史，又善独处，占尽天时地利人和，而擅长在非洲广袤草原上大兵团作战的狮子，常常水土不服。

我持中庸的观念，猜测了许多。我想它们大约通过沙盘演练持续许多年以后，最终打成平局而和解：老虎高卧中堂，占据了官衙；狮子扼守门户，做了门童——世上两种最大、最凶猛的猫科动物，在中国本土达成心照不宣的默契，它们认为“你好我好哥俩好才是真的好”。

甚至有一只多情的狮子与母老虎相处多年，日久生情，暗结珠胎，喜诞天下无敌的杂交兽二代，名曰“狮虎兽”。

还有一部分狮子，看不惯贾府丑陋勾当，厌倦了官场争斗，不务正业地爱上了文艺：它们抖擞精神，披散一肩长发（真把自己当艺术家了），终生与绣球、彩带、威风锣鼓打交道。

至于老虎，依然稳坐白虎堂，摆出一副严肃的面孔，怒目圆睁，时刻准备吃人。

明初小说家施耐庵看不惯老虎这副德行，认为时刻准备被吃的人也不是那么好惹的。于是，他从民间收罗了一批龙虎山上释放出来的恶魔，试图以毒攻毒，以恶制恶，托意为民代言，即所谓“替天行道”。其中，有误闯“白虎堂”的老虎的近亲豹子头林冲，以及其他四位与林冲比肩的“五虎上将”及一干人马共计108员。

施氏笔走龙蛇，听任各种“老虎”出没于《水浒传》的章回间：武松打虎，扣人心弦；李逵杀虎，动人心魄。民不畏死，奈何以死惧之。啸聚水泊不满“苛政”的好汉们，基本上都是些不服软或被逼铤而走险的极端分子。梁山水陆头领除了“五虎将”“八骠骑”被冠以“虎威”头牌以外，还有不少二把刀的好汉，绰号中也带“虎”字的，如“插翅虎”“锦毛虎”“矮脚虎”“跳涧虎”“花项虎”“中箭虎”“笑面虎”“青眼虎”“母大虫”“病大虫”等。然而，虽说兵多将广，施氏毕竟是辞官的一介文人，他挑战虎威的理想模式，也不过是想弄张虎皮椅坐坐，心中压根不敢觊觎龙椅。这一点他不如笔下的杀虎者黑旋风，一心想着夺了鸟位。

学者们认为，国人对虎的认识经历了一个从敬畏、崇拜、模仿、利用，到规避、捕杀，再到珍惜、保护的漫长过程。所以，崇拜风习一过，一时间打虎成为时尚。民间的打虎、射虎、猎虎者，在今天虽属违法，但从当时的历史背景看，却反映了人类保护自己免受虎害的自救心理。因此，老虎虽然威武暴虐，但民间也不乏“明知山有虎偏向虎山行”的猛士、达人。暴虐的“老虎”奈何不得“人多势众”，终于威风扫地、老态龙钟地退缩到人类划定的保护区颐养天年、供人瞻仰去了。因此，白桦在《一瞥》中十分感慨地说：

“没有自由的生存环境，任何生物都会失去自己，被迫异化为另外的东西。在那一瞥之后，我再也没看见过老虎了。但，这已经足够了！任何时候我都可以用那千金一瞥，去鉴定物体的真伪了。”

（原载于《西湖》文学月刊2014年第5期“汉字动物园”专栏）

熊

我老家骂人的村话，考究起来约略有两大特征，一是话锋直指女性隐秘的部位问候，二是巧用动物隐喻含沙射影。隐秘也罢，隐喻也罢，都离不开“隐”字。“隐”与“淫”恰好同音，其中是否另有隐情？

考究的结果是这样的：举凡村言詈语，均隐隐地借“三字经”的格式，暗示动物崇拜、生殖崇拜以及祖宗崇拜的源流，且内含丰富的人文韵味儿。

譬如“狗日的”，原本是借狗的无耻，诅咒人的卑劣，却不期然峰回路转，几经周折，含义混沌起来，主题模糊起来，似骂似嗔，亦褒亦贬。“狗日的北大”“狗日的粮食”“狗日的足球”“狗日的学校”“狗日的城管”……诸如此类标题党的手法，取意朦胧，自然引人入胜。

再譬如“王八蛋”“鳖犊子”“龟孙子”，皆因龟的淫乱而成为最快意、最通用的村骂——其中，“王八蛋”与“狗日的”一路升格为国骂，“鳖犊子”随前辈们闯关东去了铁岭等地，“龟孙子”到了四川升了一辈，变成“龟儿子”。

还有，“兔崽子”“猪头三”“驴亵的”等，其模式与“狗日的”大同小异，都与动物的某些特性有关，又有几分人间的亲昵，骂法十分讲究——大凡有点文化的，都不会率性动用“娘希匹”“婊奖的（婊子养的）”“草泥马”一类，毫无人文想象空间的专属用语。

许慎认为，龟有雌无雄，只能与蛇交配才能产出后代。晋人张华在《博物志》中沿用了这种说法：“龟类无雄，与蛇通气则孕，皆卵生。”传说中，兔也一样有雌无雄，皆望月而孕。猪的好色，有二师兄“八戒”为例；驴偏偏爱上马，稀里糊涂生出骡子，当属乱伦范畴。

中国是讲究伦常的国度，因此骂人也不能乱了分寸，差了辈分，断不许晚辈骂长辈——有些村骂只限于上辈对晚辈，还须不痛不痒，让对方听了十分受用才算恰到好处；有些则只适合于背后解恨，如果当面开骂，等于踢了对方的卵子、踩了对方的尾巴、掘了对方的祖坟。

考究来考究去，只有一句村骂是可以人前人后普遍适用、男男女女不分左右的，那就是“熊”字系列的“村话”，比如：熊样子、熊色儿、熊玩意、熊东西、熊孩子等等——这事儿，我一直没琢磨透，熊既不淫亦不乱，如何做了骂人的材料？直到读了叶舒宪先生的《狼图腾还是熊图腾：中华祖先图腾的辨析与反思》一文，方才恍然大悟：原来熊是北中国的史前图腾。如果北方人骂你“瞧你那熊样子”，“那是在夸你”，云云。

北方人习惯称熊为“狗熊”。熊之所以被用来作为村骂的材料，大概是沾了“狗日的”一类国骂的光。鉴于熊身上兼具狗的要素，当借狗骂人不足以体现“信达雅”之要旨时，自然要搬出狗的老本家熊来帮忙。

生物科学告诉我们，在哺乳动物中，熊与犬科动物的血缘关系最近，它们的长相也有几分相似，突出表现在嘴和爪子的形状上。甲骨文中，熊的初文“能”（）完全是现实物象的摹本，字形中突出的正是它的大嘴和爪子。金文“能”（），在形制上虽说繁复了点，但同样还是没忘记凸显其大口利齿（）和劲爪（）两大要素。长成这熊样子，无论左看右看、上看下看，它都极像一条壮硕的犬。在动物分类上，熊科属于犬超科，它与犬的共同祖先是生活在早第三纪的裂脚兽，可见熊与犬科动物分化的时间不算太早。

狗因亲近了人类，沾了人气，便一路向集约化、精致化方向发展；而熊则远离人群，兽性不减，便一路向着规模化、粗放化方向发展。体量大型化以后，熊需要的能量也有所增多，单靠肉食已不足以维持生计时，只好兼顾其他的食物，如植物的细叶嫩枝和果实、蜂蛹及河中的鱼等。

由于食性的改变，熊与之前的“本家”熊猫（曾称“猫熊”）开始分道扬镳：熊猫的适应性越来越差，而熊的适应能力逐日优化（所幸熊没有贵为熊猫，要靠人工来繁殖；也没有堕落为狗，要靠豢养来壮大）。可以这么说，熊在进化过程中失去的是牙齿的切割力，得到的却是扩大了的丰富的食源。

此前，在体形上跑岔了道的狗，与熊在“杂食动物”的属性上，又走到了一起。在这一点上，与它们走到一起的还有一种超级动物——人。基于食物结构的趋同，熊又具备了几分人的属性，这一进化历程经过了上百万年。在进化的最近几万年里，人与熊之间越来越接近的共同特征，主要有如下几点：

一、臭美，爱照镜子。在所有的动物中，只有熊的脸和人的脸最适合魔幻而写实的镜子，它们的脸就是为镜子而生的；在没有镜子的年代，有一方水塘也不错（那时的水很清澈）。熊脸与人脸的相似度，让人类的近亲猴子们十分羞愧；不过羞红的位置似乎跑偏了，所以人类在这一点上并不买猴子的账。

二、贪吃好色。基于审美情趣和美色的诱惑，熊眼与人眼进化得极为相似，尤其对异性特别敏感；熊和人都是美食家出身，喜欢饮酒，可称为“酒色之徒”；二者的味觉都很发达，喜欢吃蜜，爱好甜蜜事业。对此，人类学家和性学专家都异口同声地补充说，虽说熊有发情期，而人一年四季随时可以做爱，但他们大都喜欢取正面合抱的姿势，这在动物中十分罕见。

三、肖人，人模狗样。《诗·小雅》:“维熊维罴，男子之祥。”熊能直立行走，会爬树、善游泳。从共时与历时的角度看，人类直立的时间与熊直立的时间的平均值，几乎完全相等。直立行走直接影响到脚掌发育，所以，如果把所有动物的掌印拿来比照一下的话，你会发现，只有熊掌最像人的足印，这是 500 万年修炼的回报。宋人罗愿在《尔雅翼·释兽》中提到了这一伟大进化的成果:“熊类（似）大豕，人足，黑色。春出冬蛰。轻捷好缘高木，见人则自投而下。亦以革厚而筋驽，用此自快。”

尽管人与熊之间的相似值不止这些（也因此，“熊样子”是骂而不伤人的头等“村骂”），马克思还是看到了他们在最后的十万年间或更长的时间里发生的本质变化。马克思认为，人是能思维善语言能创造并使用工具的动物。这是一条人与熊之间不可逾越的鸿沟。为此，狗熊发誓要积蓄正能量，尝试缩小人熊之间的差距。但在北方漫长的冬季，冬眠的熊偶尔会醒来，这饿劲儿一上来就舔自己的前掌充饥，把一双肥厚的前掌舔得鲜血淋淋。熊的自虐成就了一道为野蛮准备的美味，也为中国先贤孟子在“鱼与熊掌”之间建立儒家“义利观”，提供了例证的素材。但自虐的倾向最终妨碍了心愿的达成，好在冬眠的习性歪打正着为熊族贮存了如“熊熊烈火”般的巨大能量。因此，文字发展到小篆时期，李斯不得不考虑改变“能”字的结构模式，将金文字形中的熊爪（[古文字]）写成象征热量的“火”（[古文字]），并且废除其余六国各行其是的写法，摒弃了楚国熊姓君王族徽“[古文字]”（熊）的闲散姿态，吸取其营造法式，最后统一到秦篆规整的“能”（[古文字]）字上来。

自此，“能”的动物本义基本消失；隶楷阶段，另造“熊”字专门指称这种“人模狗样”的热能动物。“能”在本义之外，多用来指称“能够”“能源”“能量”“能力”“才能”等等。许慎似乎看到了这一点，在《说文》中说:“能兽坚中，故称贤能，而强壮称能杰也。”也因此，纳税大户、艺术明星、叱咤风云的政治领袖、善于作秀的新贵，以及各种各样的时尚达人都被称为“能人”，能人具有“优秀”“杰出”的品质，亦可称为“熊人”或“雄人”。“能人”大多精力充沛，膂力过人，擅长制造桃色绯闻。我老家苏北鲁南地区至今保留了这一层语义，习惯将男精称为“熊”。

很久很久以前，原始初民早于许慎领教了熊随季节循环变化的生命形态——漫长的冬眠期过后，初民们发现一头“死去”的熊，竟然复活了，这是人类梦中也难以抵达的境界。尤其是北方以狩猎为生、在饥饿状态下“猫冬”的原始先民，他们坚信熊这种自我复生的神奇的“正能量”无与伦比。在史前信仰中，熊作为生死转化、生生不息的洪荒神兽，责无旁贷地荣膺图腾崇拜的首选物种之一。

神话学者试图站在新的高度，重新审视自汉字书写文明开始以后，有关熊图腾、熊崇拜、熊占卜、熊禁忌的种种乱象，寻回那失落已久的古文化层。他们首先从与“熊”有关的上古帝王、四方神圣开始这段心灵史的考察，认为那些圣王、先祖名号中的“熊”的符号，只是对逝去的更远古时代的追忆。既然伏羲号“黄熊”，黄帝号“有熊”，那么从徽号中含有“熊”字这一现象来推测，不难发现在中华成文历史开篇之前，熊图腾传统应该已延续了数千年之久。

考古学首先是美学，其次才是历史学的分支。中国境内的出土文物，不会按人类的认识秩序渐次展现，它们看上去无非是些文明的碎片。但在学者眼中，它们将会被纳入审美秩序和预设的文明轨迹中。换言之，那些巧手连缀起来的陶片，恰恰清晰地呈现了熊图腾传承的悠久历史。

比如，商代玉器中就发现有熊头鸟身造型的坐熊，西周玉器中也有大批熊造型。从春秋战国至西汉，熊形的玉器、陶器、铜器更是多姿多彩、层出不穷，商周以后出现的双熊首玉佩、熊龙、熊龙璧，以及自卷尾熊抽象到熊龙的各种神奇造型，许多都是以往的古史学者们前所未见的。因此，叶舒宪信心十足地说：“龙图腾由熊图腾演化而来，在多民族文化融合中，龙是较为普遍的一种崇拜物，但现实中并非实际存在。考古发现表明，龙确实来源于现实中的动物，这些动物原型包括猪、鹿和熊。”

叶先生还举出例证说，考古发现的5500年前的牛河梁女神庙中就有熊，这里还曾出土一对玉龙，起初被当作“猪龙”，后来有考古学者实然改变观点，提出“熊龙”的说法。

学者们还结合在北方流传至今的熊祖的神话，以及上古时期楚国君王姓熊的事实，解读“熊龙”玉像符号背后的意蕴是：“龙的传人”当中，当有相当多的一部分为“熊的传人”。

学者们的发现及研究成果，仅限于在很小的阅读圈内传播，普及率不高。在大多数中国人的心目中，“熊”这个形象略含贬义，比如窝囊、愚蠢、凶险等（“熊”与“凶”同音，大约是中国人褒龙贬熊的原因之一吧）。可是，同样是在北方或者更北方的俄罗斯人的心目中，熊“心地善良”“憨态可掬”“惹人爱怜”，一直是勇敢、力量和智慧的象征。

俄罗斯不少地方都以熊作为标志，也流传着不少关于熊的传说。据说，俄罗斯有一个名叫索契的小镇，这个镇的周围是高加索山，时常有熊出没，后人就此更名为“熊的角落”，如今已渐成远近闻名的旅游胜地。另有一地儿，坐落在伏尔加河上游的雅罗斯拉夫尔城，因为城徽是一头熊，被称为“熊城”。近年来，俄国故土——阿拉斯加的安克雷奇市（曾为俄国领土，现属美国），也因熊出没，名噪一时。普希金在诗体小说《叶甫盖尼·奥涅金》、托尔斯泰在《战争与和平》中，都不惜笔墨描写熊的聪明、善良、诚恳，以及哲学家一样沉思的状态……俄语中，“熊”一词是由“蜂蜜”和“吃”组成，意为熊是“吃蜜”的动物。如果你对俄罗斯朋友说，你像一个大熊，他一定会甜甜地说“谢谢”。这表明，在国际视野下，叶舒宪的说法并非标新立异。不过，学者们要想让中国人十分乐意地接受“熊样子”这样的村骂，估计还需假以时日。

在俄罗斯文化中，偶尔也能见到反面形象的熊。克雷洛夫在《隐士和熊》的寓言中就把熊的“憨痴”表现得淋漓尽致。

有一天，隐士睡着了，熊在旁边看守着。它看见一只苍蝇停在隐士的脸上，便抡起胳膊驱赶。这只苍蝇不肯飞远，绕了几圈，最后又停在隐士的额头上。熊便捧起一块大石头，使劲地砸了过去。后人把这种欲益反损的帮助，即“帮倒忙”称为“熊的服务”。

这则寓言生动地塑造了一只笨熊的形象。但笨熊没有改变俄国人对熊的热爱。据说，梅德韦杰夫这个姓，在俄语中就是“熊”的意思。当年，梅德韦杰夫当选俄罗斯总理继而又上任总统的时候，俄罗斯政坛高呼：“熊来了！”与此同时，中国人正在起劲地大声叫嚷着：“狼来了！”

（原载于《西湖》文学月刊2014年第4期“汉字动物园”专栏）

狼

每一王朝的更迭都常常会发生莫名其妙的童谣，每一事件的萌动又往往会流行异乎寻常的谶语。

童谣自然是借幼稚的歌喉做了预言，而谶语则是拿“天人感应”的招数来蛊惑人心。在童谣和谶语失灵的时代，流行歌曲挺身而出——

1986 年，崔健的《一无所有》，国家的主人变成了下岗工人。

1987 年，费翔的《冬天里的一把火》，灼痛了大兴安岭的春天。

1988 年，齐秦的《我是一匹来自北方的狼》，引来一片狼的嚎叫。

……

犹如一个时代的呓语，那些让人随时可能被击中的声响，潜意识里恰好击中了这个时代。世纪交替之际，原本朴素的歌喉突然间凌厉起来，然后是张牙舞爪、蛮性大发地要做一回吃羊的狼——大概是做羊做得腻歪了，要体验一下做狼的滋味——贾平凹的《怀念狼》（2000 年）、姜戎的《狼图腾》（2004 年）应运而生。从 20 世纪末蔓延开来的文学创作的狼主题，甚至牵动了儿童动画市场，紧赶慢赶一起分割“狼图腾”的最后一块利益蛋糕。《喜羊羊与灰太狼》自 2005 年 6 月推出后，陆续在全国近 50 家电视台热播，获得上上下下一片热捧。一些唯利是图的商人，以及为他们忠实服务的精英，也貌似顺乎时代潮流，一惊一乍地跳出来嚷道：倘做不成狼，就做一头披着狼皮的羊，最好是做披着羊皮的狼，甚至是做一条内外兼修的披着狼皮的狼……一副挑战的架势，咄咄逼人。

2004 年 4 月，《狼图腾》面世。资料显示，该书在中国大陆发行超过 300 万册（盗版除外），连续 6 年蝉联文学图书畅销榜前 10 位，获得各种奖项几十种，还被译为 30 种语言，在全球 110 个国家和地区发行。

《狼图腾》引发的关于“狼族精神”的争论，随后也在社会各界广泛展开。许多教师、家长不仅自己一读为快，还希望学生、子女能尽快领略、承袭“狼道”精神。

为此，出版方与作者专门为儿童量身定制了少儿版《狼图腾》——《小狼小狼》(2010年)。狼一样嗅觉灵敏的出版商跟风推出的《狼阵》(译著，2005年)、《狼性经营法则》(2005年)、《狼性法则》(2010年)、《狼道》(2010年)、《狼魂》(2010年)等一系列换汤不换药的"新"书铺天盖地，图书市场一片"狼藉"。

一时间，以"北方的狼"为背景音乐的"怀念狼"的情绪，如野草一样疯长(《野蛮生长》2007年)——人狼之间隔膜与敌对的坚冰一夜间被打破，"怀念"从个人蔓延到集体——于是，"狼来了"的呼声，像禽流感一样进入流行话语，响彻长城内外。

狼，犬科食肉类哺乳动物。《说文解字》："狼，似犬，锐头，白颊，高前广后。从犬，良声。"《本草纲目》："狼逐食，能倒立，先卜所向，兽之良者也。故字从良。"这就是说，狼是不同于其他动物的"良犬"。继中国第一部字典《说文解字》的编著者掉入语词陷阱之后，几乎所有的辞书都不由自主地掉了进去。

古文字学家依据许慎、李时珍提供的线索，在中国最早的书写系统——甲骨文中找到了一个对应的字( )，他们说这就是最早的"狼"，由 (良)和 (犬)合文组成。为了自圆其说，硬是把 (犬)字左侧的这个奇怪的字符  训为"良"，狼即"良犬"。由于很多契刻着文字的甲骨在王懿荣发现甲骨文之前，被当成"龙骨"吃进了中国病人的肚子，我们无法在现存的3000多甲骨文字中拿出旁证释读" (良)"的真正本义。

比如，与"狼"长得最接近的"狠"就没能在甲骨文找到，只在《说文》中收录了篆字的" (狠)"——假设将甲骨文字符  解释为"良"是正确的，假设"狼"即"良犬"，那么，是否意味着3300多年前的商朝人，已经预感到21世纪的"狼"真的"从良"了呢？从汉字构成来看，"良"不仅出现在汉字"狼"中，还出现在"莨""稂"和"娘"诸字里。许慎认为，莨是一种狼尾巴草，因其毛穗形似狼尾而得名；而稂则指一种形似禾苗的害草，说的也是狼尾草。既然是"害草"，为什么称为"良草""良禾"，"娘"与"狼"在构字上为什么字根相同、发音相近呢？

有一个故事说，狼群的分配原则是由最强壮的头狼先食，其次是年富力强者食，最后是弱小者食；一次食物不够，便再次组织进攻，那些没吃饱的饿狼才会拼命向前。狼群就是这样严格按照等级秩序，把生存的机会最大限度地留给了强者。

有人见过，一头母狼死后，一群小狼围在母狼身边嗷嗷直叫，场面十分悲惨。过了一会儿，饥肠辘辘的小狼蜂拥而上把刚刚咽气的狼母撕碎，当作美味的晚餐。

小狼的肚子成了母狼的坟墓。关于母狼硬撑着回到狼窝死去的原因，各人说法不同。我个人认为，与其说是出于母爱为小狼提供食物，让弱小的生命多一线生存的机会，不如说是母狼用尸身上完“最后一课”，教导小狼要继承先辈野蛮、残忍、贪婪、暴虐的“狼道”精神：喝狼奶长大的小狼，必须是一头狼！

动物中，大概只有狼如此做娘。做娘的狼，大概是世界上最狠也是最有爱心的狼。古人或许从中得到启发，将狼与娘置于同一字根之下。

从字源上看，“良（良）”应该是“琅”的本字，“琅”即指“琅玕”，又称“鱼目”。《说文》解释说：“琅玕，似珠者。从玉，良声。”据考证，“琅”是一种会发光的萤石，并非古文字学家所说的“廊”或“透光的窗”之类。我个人认为，良（良）其形疑似“襁褓”，代指背兜中的婴儿，良与犬组合，会意为狼之母爱或指吃小人的兽类；而女（女）与良组合，则示意育婴的女人。

1966年6月3日晚，17岁的张承志等17名中学生，聚集在圆明园遗址，他们决定成立一个叫“红卫兵”的组织。红卫兵，这个取自张承志笔名“红卫士”的名字，从此伴着一段青春与暴虐的“心灵史”（《心灵史》，1991年）席卷全国。

关于上海修改历史教科书的新闻事件中，朱学勤提到了这个组织。朱学勤在接受《南都周刊》采访时说：“过去的历史教科书教给学生的，就是碰到不公正、碰到不正义的事情，最公正、最正义的反抗方式就是暴力。正因为这样，所以到了‘文革’，那一群红卫兵才会用那么暴力的手段来报复他们的长辈和老师。除了‘文革’时那些特殊的政治教育，此前孩子们接受的历史教育，包括片面的鲁迅教育都是在为这一天做准备。那是喝狼奶的教育，不是喝人奶的教育，训练出来的是狼，不是人。”

朱学勤所说的“狼奶”，正是所谓“狼道”酿成的乳汁，那些“喝狼奶”长大的“红卫兵”与食母肉的小狼，是否有其内在的联系呢（听说他们最近在向老师们道歉了，这似乎违背了狼与人类永不妥协的本性）？

在小狼食母的故事里，母狼用纯净的乳汁和会说话的尸体教会了小狼：做狼就是要“狠”一点！所以，我宁可相信“狠”这个字，就是齐秦所唱的那只来自北方的食肉类犬科哺乳动物。

甲骨文和金文中，虽然不见“狠（小篆写作狠）”字，但甲骨文所幸有“艮”字：其中一个艮写作“艮”（gèn），构成“根”“跟”“退”等字，均与足（足）有关，但与本文无关；另一个艮写作“艮”（读yín，与“眼”同音），与“目”有关，上面是“目（）”，下面是“人（）”，有回首张目怒视之态。金文中也有“艮（，左上是眼的象形，右下是人的象形）”字，突出的正是“目在背后”的意象，强调的是回头张望的那一瞬，十分逼真地描绘出一副“狼顾之相”：凶狠、狡诈、多疑、残暴、富有心计。

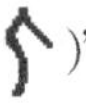

据说，狼在肩头不动的情况下，头部能转180度。相传有此面相之人，皆是狼心狗肺、心术不正、有狼子野心之辈；又传有此面相者，有帝王之志，比如司马懿就有“狼顾之相”。

《晋书·宣帝纪》：“（魏武帝）因谓太子丕曰：‘司马懿非人臣也，必预汝家事。’”曹操对司马氏的怀疑看来没错，只是文才武略的魏武帝没来得及看到魏晋更替的结局。

《说文解字》提供了另一种解释方案：“艮，很也。从匕、目。匕目，犹目相匕，不相下也。匕目艮，匕目为真也。”艮为“匕、目”会意，犹如说目光如剑，逼视而不相让——这或可看作是对狼的特征另一版本的描摹，狼在光明与黑暗之间出没，狼的眼睛即使在黑暗中也能透出逼人的幽光（“琅玕”之光，或“萤石”之光），令人不寒而栗。

狼因狠而机警、多疑，因狠而野蛮、残忍、贪婪、暴虐。狼在睡觉前总要满腹狐疑地围着窝打转，察看有无异样；睡觉时一只耳朵总是贴着地，以防猛兽的偷袭。狼时刻窥伺羊群和牧羊人的懈怠之机，一旦发觉有隙，马上出击。狼性的野蛮，就在于践踏温和与文明，而且它专瞅羊羔一类的弱者下手。

狼性残忍，手段毒辣，即使是对待同类或对待自身，也一样残忍：如果一只狼被铁夹夹住，它竟会咬断被夹的肢体而逃走；在集体行动中掉队、受伤的狼都会被同伙吃掉。

狼性的贪婪就是无限制地攫取、无节制地占有——狼喜欢吃羊，在最短的时间里，它能放倒多少就放倒多少。狼性的暴虐就是以暴力手段维护等级秩序，并滥用职权、滥杀无辜。狼是群居动物，善于团队作战，尤其是在冬季猎物较少时，一声长嗥便能聚集起几十只甚至上百只同伴，形成一股连虎豹遇之都难以逃避的巨大力量。

一篇署名“曼德”的网络文章说，狼性是对人性的背叛，是对温良恭谦的传统文化的颠覆，“狼图腾”是刚刚进入现代文明时期上演的蒙昧时代的图腾晚会，是一次唤醒兽性记忆、高举丛林法则的狩猎誓师。这篇文章，把当下主流企业文化概括为狼文化，认为这种文化“表现在市场秩序上就是不守规则、不择手段，是对均衡、共赢、可持续发展的商业环境的破坏”；这种文化漠视道德与诚信，斯杀流血、蚕食客户，以“红海战略”代替“蓝海战略”；“这种文化表现在管理上就是强制性执行、绝对服从，对业绩无休止地要求，透支执行过程中的健康和道德，塑造‘没有任何借口’的奴性员工和邪恶的‘狼性总经理’；这种文化表现在企业家精神上，就是贪婪攫取、荒淫腐败等等”。同时，该文也客观地认识到，“在狼邪恶的面目背后，长久压抑并遭受折磨的国人看到了一种强大叛逆的生命能量，这种生命力给当下滞后于市场经济的农耕文化注入了新鲜的血液”。

我个人认为，企业界喧嚣一时的“狼来了”，恰恰暴露了企业文化的不自信——在自然界，只有弱者才会恶意模仿“恶”来虚张声势地加强自卫，从容至尊的虎所崇拜的偶像，永远是它自己，从来不需要扮成恶狼来吓唬对手，它们的眼神永远是那种舍我其谁的慵懒与无可匹敌的倦怠。

人类学家鲍西亚说：“好像神话世界被建立起来，只是为了再被拆毁，以便从碎片之中建立起新世界来。”比照穆斯林作家张承志的《黑骏马》（1981 年）、苗族作者陈益的《我的先祖是蚩尤》（2000 年）等作品，以边缘化立场对根深蒂固的华夏农耕文化、中原文明中心论的挑战，细心的读者不难发现，《狼图腾》通过自我解构，试图借拆毁的碎片补缀一个新的神话世界。小说出版策划人安波舜在“编者荐言”中，甚至不惜亮出耸人听闻的标题——“我们是龙的传人，还是狼的传人？”

小说本应是虚构的故事，而《狼图腾》却把文学写作当成了文化史的专业考据，自觉承担起学术说教的功能——对此，神话学者叶舒宪分析说：“《狼图腾》考察的结论很明确：中华龙图腾是从草原狼图腾演变而来的。在狼图腾和龙图腾之间，还有一个饕餮图腾的阶段（《狼图腾》，长江文艺出版社，第 407 页）。听起来好像不无道理，但是没有深入调查研究的一般读者，显然是无法判断其虚实的。我们的祖先时代是否普遍崇拜狼呢？”（《叶舒宪：狼图腾，还是熊图腾？》）叶舒宪认为：“如今要考察北方草原生态下史前人类的图腾究竟为何，则非红山文化的玉器莫属。从现有的红山玉器造型看，可以说狼的形象是罕见的。至少就目前已经正式出版的红山文化书籍中，几乎就没有什么著录。而玉雕的熊形象则较为普遍。姜戎把内蒙古三星塔拉的玉龙解说为狼首龙，缺乏确实的根据。”

一位在蒙古生活多年的老知青著文指出，“狼图腾”是“伪草原文化”。他说：“这是因为我在牧民的蒙古包里住过多年，从未见到、听到任何一位蒙古族老人表现出过对狼的敬畏，更不要说对狼有意识地保护了。相反，我看到的是对狼‘格杀

勿论’。……蒙古族牧民对狼恨之入骨是有道理的，因为狼袭击羊群，并不是咬死一只饱腹而已，而是在最短的时间里，能放倒多少就放倒多少……你就是再悲天悯狼，也不可能如此慷慨。”

提到“该死的”羊，鲁迅说在中国，羊是“奴隶”“顺民”的代名词——在鲁迅笔下，浩浩荡荡竞奔屠场的胡羊（绵羊）正是这类形象的代表；而作为“领头羊”率领羊群走向死地的山羊，便与狗、猫一起被赋予了否定性的意义。鲁迅宁可做一匹狼，一匹受伤的荒原野狼。

鲁迅的好友瞿秋白曾说鲁迅“是野兽的奶汁所喂养大的，是封建宗法社会的逆子，是绅士阶级的贰臣，而同时也是一些罗曼蒂克的革命家的诤友！他从他自己的道路回到了狼的怀抱”。

侯外庐甚至认为鲁迅之“迅”是“狼子”的意思。“《尔雅·释鲁》云：‘牧狼，其子，绝有力，迅。’注云：‘狼子绝有力者，曰迅。’鲁迅之鲁，取自母姓。迅古义即为狼子。鲁迅以‘狼子’自居，表明他甘做封建制度逆子贰臣，反映出他前期思想中有叛逆精神。这种解释，侯外庐向许广平讲过，许广平连声道谢。只是将‘迅’作‘狼子’解，到底是鲁迅本意，还是后人追加？已不能叩问先生于九泉。”（《海南日报》2010 年 4 月 12 日。）

鲁迅所处的时代与姜戎所处的时代显然不同。在文化专制、民众麻木、列强环伺、积弱积贫的近代中国，鲁迅的声音虽然也很凌厉，但那是一个民族的呐喊、一个“精神战士”的呐喊，而不是利益集团的“打手”的号叫。据鲁迅研究者称，千百年来浸淫于“中庸之道”的国度里，人人都被驯化得失去了自我，失去了个性，狼所代表的野性、强力、自由意志正是自救的精神品质，这也正是鲁迅理想中的“精神战士”所具有的基本品格——寂寞、孤独、伤痕累累……是他们无可逃避的宿命。鲁迅对精神战士的思考，凝结成一个透露现代主义气息的文学意象——荒原野狼。

在基督教文化中，狼则被视为野蛮的魔鬼；人类是上帝的“羊群”，狼伤害羊等于撒旦伤害人类。这种观念导致基督教社会对狼的极端仇视和捕杀，狼在欧美几乎绝迹。好在科学家及时纠正了人们对狼在认识上的偏差，认为生态链中狼是不可缺少的一环，缺少了狼的生态是不平衡的。倘若没有狼的捕食，鼠类会空前发展，啃食草根、破坏草场、同牛羊争食。于是，人们又在各地引进狼，“阿拉斯加的狼”说的就是这个故事。人和狼、狼和羊的关系问题，反映了人与自然的矛盾，任何一种极端的观点与行为都违背“天人合一”的传统理念，将给人类带来灾难。

羊和狼，似乎天生就是康德所说的“二律背反”的两极。无论羊与狼如何敌对，羊总是最终的受难者。在“狼”牵动着中国当下价值观走向时，不少有识之士逆流而动，站出来质疑狼文化。

《藏獒》作者、“荒原作家”杨志军在答记者问时说：“关于‘狼道’‘狼经’的现代崇拜完全违背了人们的普遍愿望，违背了人性公德，它是极端利己主义的一种宣泄，是市侩哲学的一种喷溅。”

作家林希也指出狼文化是市侩哲学。他说，狼崇拜的文化张力，是资本原始积累的野蛮性，更是社会转型期浮躁心态的恶性膨胀。狼文化公开挑战社会道德标准，使破坏性的市侩哲学变得合法。

甘地、曼德拉、马丁·路德·金都用道义的、非暴力的力量战胜了强大的恶势力。这种道义的力量被基督教经济学家赵晓誉为“温柔的力量”“平静的刚强”，是真正更新人类历史的力量。赵晓认为，中国崛起是大家关注的焦点话题，但崛起并不简单地等同于经济增长或经济总量的扩张，其本质应该是文明的进步。因此，信仰与文明应成为看待中国发展与崛起的全新视角，也将成为转型中国无法回避的问题。

随着《狼图腾》的热销，“旷世奇书、精神盛宴”的作者姜戎，也一度成为人们关注的热点。从字源上看，古代姜、羌同源。羌戎泛指我国古代以羊为图腾的古老民族。许慎认为：“男羌为羌，女羌为姜。”顾颉刚说：“姜与羌，其字出于同源，盖彼族以羊为图腾，故在姓为姜，在种为羌。”陈梦家、白川静也一致认为，姜与羌是同族关系。理由是，夏以禹为始祖，而史书中说“禹兴于西羌”。可见，姜戎即羌戎。作为写作者的姜戎，原名吕嘉民。在中国姓氏谱牒中，一说吕姓源于姜姓。姜姓中最有影响力的人物姜太公姓姜名尚字子牙，后被文王赐姓吕。据史料记载，吕尚原为西周时羌人，四川羌岷网列出的羌族帝王人物中就有齐国开创者姜子牙。原名吕嘉民的姜戎，想必对这段历史传说心知肚明。由此可见，作者以姜戎的笔名出版《狼图腾》，本身就具有一定的自我颠覆性。

（原载于《西湖》文学月刊 2014 年第 4 期“汉字动物园”）

蛙

已是农历三月初头，芦芽儿一身短打扮，仓促披挂的紫色亵衣隐约可见，恰好为《诗经》“蒹葭（据说葭是豭的美食）”羞涩地作注。水刚刚从霜凝冰结中解放出来，清冽冽地积蓄着力，期待突破紫气氤氲的河面，引吭高歌。

这时候，恰好有一组五线谱从上游赶来，早早地宣布春讯（汛）。序曲是嘈嘈切切错杂弹，音符是一只一只地游来游去；组曲照例是银瓶乍破水浆迸，音符是一团一团地自由涌现。抬眼望去，远处已被簇拥成黑压压的一片，数也数不清，那大概是铁骑突出刀枪鸣的高潮了。一个季节，就这么訇然到来。它们，游弋的小蝌蚪，五线谱中的小乐符，正是一个季节的当令使者。

蝌蚪是蛙的乳名，但叫蝌蚪的未必都能长成“蛙”。生长在水里的蝌蚪，是两栖动物——蛙、蟾蜍、蝾螈或蚓螈的共同幼体。在我老家苏北鲁南地区，“蝌蚪”有一个可爱的昵称“寒不噶豆（语音）”。

我一直怀疑“寒不噶豆”应该是“蛤蟆＋蝌蚪”的合体和变读。小时候，我时常蹲在春天刚苏醒的水岸，揣摸蝌蚪可能隐瞒的秘密。据科学家说，在水生阶段，蝌蚪是透过外部或内部的器官——鳃来呼吸的。它们没有腿，但是有一条鳍状透明的乔其纱尾巴。乔其纱协助它们像大多数鱼类一样，横向波动，正向摆渡。当蝌蚪成熟时，它们开始蜕变，渐渐长出四肢，然后透过细胞分化剥落，逐渐蜕掉尾巴、逶迤上岸。

对于乡村的孩子来说，蝌蚪的生命历险是个幻觉。幻觉和生命演化的必然性一起缓慢到来，细腻而神奇。当你需要音响伴奏的时候，它们愿意做五线谱中的一组音符，在你流动的琴弦上跳跃；当你需要颇费周章地谋篇布局时，它们愿意做你的标点符号，但只关照语势顿挫与情感起伏，而不干涉你构思的内容。这使我想起了 19 世纪德国作家台奥多尔・冯达诺的一封著名的退稿信。

那时候，冯达诺在柏林的一家报社里当编辑。有一次，一个年轻人写了几首诗寄给他。冯达诺一看，不觉眉头紧皱。原来，全诗没有一个标点符号，而且诗句粗劣。不久，又收到这位作者附来的一封短信，信上说：

“我对标点符号一向不在乎，用时还是请你自己填上吧！”

冯达诺想好了一条短信，回了过去：

“我对诗向来是不在乎的，下次来稿，请寄些标点符号来，诗由我自己填好了。”

真是妙极了，这无疑是史上最独特的一封退稿信。可见，标点符号作为句章止息的形式，虽不左右内容，却也参与内容，并与内容同呼吸。

在符号系列中，蝌蚪心仪逗号。蝌蚪在水中游走的姿势告诉我们，只有“逗号”才有期待，人生才充满希望。蝌蚪一旦脱落可爱的尾巴，逗号就变成圈圈。再多的圈圈没有前置的自然数，都是无意义的。因此，它把美国偶像歌手林赛·罗韩的《Over》唱成“超越”而不是“结束”。蝌蚪摒弃句号，拒绝成长。蝌蚪宁愿永远活在童年的心态，遂成为时下装嫩之风的滥觞与模范。

蝌蚪又称玄鱼、水仙子、悬针（不是垂露），内藏画法与书法技巧的活泼可爱的系列雅号，想必是国画家和书法家联袂命名。《尔雅·翼》记载：“其状如鱼，其尾如针，又并其头、尾观之，有似斗形。故有诸名。玄鱼言其色，悬针状其尾。”物象、字象、中国书法艺术诸如此类，说着说着，就混沌一体，似乎每一个中国人都熟谙其中的隐性关联。当然，再可爱的蝌蚪也要脱掉乔其纱尾巴迎接渐趋成熟的未来。蝌蚪的未来，至少有两个向度：一是成为王子，做永远的宝贝；一是爬上脚面做恶心人的蛤蟆。当然，这两种可能都无法与鲤鱼跳龙门——“鱼化龙”的发展模式相提并论。

撇开蝌蚪变蛤蟆这一条线路不说，沉默的小蝌蚪比善于大鸣大放的青蛙更有释放想象力的空间。蝌蚪不喜欢变成青蛙，它们认为即使是做王子也不靠谱，欧洲申请破产的王国自古至今不是没有，中国的皇太子倒台遭贬的也不在少数。

所以，在大师齐白石老人的作品《十里蛙声出山泉》里，压根就没有蛙出场，只有几只活泼的小蝌蚪在湍急的水流中欢快地游戏。这种无与伦比的绝妙构思，及其传达的只可意会不可言传的意境，当然不是艺术对自然的遮蔽，而是艺术对想象力的考验和关切。

譬如，画一个贵妇，只须画一只华丽的宠物狗，至多再添一根或弯或直的系狗绳，其余的一切需要用想象力来补充。再比如，《围城》里的孙柔嘉在一张白纸上，画了一个涂口红的嘴唇和五只红色的指甲，这便足以唤醒男性意识的顷刻膨胀。

每个人都是天生的艺术家。在没有接受僵化的学校教育之前，我也曾象征性

地把蝌蚪比作音符、逗号、墨迹、星星、眼睛、小石子，以及青蛙王子的前生。我没上过幼儿园，不知道“小蝌蚪找妈妈”是什么意境，但我喜欢蝌蚪，喜欢它面对未来的多重期待，也期待将蝌蚪奇幻的演变史记录下来。

为此，我曾掬一把“蝌蚪水”——春天的河水隐藏着无限的生命信息，我相信每一滴水里都有隐身的蝌蚪——拿回家，供养在瓶中静观其变。

那些黏稠的胶质，里面布满了浅黑色的卵子，“明列子”一般滑腻。看见“明列子”一点一点地分得清嘴脸，一点一点地长出腿来，一份做父亲的惊喜便油然而生，好像我曾经吃力地生下了它们。我相信，大凡在乡村度过童年的人，都有过这样的乐子。但小爸爸不久就失去了耐心。原因是一部分蝌蚪脱去尾巴，变为丑陋的癞蛤蟆。当孩子是成人的玩具时，成人得到了天使的安慰；当孩子变成成人时，天使变成了魔鬼。

“独坐池塘如虎踞，绿荫树下养精神。春来我不先开口，哪个虫儿敢作声？”少年毛泽东在上个世纪初，勇敢地面对了脱掉尾巴的青蛙，他在湘乡县东山高等小学堂读书时，写下这首著名的《咏蛙》。

据考，明代严嵩也有类似壮怀激烈的虎踞气度，其少作“独坐池边似虎形，绿杨树下弹鸣琴。春来我不先开口，谁个虫儿敢作声”一样令人震撼，可知权臣年轻的时候，也是有抱负的。还有一说，是明朝正统年间的考官薛瑄的咏叹：“蛤蟆本是地中王，独卧地上似虎形。春来我不先张嘴，哪个鱼鳖敢吭声？”不知初露虎踞雄姿的少年毛泽东，当初所见的是哪家之作。

其实我们知道，水洼之处绝非虎踞之地，最多容得下几个梁山响马、荒野蟊贼。从湘乡出发，到百万雄师过大江，真正的“虎踞龙盘”之地才出现在毛泽东的诗作里。

相传，古代斯基泰国王曾经用一只青蛙、一只鸟和一只老鼠，还有五支箭当作“战书”，吓退了古代波斯国王大流士的围攻。“战书”的大意是这样的：如果你们不能像鸟那样飞走，像田鼠那样钻到地底里去，或者像青蛙一样跳过沼泽地，那么我们就要万箭齐发，绝不留情！卢梭在《论语言的起源》中提到了这则逸闻。

卢梭认为，一只青蛙和几件别的东西，比话语和文字更有力度。但是，美国人不信这个茬儿。虽说在远古时期，作为表意体系的文字和话语，有时候确有实物不及的地方，词不达意的事件也时有发生，但有实物支撑的话语权却是实在的。比如“青蛙”“鸟”和“老鼠”，在语言与文字环接的间隙，充当了文字的角色；但与同样充当文字角色的“箭”相比，似乎“箭”（尤其是体现现代科技的“火箭”）

更有说服力。

更何况，任何事物都有突变和渐变两种模式，突变固然难以为“文化自大狂”所接受，但渐变却是防不胜防的。所以，美国人相信冷战时期和平演变的文化攻击力，比起近代欧洲的坚船利炮来得更有效果。为此，20 世纪 90 年代，美国康奈尔大学做过一次著名的“温水煮青蛙”实验，还发明了“温水效应”理论。实验的经过是这样的：

一只青蛙，冷不丁丢进沸水里。在千钧一发的生死关头，这只反应灵敏的青蛙，就像一只被电击的狗，倏地跳将出来。几天后，实验人员使用同样的铁锅，在锅里放满冷水，然后把那只死里逃生而安然无恙的青蛙，再度放进锅里。这只不长记性的青蛙，在水里悠然自得地游来游去。接着，实验人员在锅底下慢慢加热，青蛙仍然在逐渐升温的水中享受“贵妃浴”，当青蛙感觉到生命危险必须奋力跳出才能保全时，一切都晚了。这只青蛙最终死于温柔乡。

对此，似乎早有预感的孟子认为，中国的现代青蛙是“生于忧患，死于安乐”。《左传》也有类似规劝，说是再霸气的青蛙也要“居安思危，思则有备，有备而无患，敢以此规”。

生物学家认为，如果不是人为的恶作剧（科学实验除外），在温差不大的情况下，青蛙不会如此尴尬地死去。青蛙的新陈代谢会受周围环境温度的影响，一直处在“恒温”状态的青蛙，几乎不消耗能量，所以它能够长期不进食而又不会死。1946 年 7 月，一位地质学家在墨西哥石油矿床里，发现一只冬眠的青蛙。据说这只青蛙醒过来两天过后才死去。地质学家很好奇，于是对这个矿床进行了科学测定，证实这个矿床是 200 多万年前形成的。这说明，这只青蛙在矿床内已沉睡了 200 多万年。此类勘探事件，在以色列、美国、法国、德国皆有发生。

古人对青蛙的生存奇迹，大概是早有察觉。所以，在没有遭遇美国科学家温水挑战之前，青蛙作为“生殖”图腾，是人类最古老的崇拜物之一。岩画研究者在内蒙古自治区额尔古纳境内，发现了“蛙形人”彩绘岩画图案，表明远古先民对青蛙的崇拜由来已久。

在森林文明时期，人类生育能力以及婴幼儿成活率极低，先民祈盼能像“蛙”一样长寿多子，奉为图腾，表达先民繁衍后代、生生不息的愿望。

到了农耕文明时期，崇拜青蛙与祈雨有关。俗语说：“天雷动，蛙声鸣。”看来古代先民是期待灵动的“蛙”能带来风调雨顺，五谷丰登。

据史料记载，杭州曾是明清时期江南一带青蛙崇拜的中心。清人俞樾在《右台仙馆笔记》一书中说，杭州涌金门外有金华将军庙，就是传说中的青蛙神庙。杭州土话“金”“青”不分，“华”则读若“蛙”，故“金华”当是“青蛙”之讹。清人陈其元在《庸闲斋笔记》中也说道：“青蛙神，杭俗称之为青蛙将军，或云金华将军。蛙不恒见，见则视其色以占吉凶。”彼时，杭州的青蛙虽没能像白娘子那样，修成人形下嫁许仙，演绎一番回肠荡气的缠绵爱情佳话，但一旦跃上“大不盈掌”的神座，旧时杭州人立刻肃穆起来，并视其颜色的变化以占卜吉凶；倘若青蛙一时高兴跑进居民宅舍，主人必定击鼓奏乐，恭送回庙，充分表现出江南民间蛙神崇拜的虔敬意态。当然，当下的杭州人已不必在乎敬畏神明的那档子事儿了。

唐兰在《从河南郑州出土的商代前期青铜器谈起》一文中，介绍了青铜器上的“黽”形文字。有人将其与临潼出土的姜寨蛙纹比较，认为有惊人相似之处。所以，“黾”就是蛙（苍蝇的“蝇”也从“黾”，可能与蛙善于捕食蝇类有关），为表彰青蛙奋力鼓噪的行为，古人特地用“黾（黽）”造了一个词“黾励（今写作‘勉励’）”，那时作兴的不是勉励后生们勤勉地考公务员考雅思、托福、GRE，考各种资格证、无岗可上的上岗证，出人头地，或域外显达，而是勉励人类像青蛙产卵一样多生子。可见，蛙与生殖或生殖崇拜确实有关。

据东巴学者杨福泉考证，在东巴经中，“蛙”（读“包”）一词常用于男女交合。东巴经中有一个指称女性性器的罕见的词，读“阿包”（albaf）；永宁纳西族称女子性器为“包夸”。东巴经中记载，纳西族的阴阳五行出自一个“金黄大蛙”；丽江纳西族过去有在河沟里掬喝蝌蚪之俗，认为喝了蝌蚪后能增加生殖力（杨福泉：《东巴教所反映的生殖崇拜文化》，《东巴文化论》P293，云南人民出版社，1991年版）。在我老家苏北鲁南地区，也流传着生吞蝌蚪可以治不孕的民间偏方。我小时候，见过一位有病乱求医的妇女像喝“明列子”一般，用双手掬服蝌蚪的情景。

在古人看来，蛙是一种繁殖力极强的生物。一夜春雨，成群的蝌蚪充盈如浓墨渲染的池塘，又仿佛青灯独照之下，一本绵延不尽、费解的黄卷蝌蚪文，令人十分称奇。而且，蛙的肚腹浑圆膨大，与孕妇的肚腹形状相似。古文字中，娲、娃、黾、蛙等字即可通用，在人为娃、为娲，在物为蛙、为黾。中外很多民族学资料证明，青蛙被先民视为女性生殖器的图腾象征，是图腾的拟人之象、生命开始的地方；女娲是人类的始祖，所以“娲”和“蛙”都有“开始”的意思。

中医界至今还把女阴叫作蛙口、蛤蟆口或称娃口。人类学家认为，青蛙从蝌蚪脱尾到成蛙的过程，基本上浓缩了人类的演化过程——从“蛙口”诞生的“小娃娃”的“哇哇”乱叫，与青蛙在形、音、义上就有了扯不清的瓜葛。我个人考证，凡与蛙同音的汉字，比如凹、瓦等也皆与生殖崇拜有关。俗话说“穷人娃子多，洼地蛙子多”，乡村长大的人们都有过这样的经验，蛙生于洼地，又像娃一样哇哇叫，蛙、洼、娃三个字形似、音同、义近。

“为什么‘蛙’与‘娃’同音？为什么婴儿刚出母腹时哭声与蛙的叫声十分相似？为什么我们东北乡村的泥娃娃塑像中，有许多怀抱着一只蛙？为什么人类的始祖叫女娲？‘娲’与‘蛙’同音，这说明人类的始祖是一只大母蛙，这说明人类就是由蛙进化而来，那种人由猿进化而来的说法是完全错误的……”

在小说《蛙》中，“小狮子”对“蝌蚪”的一番盛大诘问，令人倏忽间领悟了莫言对“娃口”的独到认识。莫言在小说《蛙》中，字字句句无不指向“生命”的意义，包括主要人物的命名、故事表里等，都如蛙鼓一般，为生命鸣唱，表达出作者借“娃口”的寓言式叙事，关照这个生命出处的象征意义。

学者孔令谷先生曾说：“女娲应为蛙黾。”这为当下解读莫言小说，提供了宝贵的线索——“万物化始于蛙（娃）。”读过了民族史专家何光岳先生的《百越源流史》，方知桂人即“圭人”，而圭人即女娃的族人。传说炎帝小女儿女娃氏被东夷族打败后，一气之下投水而死。据说，其后裔一支迁至桂北，形成桂人部落。传说桂北即今天的桂林一带，有食蛙习俗，或可佐证。此说见于后唐冯贽的《云仙杂记》：“桂林风俗，日日食蛙。”于是，有文字学者说，蛙即圭人所食之虫，故叫“圭虫”，合成为“蛙”。至于是蛙得名于圭人，还是圭人得名于蛙，就无从考证了。

远行是去他人的故乡探秘，读书是到别人的灵魂偷窥。唐诺先生自称“专业读者”，当是偷窥一流高手；我作为一个业余读者，自然不敢妄称专业，只配做个咬文嚼字的末流偷窥者，这倒也省下我许多远行的劳顿与修行的苦闷，轻而易举地从“万卷书”里获取感悟，“打通心灵的任督二脉”（张丽钧语）。现在，我正沿着许多学人呈现给我的思路前行，去侦察“圭人”的迁徙路线，从中发现“蛙”与“桂（圭）”的蛛丝马迹。这两个汉字，由于字根相同，其中的秘密就不难破解。据黑学静、王贵生等人考据，“桂”是从象征繁衍生育的“圭”或“蛙”孳乳派生出来的，它与象征丰殖、死而复生、永生不死的月亮，以及嫦娥奔月之后化为的“蛙崇拜”象征物——蟾蜍，都有紧密契合度，这反映了先民浓重的生殖崇拜和生命永恒的深切渴望。

“常斫之，树创随合”（《酉阳杂俎·天咫》）、“桂可食，故伐之；漆可用，故割之”（《庄子·人间世》）。据文化学者们分析，吴刚割韭菜一样反复伐“桂”的

过程，也正是丰殖的一种象征，这也就与整个月文化的主题默契了。可见，“桂”入月不是偶然，能与“嫦娥奔月”“吴刚伐桂”等神话传说相配合，构成一幅美妙的月文化画卷更不是偶然。

“桂”象征繁衍生息的“蛙崇拜”来源，以及“肉桂”本身特有的出众药效，使其在月神话的形成演变中成为一种必然的选择，而这种选择本身就体现了一种惊人相似——与月文化及其中的多个元素之间的铆合，或许正是这种近乎完美的铆合，才演绎出美丽的千古神话（段一凡、王贤荣:《“桂”文化的起源与演化》，2011 年 6 月南京林业大学之人文社会科学版）。

我不否认从蛙说到桂，这是动物与植物之间的穿越，纯属节外生枝。回到蛙崇拜根源上的考究，我觉得与蛙的体形也有一定的关系。青蛙的身体像蛙口吞虫一样具有伸缩性，使自己看上去很大、很威猛，以吓住攻击者。英国生物学家、动物行为学家珍妮·古道尔曾说过，我们的披毛祖先，可能真是靠加大自己的体积来增强威慑力的，现代类人猿正是这样。“大王”走路的时候，竖起全身的毛，使自己看上去很高大，很威猛，并以“方步”行进（《黑猩猩在召唤》）。今天人类虽无毛可竖，但领袖人物特殊步态和居高临下的架子，还是很流行的。古诗词中有“稻花香里说丰年，听取蛙声一片”。青蛙虽然也无毛可竖，但十分夸张的蛙鸣可比歌唱家，荣膺“动物好声音”的称号，名副其实；而故作镇静、善于鼓气自我膨胀的本领，堪与修辞大师比高低。

表面上善于鼓噪的青蛙，身穿迷彩服冒充威猛的战士，又如老僧禅坐，纹丝不动。据说，一只青蛙明明坐在一坨死苍蝇堆上，照样会活活饿死。生物学家们通过实验研究得知，五彩缤纷的颜色在青蛙的视觉系统里，一律混合成为愈黑而不黑愈白而不白的暧昧，如同一台出了故障的电视机，只是灰蒙蒙的一片。只有当活物从灰色屏幕前掠过时，青蛙才以“蛙跳”的优美身姿捕捉对象。所以，钓鱼要静，而钓青蛙就须不停抖动诱饵，钓青蛙王子就要扭屁股——在田野里长大的人们，估计都有过类似体验，原因是青蛙根本看不到静止的食物。可见，青蛙的静坐不是眼观鼻、鼻观口、口观心、心观丹田（自在）的淡定，而是修复生命能量等待有活力的“食机”。两栖动物青蛙的禅坐，原来只是一个传说。

鲤鱼

鲤鱼的一生，经历了两次飞跃。

第一次是鱼跳“龙门”，从凡间到“天庭”的飞跃。传说鱼是龙的前世，每一条腾云驾雾的龙都是小小鲤鱼变来的；传说龙是鱼的今生，每一条会打挺的鲤鱼一旦跃过龙门，就摇身变成了龙。传说中的诱饵，诱惑了所有的鲤鱼，它们群情激昂争先恐后自寻门径，沿着黄河逆流而上，为的是实现那惊险的一跃。

天下龙门数不清，化龙通道只一条——“禹凿龙门”的龙门，偏偏又地处黄河从壶口咆哮而下，至晋陕大峡谷的最窄处。鲤鱼家族已经无视这一跳到底摔碎了多少个梦想，也不记得拥塞的道上彼此践踏的惨状，它们只记得连孔子都特意将亲生儿子命名为“孔鲤”，为鲤鱼家族树立了望子成龙的榜样，成为中国式教育的经典模板。

第二次是受封“赤公”，从餐桌到“朝廷”的飞跃。话说生性喜爱歌舞的唐玄宗，在一个春明景和的日子里来到漳河边，见赤鲤腾跃如出水蛟龙，顿生敬意。皇帝一高兴便给鲤鱼封了个“赤公”的爵位，并且写进宪法，两次昭告全国：“禁断天下采捕鲤鱼。”“取得鲤鱼即宜放，仍不得吃，有卖鲤鱼者被杖六十。”这是鲤鱼历史上首次在“公侯伯子男”系列中位列将相之上，独享三公殊荣。

这一跃，鲤鱼与老子（李聃）一起变成了李唐王朝的同宗；中国为王者讳的惯例也由讳名不讳姓，发展到既讳名又讳姓的全新阶段。一切只因“鲤”与“李”谐音，因此鲤鱼便吃不得。直到李唐政权垮台后，鲤鱼才重新回归餐桌。

回到餐桌的鲤鱼，再也不是当年黄河下游那条游手好闲的鲤鱼了。即使化为人类血肉，鲤鱼也忘不了皇亲国戚的感觉。人有梦想，动物也有梦想。熊猫和喜鹊希望有生之年拍一张彩照，而鲤鱼则期待有朝一日梦回唐朝。

鲤鱼的两次飞跃，如今已与“草鸡变凤凰”一起，编入中国版 MBA 课程；同时入编的还有欧洲版的“丑小鸭变白天鹅”。这些成功案例激励着一代又一代鱼家子弟。

案例的研究者发现，“鱼化龙”“马化鶱”与“鸡变凤”，统统都是善意的谎言，远没有丑小鸭变天鹅来得现实。因为，龙、凤纯属虚构。况且，鸡原本都是有翅膀的，是人类的驯化术、阉割术迫使它们有翅而不能飞，吸附于地球引力匍匐于大地，靠做梦过日子。

可是这一重大发现，并没有引起鱼类的觉醒。它们一如既往，自半坡彩陶盆出发，负荷着先民“鱼崇拜”的使命，从孔子的后院到农家的年画，一直游到大唐王朝，从容地在中国人的血液里游来游去。

尼采说“最老的鲤鱼也还是会上钩的”。鲤鱼及其承载的光荣与梦想，最终免不了被中国人（尤其是齐鲁文化区）一起端上智慧的餐桌。孟子说：“鱼，我所欲也。”鱼的梦想对人类而言，最终还是光荣地与熊掌并列，供食客们选择。

《本草纲目》认为：“鲤鳞有十字纹理，故名鲤。……诸鱼惟此最佳，故为食品上味。”当代有文字学者说，“鲤”字中的“里”是“理”的省变。我个人认为，“鲤”字中的确包含一个早已为中国人所熟知的“理”：鱼与熊掌不可兼得。

孟子的话告诫人们要重义，宁可舍生取义，贪心不得。成语“水至清则无鱼”警喻人们，做人不能太苛刻。老子强调，“授人以鱼不如授人以渔”，方法和技能永远比成龙成凤的功利目标更重要（因此，被家长们广为诟病的中国教育界正在思考如何超越应试教育）。

庄子说：“倏鱼出游从容，是鱼之乐也。”

惠子曰：“子非鱼，安知鱼之乐？”

庄子曰：“子非我，安知我不知鱼之乐？”

惠子曰：“我非子，固不知子矣；子固非鱼也，子之不知鱼之乐全矣。”

庄子曰：“请循其本。子曰‘汝安知鱼乐’云者，既已知吾知之而问我，我知之濠上也。”

一条鱼，竟能引得两位超级相声大师一连串的绕口令，坦率地说，我只听懂了一句话：“子非鱼，安知鱼之乐？”

在隐喻世界游泳的鱼，生而不语、死不闭目的鱼，需要借助想象才能突破水体，解读和补充文字之外的人文背景、情节和微言大义。

难怪学者们说它是一条古典的鱼，浪漫的鱼，后现代的鱼，象征主义的鱼。

鸡

“我是鸟儿，瞧我的翅膀。”

鉴于蝙蝠介乎鸟兽之间的尴尬，起而不飞的鸡自始至终摒弃走兽路线，一向以“鸟”自我标榜。

“长了翅膀不等于是鸟儿。”儒勒·米什莱无意中的一句话，飘过塞纳河正巧被扑闪着肉翅赶赴 KFC 烤箱的鸡听到。毫无疑问，这句话伤的不仅仅是鸡翅，还有造型可人的鸡心。

3300 多年前，甲骨文中最早的（雞），高冠凤尾，形似孔雀，乃先民心生欢喜的飞鸟。一般地说，喜欢的第二步就是占有。所以，甲骨文中的另一只鸡，就变成了被先民既抓（，爪）又绑（，系）的笨鸟（）形象了——这幅活生生的远古“抓鸡图”（）表明，鸡是先民从山野中抓来用绳子系脚驯养在家的名义上的飞禽。晚期的甲骨文（鸡），干脆将（系）写成（人）字形，鸡被视为战利品享受战俘（奚，俘虏）的待遇，以示人工驯化的丰功伟绩。篆文（鸡）或（鸡），又将晚期甲骨文“抓人”的形象（奚）写成奚（奚）。至此，作为奚落、讥诮的对象，高冠长尾的大鸟（鸟）已完全加入走兽行列，堕落成有翅而不飞或飞而不高的家禽（）。简体字用“又（手）”代替动作复杂的“奚（俘虏）”，表明貌似不受“奚落”但难逃人掌的鸡翅，仅仅是一种标志，犹如峥嵘岁月的一幕辉煌回忆。

在西方，鸡是唯一被古希腊先哲苏格拉底临终关怀的动物。在喝毒芹之前，苏格拉底撇下的最后一句话是：“克里东，我们还欠阿斯克勒俄斯一只公鸡呢。还他，别忘了。”

在中国，鸡是吉利的代言，又有“德禽”之誉。先民耳闻小鸡“叽叽”，故呼“鸡”为“叽”，而“叽叽”之声又恰与“吉”同，鸡就成为大谐音时代中国人心目中

的吉祥鸟。古人认为，鸡以阳克阴、五毒不侵，和太阳神属于同一条阵线。传说鸡一叫鬼便逃之夭夭，似乎鸡鸣与日升确有内在逻辑关系，以至于有些公鸡自以为，只要它不打鸣，天就不会放亮。

也因此，“日出而作”和“鸡鸣而起”成为古代中国人的作息时间表、励志的图景。神话学者叶舒宪从“日出”与“鸡鸣”的活动模式中，找到了古人将鸡同太阳类比的逻辑根据，认为日照是一种是诉诸视觉的时间信号，鸡鸣是一种诉诸听觉的时间信号，两者“传递信息的方式虽异，所传达的时间信息却是一致的”。

因而，鸡被视为与“日”同类的事物，并被赋予“阳鸟”的含义：“鸡，阳鸟也；以为人候四时，使人得以翘首结带正衣裳也。”（《荆楚岁时记》注引）我老家苏北鲁南一带，将孩童的不成熟的性器称为“鸡鸡”，称做爱为“日”。我想这大概均是东夷民族日崇拜、鸟崇拜与性器崇拜相结合的远古意识形态的遗留。在中国神话思维中，这只阳鸟还被用来代表东方，“出于东方君子之国”（《说文》。据考，君子之国在我家乡东南朝阳一带）。

关于鸡与君子的关联，历代文人多有附会。比如，古书上说：“君独不见夫鸡乎？头戴冠者，文也；足傅距者，武也；敌在前敢斗者，勇也；见食相呼者，仁也；守夜不失时者，信也。”在古人看来，鸡文武双全、智勇兼备，承载着中华民族的各项美德。尤其是在时钟尚未发明之前，清晨的一声鸡叫，唤醒太阳神蒙眬的睡眼，驱除了黑暗，带给人们新一天的光明。古人对此深信不疑，甚至有过杀了雄鸡扼制太阳的做法。

任何事物都是双刃的剑。农耕时代，鸡以声嘶力竭的吼叫，充当时钟报晓，伺时守信，帮助人类建立对时间的信仰，一方面用来歌颂，一方面用来制造不守信的冤案，导致中国历史上两次大规模的信用危机。

第一次信用危机发生在战国时期。史载，孟尝君出使秦国遭捕后，用计脱逃至函谷关，时值夜半，按规定晨鸡报晓方可开关放行，情急生智的孟大侠命善口技的随从半夜鸡叫，顺利骗关，逃回鸡神崇拜的起源地齐国。这种鸡鸣狗盗的事体，后来被司马迁记入《史记》。

第二次信用危机发生在万恶的旧社会。传说中国最具人气的地主之一周扒皮，效仿鸡鸣狗盗的伎俩，用半夜学鸡叫的办法榨取雇工的超额剩余劳动。这件事，随后被高玉宝记录在《半夜鸡叫》一书中。这个明显带有杜撰痕迹的故事害了许多人不说，也破坏了鸡的光辉形象。

正所谓祸不单行，关于鸡的案件近年来频频发生。比如，中美关系风云诡谲，专门生产退化鸡翅的 KFC 被查出有害健康的鸡素，引起国人一片哗然。再比如，人与自然环境关系恶化，禽流感畅行于世，鸡成了瘟疫的代名词，令人避鸡犹恐不及。

明人李时珍在《本草纲目》中说，鸡能“治蛊、禳恶、避瘟”。清代陈淏（hào）子在《花镜》一书中，也有关于鸡“雄能角胜，目能辟邪”的说法。想不到时至今日，鸡的地位却发生了翻天覆地的变化，蒙受许多不白之冤，鸡的名声一落千丈。更有甚者，由于公鸡善于高歌，母鸡善于夸张（尤其是下蛋以后），鸡在一个选秀活动中被选为“作秀”高手再次被利用。这回鸡做梦也没想到，善于作秀的正能量会酿成一场血光之灾。事情是这样的：

鸡的出色表现被某导演瞄上，某机构为了敦促雇员的积极性，愿意斥巨资制造一场“杀鸡儆猴”的恐怖大片。杀鸡现场，不负众望的鸡即使掉了脑袋还不忘最后秀（show）一把，只见它绕着一个根本不存在的圆心，血糊淋淋地疯狂转圈，那场面相当地铺张！一地鸡毛，血腥四溅，扑腾不止，呼天抢地……据说，杀鸡的效果果然吓得人类的近亲猴子们大出一身冷汗。

从恐怖场景中警醒的幸存者，面对持续不断的无辜屠杀，决定改变可悲的命运。于是，一部分鸡去了狐狸开的“天上人间”，一部分鸡签了生死合同混入斗鸡场。当然，另有一部分穷且益坚不坠青云之志的鸡仍然坚守鸡道，持续为劳工打鸣，为穷人下蛋。工作之余，它们在偶然的机会里，偶然地从鹭那里偷学得一招单腿直立的功夫，美其名曰“金鸡独立”。但是，这个动作对守望乡村的肥鸡婆来说，有东施效颦之嫌。

所以，似乎要跟这无脸的动物过不去的米什莱说：鹭是天空的动物，支撑轻盈的身体，似乎多了一条腿，总是收拢起来一条；它那单腿独立的侧影，几乎总映在天空上，好似一种奇特难解的象形字。

（原载于《西湖》文学月刊 2014 年第 3 期“汉字动物园”专栏）

鸭

“翅膀！我们要翅膀，要活动和飞翔！”

儒勒·米什莱代表所有生灵呼叫。他说：“这是整个大地、整个世界和生命的呼叫，这是动物和植物所有物种，以千百种不同的语言的呼叫，这声音甚至发自石头和无机界。”可是，跟鸡们一样，有翅膀而不能飞的鸭子，不属于被代表的行列。

《禽经》上说：“鸭鸣呷呷，其名自呼。”鸭子的确有自呼其名的发声功力，但这“呷呷”之音肯定不是飞翔的渴望。因为，鸭是恋“家”的家禽——“呷”与“家”谐音，如果不是巧合，其中定有造字的玄机。

在《说文》中，许慎认为：“鸭，鹜也。俗谓之鸭。从鸟，甲声。”这里的“甲”显然不仅表音还兼表义。从字义上看，鹜（野鸭）是自备进攻性武器的鸟类，从“矛”，有锋利、进取的意思，表明它会像矛一样穿云，箭一样飞驰；鸭（ ）却是自备防御性武器的鸟类，“甲（ ，盾牌）”，“解甲归田”的“甲”，有坚硬、防卫的意思，表明鸭子虽有翅膀却只能示威性地扑扇。

“鸭”的另一层字义是，硬如盾牌的嘴，才是鸭子的利器。中国有句歇后语“煮烂的鸭子——嘴硬”突出的即鸭嘴，而不是它退化的翅膀。我老家苏北鲁南地区称鸭子为“扁嘴”，在动物命名的机巧上虽说有点儿偷懒，却也十分生动形象。

在文学史上，因为“孤鹜”能与“落霞”齐飞（后来被王勃发现，并一举成名），所以作为野鸭的“鹜”在《诗经》中占有尊贵的一席，而做了家禽的鸭子只能在诗国外围扑腾。

这部中国最早的诗歌总集分为“风、雅、颂”三类，其中“雅”即指正声雅乐。尽管“鸭”与“雅”谐音，但嘶哑的“公鸭嗓子”实在无法与“雅”搭界，这有点令人大惑不解。况且，鸭子摇摇摆摆的滑稽步态，也难登“大雅”之堂（赶鸭子上架？怕是勉为其难了吧）。

然而，眼尖的丰子恺认为，鸭子最懂廉耻且颇有优雅风度。

丰子恺说："虽然鸭子终吃了人们的饭，但其态度非常漂亮，绝不摇尾乞怜，绝不贪婪争食，颇有'履霜坚冰'之操，'不食嗟来'之志。"丰先生拿不知廉耻的狗做了比照："喂食的时候，人还没有走到食盆边，狗已摇头摆尾地先到，而且把头向空盆里乱钻。所以倒下去的食物往往都倒在狗头上。"与狗相比，"人去喂食的时候，鸭一定远远地避开。直到人去远了才慢慢地走近来吃。正在吃的时候，倘有人远远地走过来，一定立刻舍食而去，绝不留恋"。如此细腻的观察力，非漫画家难以企及。

东坡先生早于丰子恺发现了鸭子的闪光点，他认为鸭子是个"先知者"，知冷知热，最先体悟"春江水暖"。

可是，一向特立独行的鲁迅先生却不同意这个看法，他认为鸭子是麻木的"看客"，没心没肺，没良知。在小说《药》中，鲁迅形容那些观赏砍头的看客时说道："领颈都伸得很长，仿佛许多鸭，被无形的手捏住了似的，向上提着。"

鲁迅显然不是真的要和鸭子唱对台戏。事实上，鲁迅作为中国最先觉醒的"鸭"之一，深知春风吹拂之前，中国这只"黑色的染缸"黑之浓重。被"捏住脖子"的"鸭"，怎能和"先知"的"鸭"相比呢？透过那些由鸭脖子支撑的麻木脑袋，弃医从文的鲁迅看到的是民族的悲剧，所以他的道义文章，是匕首，似投枪。

不论是做先知，还是做看客，对于鸭子来说，悲剧似乎总是别人的，甚至一部分卓越的鸭子还试图客串一下悲剧制造者的角色。在《鸭子的喜剧》中，鲁迅谈到鸭子的另一个故事。俄国盲诗人爱罗先珂客居北京期间，为排遣沙漠一样的寂寞，买了一些蝌蚪，大概是想听蛙鸣吧。后来，不知道什么原因，又买了四只鸭子。不料，鸭子没等到蝌蚪会唱歌，就把小伙伴吃了个精光。鸭子无视童话家爱罗先珂先生的寂寞，亲手制造了蝌蚪的悲剧。

麻木的鸭子被"捏住脖子"而不自知，巴不得天天有悲剧好看，但不知道自己早已被放在砧板上了。当狡猾的狐狸盯上了鸭子之后，鸭子才明白喜剧与悲剧不过是翻手覆手之间。有一天，狐狸对鸭子说：

"第一，你的叫声太难听，呷—呷—呷！终日吵得大家不得安宁；第二，作为朋友，你的立场不坚定，连走路都左右摇摆；第三，我们的脚趾都是分开的，而你的趾却都是连着的……"三大罪状一一罗列，鸭子就变成了狐狸丰盛的晚餐。

同样是为了丰盛的晚餐，国人就比狐狸高明得多。只需要给鸭子一个"城市地标"的奖章，就可以在京沪线上为鸭子们布下天罗地网——中国人成就了普通鸭子的死后哀荣，任何一只丑小鸭在北京人、南京人手下都可以变成光鲜的烤鸭或美味的板鸭，“北京烤鸭”（我个人认为，宜良烤鸭其实也是不错的）和“南京板鸭”，成就了两座京字号城市的美食形象。

放在砧板上的鸭子，照样有它的粉丝。一南一北两只“京鸭”的名望与尊贵的地位，一度引发了轰动效应。于是，在京沪线上，一些活不明白的鸡终于坐不住了，最典型的当属这么两个城市的地方鸡——符离集烧鸡和德州扒鸡，它们恨不得到韩国或泰国去做手术，将鸟嘴搞扁，捎带着把丫蹼连上。最后它们都失败了，因为泰国太远，横断山断了鸡的念想，只恨翅膀退化得太早——不会飞的鸭子还不如“煮熟的鸭子”可以随食客远游。韩国虽近，但因为隔了鸭绿江——一条分明是为“鸭”设置的貌似很“绿”的“绿色通道”——明明知道返程没问题，但如何突破水路障碍顺利跨江，却是鸡变鸭的一道坎。

在鸡鸭同笼时代，鸡还可以对鸭讲；但身份、地位分化之后，鸡还有什么好说的呢。我不是出色的食客，但作为饮食男女，断不会不知，鸡鸭对于中国“食客”的另一层含义。所幸，擅长造字的中国唯一的女皇武则天为我们接续了文脉——坊间传说，武则天幸临张昌宗、张易之兄弟，某日云雨后大爽，并信手授匾于张府，上书：“天下甲鸟！”

（原载于《西湖》2014年第3期“汉字动物园”专栏）

鹅

“鹅，鹅，鹅，曲项向天歌。白毛浮绿水，红掌拨清波。”

我们的主角还没出场，稚嫩的画外音便应和着天地之声，从遥远的唐朝穿越万千山水喧腾而来。诗人骆宾王为所有的中国学童上了一堂状物写生启蒙课，所有的中国学童刚会说话就能集体无意识地吟诵《咏鹅》。

天籁一般的童声，刚刚潮水一般退去，一只小手悬握的毛笔，就旋出一个漂亮的“鹅钩（乚）”：逆锋左上，折锋略顿，中锋行笔，向下出竖画如万岁枯藤，竖画渐行渐轻，至转弯处以中锋随腕轻转向右略按，如劲弩筋节，铺毫行笔微昂，直至笔画向上出钩，回笔藏锋。这一笔一画，一招一式，刚柔相济、舒卷有致，早已逸出了书写的范畴。

鹅钩又称“浮鹅钩”，因其笔画形状酷似白鹅浮水之态而得名。鹅之高洁与从容，正是书道所追求的境界。《兰亭序》中处处可见“鹅钩”，这是1700多年前书圣王羲之留给后世的最优美的书写模本，也是最富有艺术气质的中国文化符号。

爱书法的王羲之，也爱鹅。鹅荡起步来不疾不徐，游在水里悠闲自在。所以，养鹅不仅可以陶冶情操，还可以从鹅或行或游的体态姿势中，体悟大自然美的韵律，领悟书法执笔、运笔的奥妙：执笔，食指要像鹅头那样昂扬微曲；运笔，要像鹅掌拨水流畅透彻，才能将精神贯注笔端，力透纸背。

蛇是动物而没有脚，驼像马却不是马，鸵是鸟却不能飞。蛇、驼、鸵是动物界的“它者”，所以从“它”；只有鹅被视为鸟类唯一的“我者”，所以从“我（ ）”。

甲骨文中，“我”写作“ ”，一副狞厉的兵戈之象。金文 （我）承继甲骨文字形，篆文 （我）沿袭金文字形。有的金文 略有变通，将甲骨文 （我）字形中的利齿状写成了类似的“禾”——我，“一直在进化，个个有故事”。还好，“禾”字毕竟与“我”在读音上相近，算是发挥了注音的功能，因此得到书写者的认可。

汉字“我”在字形的演变过程中，语音想必也发生了巨大的变化。文字学者们认为，当“我”演变成代词后，后人在“我”字上加“口”另造了“哦”，表示手持武器呐喊示威的那一层古老本义，顺便也保留了古汉语的读音。“我”既是持戈的象形，突出的是权力意志（“自”强调的是人自我的“生存状态”），皆因有戈可持而体现了“领地”和“自我”意识（允许私人持枪的美国看不懂中国，正像今天的中国人看不懂古代佩剑的中国人一样），故持戈者为“我”。

鹅以其名自呼的自信，试图唤醒学童的“自我”意识和“领地”观念，寄托了古人造字的良苦用心。

据说牛眼看物具有放大的功能，针尖大的东西，在它看来，都是庞然大物，只得温良驯服，对任何能喘气的生灵都俯首称臣；鹅眼则有缩小功能，磅礴大山在它看来，也不过是小小泥丸而已。“五岭逶迤腾细浪，乌蒙磅礴走泥丸”，毛泽东的诗句正体现这种气魄！

所以，湘人拒绝普通话读音，坚持读我（wǒ）为鹅（é）。人不犯鹅，鹅不犯人；人若犯鹅，鹅必犯人。鹅是一种很自我（ego）、很本我（id）、很超我（superego）的动物，不分昼夜呼叫自己的名字。

古希腊哲学家思考的是人与物（自然）的关系，印度哲学家探索的是人与神（宗教）的关系，中国哲学家终生穷究的则是人和人（伦理）的关系。胡适说，在以人为中心的儒家哲学中，人不能孤立存在。辽宁大学祁洞之教授甚至认为，“实际上这个‘我’是一个人群中的图腾和象征，指谓的是部落或其他形式的群体”。通常情况下，人们注意不到自我，而只注重其自身所嵌入的整体。

这就是说，中国人所谓的“自我”，不同于欧洲人面对自然的独立的自我，也不同于印度人面对神的虚空的自我，而是一种人际关系型的自我；中国人的“自我”指的是某个关系网络、某个背景下的自我，而非独立的个人意志；一旦越出了人情磁力场的温暖包围，中国人就失去了自我认同。

比如，我在外乡就很难找到自我。当年，我选择离开了血地，远离了祖先的墓场，离乡 20 年却无时不想回归故里。不是叶落归根，而是重返童年所受的集体主义教育的情境。但是，一旦踏上故土才发现，我其实已是乡土的间离者，一个与某些利益关联体制无关的异乡人；家乡对我而言不过是只管收容，不论产出的器皿。我个人认为，人如同流水般变化中的一定河段的鱼，只有在特定的水系中，才能知道自己是谁，才能发现自己存在的价值。

心理学家曾做过一个实验。实验中，分别让中美两国的受试者在心里想着一个人，这个人可以是他们自己，也可以是他们认识的人。在实验过程中，受试者的大脑都被磁共振扫描着。实验的结果表明，受试者心里想着自己和别人的时候，大脑活跃的部位不同，这一点中国人和美国人大抵相似；但不同的是，当中国人心里想着自己母亲的时候，大脑的活跃区域和想着自己的时候是一样的；美国人想着自己母亲的时候就和想着别人的时候一样。

据说，这个实验结果反映了中国人和美国人对于自己和他人的关系有不同的认识。心理学教授朱滢说：“中国人的‘自我’概念不仅包括自己，还包括母亲等关系亲密的人，而西方人的‘自我’是完全独立的，不包含任何其他人。”

在康德之前，古希腊先哲们对于鹅，似乎不曾动过哲思。苏格拉底就曾把妻子的多嘴多舌比作鹅叫。所以，朱滢所说的西方，我个人认为应该是康德之后的西方。因为，只有康德哲学突破欧洲中世纪的黑暗，把“自我”放到了高于一切的地位。但是，正因为康德肯定了“自在之物”，在认识论上势必留下的一个难题：思维和存在、理想和现实之间的对立，以及理论和实践、自由和必然、思维和存在的分裂。

传承于康德，施惠于叔本华、黑格尔的德国著名哲学家费希特，从康德出发，发现了康德哲学的这个难题。于是，费希特转身由康德哲学的阐发者变为康德“批判哲学”的“批判者”，企图在主观唯心主义“自我”哲学的基础上，解决主体和客体、思维和存在的同一问题。他发现了自我设定自我、自我设定非我以及自我设定自我和非我的命题，开始把人的认识当作一个主体和客体的矛盾加以考察，突出地强调了人的主观能动性，主张理论和实践、必然和自由、思维和存在的统一。

贝克莱也曾试图打通主观与客观的断层，把事物看作是“感觉的复合”。在批判自我主义的立场上，百科全书派哲学家狄德罗，并不赞同这个观点，他嘲讽这位复合论者说：“在一个发疯的时刻，有感觉的钢琴曾以为自己是世界上存在的唯一的钢琴，宇宙的全部和谐都发生在它的身上。”为此，庸俗的唯物者即刻联系上了食物，认为贝克莱每天吃到肚子里的都是观念。

费希特也没能幸免于类似的围攻，18 世纪末的欧洲贵妇们就曾咄咄发问：“难道他连他太太的存在也不相信吗？怎么？难道费希特太太竟会允许这种事吗？”甚至有人画了一幅漫画来讽刺从小牧过鹅的费希特的“自我”哲学：画上，一只费希特式的鹅，有一个巨大的鹅肝；鹅肝大得分不清究竟是鹅还是肝，上面写着“我=我”。

在“自我意识”的问题上，鹅自愿承担了某种人类争议的义务，成为东西方

共识的“我”的承载者、托付者。

在中国，鹅从最初的象形古文字“[古文字]（鹅）”，至秦汉时期发育为“我”与“鸟”的会意兼形声字（篆文写作[篆文]，隶书写作[隶书]），描绘的正是持戈呐喊的剧情。

穿越千年时空，我们仿佛看到，远古先民抖动戈矛蹴地、舞动下盘顿足的宏大场景；耳畔响起为维护部落领土和主权完整，向来犯者示威的呼声：哦！哦！哦！乡下人都知道，鹅性警觉，时时注意周围动静，持戈高歌（鹅颈高昂如持戈），有凛然不可侵犯的尊严，像战士为农家放哨护院，为当下视私藏兵器为违法的中国人守护最后的领地。我住在乡间，每听鹅叫，心中无有恐惧，远离颠倒梦想，仿佛回到“我”家后院。

在审美意象上，徜徉于“鹅池”边的白鹅，曾经是中国书法史上杰出的启蒙老师。那是一个江南的清晨。晋朝的晨雾如淡墨洇湿的宣纸，将自由的意志和不羁的风骨，渲染为一片湖光山色。

此时，王羲之和儿子献之乘一叶扁舟，恰好出现在湖光山色之中。

船行到绍兴县禳（rǎng）村附近。

岸边。一群白鹅胜似闲庭信步、行云破雾之姿态，朦胧中凝固了书圣游离的眼神。书圣不觉心驰神往，心生爱慕——须知，喜欢或者爱慕的第二步便是拥有。所以，接下来的镜头是这样的：

王羲之开始拐弯抹角地询及养鹅的那位青衣道长，道长显然不可能把决策权推给小道士了，面对大书家的硬磨软泡，只好说：“倘若右军大人喜欢，就请代我书写一部道家养生修炼的《黄庭经》吧！”求鹅心切的王羲之立马应允了道长的谈判条件。王羲之“书换白鹅”的故事从此流传天下。在天下书者向往的绍兴，至今还有一方养鹅的池塘，这就是闻名天下的“鹅池”。

人类文明的长河缓缓流经古典主义河段时，分别在东西方诞生了两支笔：毛笔和鹅毛笔。

它们以迥然不同的风格抒写了一段后人无法超越的文字史话和文人风骨。那些或遒劲或洒脱的笔迹，至今依然闪耀在文明的天空，滋养着我们的心灵。

手执鹅毛笔，秀丽的鬈发，白衬衫，鹅翅一样的大翻领。这样的镜像后面，连缀着一串我们熟悉的名字：雪莱、拜伦、普希金……被陈丹青称为“文学不明飞行物”的木心，在《文学回忆录》中，为我们描述了关于“诗人”的最初形象。所有的文学青年都是年轻的木心，每一个文学青年的心目中，都有一支用鹅毛做成的笔，笔尖下流淌水一样自由的灵魂，还有青春与爱情，它们是诗的图腾。失去这样一支轻如鸿毛的笔，也许全世界会顷刻坍塌。

万法殊途同归，艺术超越一切。东、西方“书写的历史”，竟会托付给同一种动物，并在一只动物身上勾结起来，融为一片汪洋，勾勒出一幅永恒的人文山水画卷。鹅，原来是一只有文化的“我”鸟。

（原载于《西湖》文学月刊2014年第3期“汉字动物园”专栏）

喜鹊

所以，她决定筑一个巢。

在凤凰的嘲笑中，喜鹊完成了这个伟大的计划。《礼记·月令》中说，“鹊始巢”。“鹊”，金文写作“舄（，xì）”，上为鸟窝（），下为“鸟”的省变（）。小篆（鹊）承袭了金文形制，同样是上下结构，突出了鹊筑巢的至上本能。从金文和篆文的字形可以窥见，这位将“巢”高高举于头顶、以巢作为族群徽标顶礼膜拜的鸟类，与高傲的凤和贪婪的鸠相比，的确有先见之明。时至21世纪才大彻大悟的屌丝们终于活明白了：今日之中国，房子高于一切，房子是一切的一切！

凤凰耽于作秀而疏于筑巢，令后世瞻仰者只能在神话世界（现实的大地上凤凰因无巢而“绝后”）捕风捉影，想象“凤凰于飞”的曼妙风情。北京举以全球最大的“鸟巢”诏告天下：“更快、更高、更强”的逻辑起点是房子！种群繁衍、文明传承、文化递延，还是房子！

总之，筑巢是必须的。

传说远古时代，不可一世的凤凰每天无忧无虑地啄理她漂亮的羽毛，还不时起舞弄清影，向百鸟展示王者风范。而喜鹊不知疲倦地穿梭于旷野林间，衔来树枝搭建自己的巢穴。凤凰嘲笑喜鹊不懂生活，没情调，更不会调情。喜鹊听罢，只是嘻嘻回敬凤凰，用更加勤奋的创造，享受着自己的生活。很快，产卵的季节来到了，凤凰整日作乐却没有自己的房子，只能把卵胡乱产在山坡上、草地上，随即被蛇、鼠、狼享用一空，于是鸟之王者在地球上永远消失了，现实的大地上只留下凤凰失踪的遗址——梧桐。喜鹊用自己的努力，创造了生命的赞歌，历史与现实的天空，每天都回响着它的声音。

背着房子炫富的蜗牛，不需要筑巢；生来披一身毛皮的兽类，对居所的要求也没那么饥渴。即使是兔子、旱獭、河狸这一类天才建筑师，也只是基于遗传基因的本能，将打洞做窝当成生活的唯一娱乐，犹如老鼠的啃噬，压根儿就不是为了胃。“关关雎鸠，在河之洲。窈窕淑女，君子好逑。”（《诗经·国风》），《诗》中第一个出场的动物鸠，也是不筑巢的鸟。《禽经》将鸠不筑巢归因于它的愚笨和懒惰（“拙者莫如鸠，不能为巢”），而《诗经》则把它的不筑巢归因于蛮横与霸道。“维鹊有巢，维鸠居之”（《诗经·召南》），意思是说，鸠惯于占人茅房，只有智慧的鹊类才懂得荷尔德林“诗意的栖居”，喳喳鹊叫着海子的诗句：“我有一所房子，面朝大海，春暖花开。”

法国史学家儒勒·米什莱说：“巢，是爱情的产物。”于是，为爱情筑巢的发明家、建筑师鹊鸟，有了一个悦耳的名字——喜鹊，这是中国人赐予鸟类的爱情最高奖项（喜蛛也有此殊荣，但它不算什么鸟）。所以，《格物总论·鹊》概括地指出了喜鹊的色彩、形貌与发声术的象征意义：“鹊，一名飞驳，形类于鸦而小嘴，尖足爪黑，颈项背绿色，白翮，尾毛黑白相间，善为巢，其声喳喳，鹊声吉多而凶少，故俗呼喜鹊。”

在青海湟水北岸，曾出土一件彩陶喜鹊图，这说明喜鹊文化最早起飞于新石器时期的高原部落。随后，在城市和乡村的边缘，从黄土高坡飞来的吉祥鸟大度地选择了我们，做了我们的邻居；同时也选择了一棵大树，深入中国人社会生活的基层，用剪纸、绘画、诗歌、散文、小说、戏曲和影视桥段，以及风俗习惯等要素，大尺度地表现爱情主题，叽喳喳地渲染喜庆场面。好大喜功的中国人也大尺度地接受了喜鹊报喜不报忧的公开献媚。最让中国人开心的画面是《鹊登梅枝报喜图》，人称“喜上眉梢”。

说到这里，不得不提到中国文化中的另一位超级明星——梅。相传梅是喜鹊从王母娘娘那里偷来人间的。梅虽然不比普罗米修斯盗来的火实惠管用，但她却增加了喜鹊在国人心目中的喜分，尤其是解决了林和靖们的单身苦恼，满足了“隐者”的恋物情结。

中国人把报丧的职权分配给了乌鸦，把报喜的任务布置给了喜鹊。《周易统卦》曰：“鹊者，阳鸟，先物而动，先事而应。”师旷在《禽经》中说：“灵鹊兆喜，鹊噪则喜生。”可见，喜鹊具有感应自然的功能，能够为人类提供心理学方面的指点。喜鹊的一言一行不仅为中国大众带来一天的好心情，还为公共权力提供源源不断的政治智慧。在中国乡村的天空，可以没有“超级女声”，但一天也不能没有“花喜子（我老家把喜鹊称为花喜子）”的叽叽喳喳。

据说，只有农历七月初七这一天才能听到喜鹊的噪叫。这一天，喜鹊倾巢“鹊起”，离开它们依恋的村庄、大树和巢。传说，除了“隐者”林和靖们需要“梅妻鹤子”之类的伦常情爱以外，还有一对苦命鸳鸯正在饱尝别离之苦，他们是中国历史上最早的家族宇航员集团——牛郎、织女及其孩子们（嫦娥充其量属于个体宇航员，而且也没能冲出地月系、超越太阳系）。《古诗十九首》的《迢迢牵牛星》里有这样的诗句：

迢迢牵牛星，皎皎河汉女。纤纤擢素手，札札弄机杼。终日不成章，泣涕零如雨。河汉清且浅，相去复几许？盈盈一水间，脉脉不得语。

这首诗以质朴、清丽的语言，为我们讲述了一个凄美的爱情故事。天茫茫，路迢迢，银河两岸的饥渴青年望穿秋水，他们每日只能用“火星文”“流星体”，狂写《两地书》打发时间。这一点也许你没看到，但喜鹊看到了。虽然你没看到，但你一定听说了：冒着被牛郎踩落天河的风险，喜鹊在天河上搭起一座十分壮观的“鹊桥”。

筑巢是为了自己的爱情，盗梅和搭桥是为了别人的爱情。喜鹊不负众望，人们自然皆大欢喜。可是，我认为喜鹊筑巢是打着爱情的旗号去孵卵。因为爱情起于卵而终于卵，它是世界的摇篮。非卵生的动物不会“蛋疼”，它们打洞只是个体的偏好；筑巢的喜鹊是心疼它的蛋。所以，孵卵才是喜鹊筑巢的真正动机。

这一点你可能没看到，但造字的先贤们看到了。古人用“舄”（，表示鸟的房子）作为基本构件，加上“宀”（，表示人的房子）做字头，发明了会意字“寫”（金文写作“”，简化字是“写”）；以卵巢为字象，借以表达文明传承和生命延续的意象。

我们没法回到初民从动物蜕变为人的“奇点”，也无法还原由“舄（）”到“寫（写）”的造字第一现场，但我们却能想象到“写（寫）”在人类文明史上的贡献。德国哲学家伽达默尔在《文化与词》一书中说：“动物依靠自身的体气或撒下的便溺来辨认自己的来路，人却用语言来辨识自己的来路。”作为手书的视觉符号，文字的诞生就是为了寻求一种超越时空限制的不朽力量，将稍纵即逝的语言（口语）以及个体短暂的生命，融入绵延不息的人类文明的万古长河。德国汉字学者雷德侯在《万物：中国艺术的模件和规模化生产》一书中说：

“文字的目的即在于将话语转换为图形从而将其记录下来。因此，语言也就变为诉诸视觉而非听觉的媒介，较之于口语，更能流传久远。”

我个人认为，如果说，“宀”（宀）仿佛引渡众生穿越窄门直达天庭的教堂穹顶，那么，汉字“写（寫）”的大意是：人类走出树栖时代，住进生发宗教式美学联想的房子（宀 mián），把转瞬即逝的思想记录下来，像筑巢孵卵（舄）的鹊鸟一样，一代代繁衍生命、传递薪火；文字的书写，作为一种身体（直接）经验（南鹤溪），是一种保存和传播人类文明的最好方式，它使文明传承能够在历史长河中获得经久不衰的生命力。破壳而出的人类的历史，说到底就是书写的历史，对中国人来说它是一切艺术的起点，这也是小学生背着代表文明累积的沉重的书包，终日忙于写字的缘由。

这一点你虽然没有看到，但你一定看到过喜鹊的黑白艺术照：身穿“白领子”“黑礼服”的喜鹊，不正是“白纸黑字”的大写意吗？近距离与喜鹊相处，心里揣着阴阳太极图的中国人，惯于在黑、白之间洞悉绚丽多彩的世界，不难得出这样的结论：大道至简。当我们从熊猫身上领悟“知白守黑”的哲学智慧时，不由得惊讶于“鹊体”行为艺术——原来，一切都是那么玄奥，一切又都是那么直白。

（原载于《西湖》文学月刊 2014 年第 7 期“汉字动物园”，有删改；入选中国作协创研部《2014 年中国随笔精选》，长江文艺出版社出版）

乌鸦

一

承袭小篆时期文化专制的遗传基因，喜鹊顺当地钳制了动物界舆论之后，我老家的男男女女老老少少一致认为：喜鹊叫喜，乌鸦叫丧。

从此，动物界百鸟朝凤，每日朝闻莺歌晚播燕舞，充耳皆是凤鸣喈喈（jiē）、凰鸣啾啾、鸾鸣雍雍（yōng）、鹊鸣唶唶（jiè）……独不闻乌鸣哑哑；林间皆以莺之喜啭为标准，评选动物好声音，于是，汉字动物园里鹤不洁唳，枭不凶叫，鸱不愁啸，鸦不悲啼……这还不够，造物主唯恐乌鸦多嘴，特地遣它去了“子虚乌有”“黑不溜秋”的世界，罚它躲在黑夜的一角背诵顾城的诗句：黑夜给了我黑色的眼睛，我却用它寻找光明。

可是，乌鸦离“光明”毕竟有些远。在汉字的书写体系里，造字者借鉴“减法原理”，只挥一挥手就抹掉了“鸟”字里代表眼睛的那一“点”，与“奥卡玛剃刀定律（简单有效原理）”有异曲同工之妙。

《埤雅》云：“（乌）全象鸟形，但不注其目睛，万类目睛皆黑，乌体全黑，远而不分别其睛也。”意即乌鸦一身缁衣，泼墨一般胡乱涂鸦世界，是一种看不到黑眼睛的鸟（鸟）——我看不见你，你也看不见我——如此观照审视一番之后，就有了小篆中的乌（乌）字：少了一个“看”点，多了一分世故。

支起世故的耳朵，乌鸦的歌声果不如喜鹊喳喳顺耳、莺啼婉转遂意，更不像鹦鹉八哥那样嘴甜会说人话；而且乌鸦老不识趣，专挑人类心情不好的时候吊嗓子，好像是吊丧。

然而，缺乏功利意识的诗人并不理会这一套。19世纪美国浪漫主义诗人爱伦·坡就把乌鸦的歌声当成了忘忧药。爱伦·坡深信，自己的前世一准是一只神秘的乌鸦。

在《乌鸦》一诗中，爱伦·坡把哀伤唱到了绝望的地步，幸好这时候乌鸦真的来了。那是1844年的冬天，一只乌鸦从敞开的窗子里降落在文艺女神的雕像上。这个时候，坡正沉浸在小爱人死去的痛苦中不能自拔。它是安慰他而来的，坡这么想。

因此，他把这只乌鸦称为“充满悲伤的幽灵”，一会儿又说它的名字叫作“永不复还”，身上还散发出熏香的气味。这与中国人通常嗅到的乌鸦的口臭，截然相反。

世上终有并不世故的人。一位不乏功利意识的犹太商人竟然格外钟爱乌鸦，他不仅用乌鸦做了店徽，而且为这个世界奉献了一个名叫“寒鸦”的儿子。寒鸦性格内向，关起宇宙的大门与世隔绝，把写作当成唯一的精神寄托。在支离破碎、荒诞不经的暗夜里，寒鸦悲啼着，曲调曲折晦涩，旋律跌宕不羁，言此意彼的现代派象征手法，又常常让阅读者抓不住文字驾驭的缰绳，但阅读的困惑并不妨碍人们对他的理解和敬重。为纪念这位独一无二的表现主义作家，1983年，在“寒鸦”诞辰一百周年的时候，人们把一颗小行星命名为“卡夫卡”。

在捷克语中，“卡夫卡”就是“寒鸦”。这是一只传说中“黑得不顾一切的鸟”，他刺破黑夜的遮蔽和惶恐，穿越扭曲变形的世相，试图找回公平做鸟的名义和权利。直到今天，他一直卑微地歌唱。

这歌声，恍恍惚惚飘落自成一统的“小楼”。在古老的寓言里，乌鸦的鸟嘴既然能从一瓶子不满半瓶子晃荡的容器里取水，说明乌鸦的智商在鸟类中相当高，应该得到公正的评价和公平的待遇。

遗憾的是成也鸟嘴败也鸟嘴，由于天生的使命感和卓越的智慧，乌鸦总想把自己对灾难的感知预警给人类，可谁愿听那些鸟话呢？但凡应验之后，却又得背负不祥的恶名，总之挨骂是肯定的。所以，当下的中国人已经不太愿意“跟着课本游绍兴”了——鲁迅，似乎早就意识到了自己的命运，他认为乌鸦凄厉刺耳的歌唱，委实不合时宜；在黑暗如磐的世界，他偏偏要用这不合时宜的乌鸦嘴，给旧制度唱挽歌。

在小说《药》的结尾处，鲁迅说：乌鸦“张开两翅，一挫身，直向着远处的天空，箭也似的飞去了”。20世纪初，不管是否有过面对面的卡座式交谈，年龄相差仅两岁的鲁迅与卡夫卡，两位超级大师的灵魂一脉相承，想必神交已久。

在我记忆深处依然存活的老家门口，那两棵老槐树的顶端，鹊巢和乌巢同时存在，它们是大树的两颗高端果实，仿佛是文明的两个侧面，一面是生和良好的愿望，一面是死和灰暗的咒语。

如今，树毁鸟亡，爱伦·坡、卡夫卡、鲁迅也相约从 live 到 evil，去了人生背光的那一面，我们作为生生不息的集体中的一分子，依然痛苦地留守在貌似光鲜的这一面。在鲁迅、卡夫卡、爱伦·坡遗留给我们的刻薄、荒谬、惊悚的世界里，黑夜遮蔽了太阳，灰暗羁留了乌鸦；乌鸦成了黑暗的“使者”、光明的“他者”、天空的“黑客”、自由的“鸦片”，世故终于过滤了许多人文“故事”，摇身转化为信仰的“事故”。

然而，想象力丰富的先民，偏偏从太阳身上找到了乌鸦的影子，从乌鸦身上找到了太阳的光斑。

在神话中，日母（太阳女神）羲和每天要在“甘渊”给她十个长得不太干净利落的太阳儿子洗澡，可见古人在羿射九日之前，就发现了太阳身上有污点。在甘肃临洮出土的一只彩陶罐上，太阳纹的圆圈中明显绘有一个黑点，这证明青铜时代人们已观察到太阳黑子。俗语说“天下乌鸦一般黑”，在鸟类家族中，乌鸦黑得那么执着，正好用来表现太阳黑子，日中金乌的神话由此经久流传。

也因此，古人认为，太阳就是一只大鸟，名叫“三足乌”。人们发现，一些古代画家总要天真地在太阳上画一只蹲踞的乌鸦。“乌飞兔走”，说的就是月亮里的兔和太阳里的三足乌周而复始的运动状态。

世故和遮蔽，是喜鹊政治的主题思想。当科学遮蔽了神话，我们或许应该嘲笑古人的无知；而古人想必也会笑话我们非要用科学的态度，去校正人文初始的呓语，譬如成人用“像”与“不像”批评儿童画，反而显得“成熟的浅薄”。一旦太阳与乌鸦建立起关联，崇拜太阳静穆的古代粉丝们自然会“爱屋及乌”，喜欢上乌鸦。

据说在秦汉以前，中国人就没那么世故，认为乌鸦和喜鹊一样都是好鸟，而且乌鸦还是一只能预言吉祥的好鸟。1993 年 2 月，在我老家西南乡东海尹湾汉墓出土的汉简《神乌赋》中就载明，乌在汉代是一种孝鸟、神鸟。汉代董仲舒在《春秋繁露》中引《尚书传》说：“周将兴时，有大赤乌衔谷之种而集王屋之上，武王喜，诸大夫皆喜。”董仲舒提到的“大赤乌”，指的就是乌鸦。

当然，也有人不同意这种说法，认为乌鸦的恶名始于中国最早的地理教科书《山海经》。《山海经》预言，玄丹山上的乌鸦，飞到哪个国家，哪个国家就要灭亡。

二

我个人认为，至少在“轴心时代”，由于多元价值观造就了“百家争鸣”的人文气象，乌鸦还没有被喜鹊之类遮蔽在主流声音之外（其时，“儒术”幸好也没被“独尊”）。据说，当年听惯了声音各异的鸟鸣，主张“有教无类”、充满仁爱之心的孔子，曾与乌鸦结下了一段深厚的友谊。

有一回，孔子发现一只被射杀的乌鸦倒毙路边，便挖了个坑厚葬了这只可怜的小鸟。孔子的义举，感动了沉浸在悲痛中的鸦群。不久，孔子在从尼山回曲阜的路上，遭遇歹徒（可能是山东最早的响马）袭击。危难之时，知恩图报的乌鸦上演了“格里菲斯”式的最后一分钟营救：大群的乌鸦从天而降，勇猛地将歹人啄逃，护送孔子安全回府。

这些神勇的乌鸦，被后人称为“素王”孔子的“三千乌鸦兵”。人可以世故，乌鸦并不世故。孔子去世后，这些“乌鸦兵”仍然不肯离开一生不得志的孔子，它们世世代代地守护在孔庙，形成“孔庙乌鸦成群，孔林乌鸦不栖”的怪异现象。

孔子厚爱乌鸦，当然不仅仅是出于交互式的感恩。学者们从儒学思想核心与乌鸦的慈孝形象中找到了内在联系。儒家认为，乌鸦是孝鸟、慈鸟，慈乌反哺是尽孝报本，感恩戴义，颇具道德价值，因此乌鸦又称德鸟。“乌鸦反哺，羔羊跪乳”是儒家以动物教化人伦的一贯主张。《本草纲目》称：“此乌初生，母哺六十日，长则反哺六十日，可谓慈孝矣。”乌鸦是否真有反哺习性，还有待于实证科学的证实。但在“乌”与“孝”意义的接壤地带，却有现实的地名遗留，随时备查。比如，浙江义乌的地名演变，就封存了这个秘密。

传说，义乌一带有一位叫颜乌的孝子，用双手挖土葬父，感动了乌鸦，乌鸦群起以嘴啄土相助，以致鸟嘴受伤，于是秦代就把这个地方叫作“乌伤”。根据这一传说，汉代改“乌伤”为“乌孝”。唐代干脆直呼为“义乌”，以表彰慈孝义勇的乌鸦。

在儒家看来，“百善孝为先”，孝是支撑国家道德大厦的核心，是最高的道德准则和伦理规范。孔子说：“入则孝，出则悌，谨而信，泛爱众，而亲仁，行有余力，则以学文。”这句话，后来被收入蒙学教材《弟子规》，意思是说要先学会做人，然后才有余力学文化。童话大王郑渊洁说：如今这个朴素的道理被弄反了，学了知识，考完试，已无余力慈孝、诚信和博爱了。

学识与慈孝，与诚信、博爱本应并行不悖，甚或相得益彰，就像金钱不应排斥良知，良知理应赢得富足一样，只因当今世界知识太多学不完，获取知识的渠道又太多，所以我们可以原谅现行教育体制中，育人缺失的一环，这是个解不开的圈套。“是的，这有点矛盾。矛盾是智慧的代价。这是人生对于人生观开的玩笑。”

（钱钟书:《论快乐》）

乌鸦作为慈孝、诚信与博爱的符号，在中国一向与悲情、悲伤、悲痛相联系，喜鹊顾名思义便是可喜、可贺、可乐的代表。所以，趋乐避苦的新人类，讨厌、憎恶乌鸦也在情理之中。

钱钟书说:“譬如快活或快乐的快字，就把人生一切乐事的飘瞥难留，极清楚地指示出来。”以快乐与欢喜的名义张开的所有的翅膀,都如蜻蜓点水或惊鸿一瞥，只图轻浮地存留于片刻的感官满足，它们拒绝签收深沉的悲情、绵久的伤痛和莫名的诗愁，把这些劳什子都转发给了爱伦·坡、鲁迅、卡夫卡，以及张继、马致远们了，哪管得了乌鸦的鸦原本写作《尔雅》的“雅”（隹即鸟），还是雅典的雅或典雅的雅呢？这怨不得谁谁，一群“乌合之众”！——有宗庙没信仰，有组织没纪律。

（原载于《西湖》文学月刊2014年第7期“汉字动物园”专栏；入选中国作协创研部《2014年中国随笔精选》，长江文艺出版社出版）

鹤

一

水墨节制了中国人色彩表现的欲望，却放纵了艺术家空间想象的灵性。自然顺畅的白描勾勒，干湿浓淡的层次渲染，水乳交融的山水映像，一个水墨中国，青白世界，朗朗乾坤，就这样在如此简约的玄白之间跃然纸上。

翻越雨季，刚刚从南方沐浴归来的鹤，一身逼人的仙风道骨。她们在北飞的途中，愿意纡尊降贵在我老家的滩涂做短暂巡演，这使我曾经有机会瞻仰道地的水墨丹青、飞白艺术。海滨，沼泽地，成片的芦苇，乐意做一圈圈浓密的眼睫毛，将一湾湾闪亮的水汪，装饰成海滩瞬变的毛呼眼；漫空飞舞的鹤，如同我家乡早熟的芦花，将绵软而飘忽不定的倒影，降落于水汪汪的眸子。

如果说，熊猫是一幅漫不经心的泼墨涂鸦，燕子是一幅心灵手巧的白描剪影，那么鹤则是一幅超凡脱俗、匠心独运的水墨大写意了。我个人认为，中国人之所以特别喜欢鹤，大概与这黑白分明、浑然天成的大写意艺术情怀，是分不开的。

鹤本素朴纯洁，无意邀宠于人。无奈鹤舞翩跹，羽色黑白简约，体态飘逸雅致，最易于水墨丹青表现，更能迎合东方审美情趣。知白守黑、大道至简。一气呵成之后，消消停停盖一枚鲜红的中国印。这是刻意讲究的“顶上”功夫：点染而非随意点缀，不可省略。洇湿蔓延的宣纸效果，由不得国人不受诱惑；鹤出道的艺术路线，又极易于沟通释家空灵、汉儒伦常、黄老玄学，以及神形兼备的中国戏剧表演、忍隐内敛的自恋式哲学体系。因之，在中国古代神话和民间传说中，鹤被誉为“仙鹤”，成为高雅、长寿的象征，穿梭在现实与玄幻之间的中国神话第一鸟。

仙鹤是天生的舞蹈家。它们头顶鲜红的图章，孩子们认为那是一顶漂亮的小红帽；修长的脖颈如魔术师手里的绳子，一圈四季咸宜的黑羽毛，是一条别致的小围巾。羽色亮丽，双腿纤挑，端的是形体优美、举止优雅、神采飞扬的绝代佳人。鹤群长距离飞行，在蓝色的天幕上排成“V”形或“Y”形，提示“人”字的

多种写法；远远望去，飘飘然融入闲云，呈现一副散淡而洒脱的风姿。仙鹤站立时，总是高高挺直胸脯，伸直脖子四下张望，犹如初上舞台从容谢幕的舞蹈演员，由于站立良久，让观众反而无可适从：此处是否该有掌声？因此，人们常用“鹤立”“鹤望”来形容戏剧舞蹈中引颈环顾的优美姿态。“昂昂然如野鹤之在鸡群”——“鹤立鸡群”一词源自《晋书·稽绍传》，比喻才能出众。持“阶级论”者认为，这也反映了晋代社会的门阀等级制度，是轻民意识的滥觞，现代民主社会则不足取。与此有别，多数文人淡化了鹤的阶级属性，视鹤的舒展独立为一种高高在上的隽永超然，可与她的舞姿相比。“人各有其所好，物固无常宜。谁谓尔能舞，不如闻立时。”白居易的《鹤》诗，既赞扬直立之美，又借以申明自己怀有与众不同的志向，让鸡们稍许有些安慰。

二

经过训导的鹤，更如人意，古书中记载过许多鹤经过训练而闻乐起舞的例证。

古代养鹤人还注意训练它振翼徘徊，回旋舞蹈，叫作“鹤舞”。据《吴越春秋》载，吴王阖闾葬女时，曾“舞白鹤于吴市”。鲍照写有一篇《舞鹤赋》，可知鹤舞训练的起源很早。南朝宋人林洪的《山家清事》更是不厌其烦地叙述了鹤舞训练的方法：“欲教以舞，俟其馁而置食于阔远处，拊掌诱之，则奋翼而唳，若舞状。”诱之以利，晓之以理，动之以情，林洪的方法足以供当今的教育家们参考。训导之下的仙鹤展开美丽的双翅，那修长的双腿更加轻盈，让任何杰出的芭蕾舞大师都无地自容。难怪明清两代一品文官官服上绣的就是仙鹤图案；鹤甚至被画在死者的灵柩上，以象征死者转入永生模式。在中国，无论朝野，仙鹤通常象征着不死之神，足见鹤在中国人心目中的永恒价值。

鹤在鸟类中，的确显得高雅不俗。所以，古时常以鹤喻贤士。除了“鹤立鸡群”暗通“出类拔萃”的意旨之外，人们还常以“鹤鸣之士”指称未出仕有名望的人；“鹤书”则为书体的一种，亦称鹤头书，此书体是古时用以招贤纳士的诏书。“鹤俸”指官吏的俸禄，唐代幕府的官俸称“鹤料”，“鹤寿”是祝寿之词。“鹤驾”，旧谓仙人的车骑，仙人驾鹤升天，以后用作死者的讳称。因为鹤的羽毛主题色调是白的，所以鹤字又指白色，如鹤发童颜（此时，黑色的尾部被忽略）。鹤偶尔也客串隐士寂寞的孩子。北宋初年著名隐逸诗人林逋，曾隐居西湖孤山，养鹤赏梅，不仕不娶，因有“梅妻鹤子”之称。据说林逋有时外出，家里来了客人，家人就把鹤放出去在天空盘旋，林逋望见，就摇橹回家。经史家考察，鹤一直属于“吴人园中及士大夫家皆养之”的有闲阶级的玩物。直至当今，当人民被定义为主人时，人民才有机会在自家的动物园里结伴欣赏这种珍禽。

印度学者科亚基在《文明的交融：古代伊朗和中国的信仰与神话》一书中说：“公元前660年，蛮族侵入诸侯卫懿公的统治地区，诸侯在一个叫作荧泽的地方与他们作战。卫懿公十分尊重仙鹤，因此在他的战车上带了几只仙鹤。士兵们对他很不满意，在战前准备时开玩笑说：‘前进吧，我们的仙鹤军官！没有你们，我们何以投入战斗啊？’这些怀疑的、不敬的士兵，正如他们所应当遭受的，吃了大败仗。这个故事的教训和寓意是，如果不是这种亵渎，这些仙鹤会驾驶战车赢得战争的胜利。”

一个印度学者通过文化对比，教会我们重新审视卫懿公好鹤亡国的故事；这个故事最早源自《左传》，在中国一直作为玩物丧志者的鉴戒。与此相反，宋人张师厚（天骥）隐居徐州云龙山，不但可以养鹤，甚至可以纵酒，只因苏东坡谪贬徐州时手书了《放鹤亭记》，而得以传名；西晋镇守荆州的名将羊祜，闲暇时从附近的江陵泽（洪湖）取鹤来养，也没有引起多少反感，反而被后人纪念，称洪湖为鹤泽。

“警露声音好，冲天相貌殊。终宜向辽廓，不称在泥涂。”白居易《答裴相公乞鹤》一诗，对鹤的鸣声，以及姿貌、高翔、贞洁做了通体赞美。物理学家僭越了生物家的管辖范围解释说，鹤的项颈长，故气管也长，气管又在胸腔里盘曲几转，增加了内在的长度，像旧时喇叭管子，加强了共鸣的效果。因此，鹤鸣叫起来，声音就显得格外嘹亮。鹤鸣最早发声于《诗经·鹤鸣》：“鹤鸣于九皋，声闻于野。”朱熹在《诗集传》注曰“闻八、九里”，说它鸣声响亮，很远就可听到了。

西蜀诗人蒋蓝说：“丹顶鹤唯一的危险期是在交配季节。激情突破了谨慎，叫声打倒了独立的空气，雌雄不断翩翩起舞，引颈高鸣。”（《高蹈的寄魂鸟》）显然，诗人并不承认鹤鸣是中国好声音，毫不客气地揭穿了一个阴谋：声音无非是服从于发情的生理需求。譬如当下文艺界，一部分人叫卖，大部分人叫春，只有极少数人暗地里可着劲地叫嚷、叫嚣、叫骂，更少的一部分愿意为民请命者却只能躲在台角叫板。因此，让观众、读者叫绝的作品，要回溯到若干年前去寻觅。但是，不管怎么说，从客观效果上看，鹤鸣的确超凡不俗，而且这声响曾经产生过奇特的心战效果。

作家周晓枫仔细听过鹤唳，认为“这声响显然不若百灵、夜莺等鸣禽婉转，但有着别样的清傲，让人很特别地产生一种苍茫的岁月之感”。这声音，对谢石

来说，是进军的号角；对苻坚而言，是溃退的丧钟。犹如滑铁卢之与拿破仑和威灵顿，其意义正好背道而驰。著名的淝水之战，就在“鹤唳”的风声中，成为以少胜多的战例，好事体终需好鸟相助。公元383年，前秦皇帝苻坚亲率90万大军，南下攻打东晋。东晋王朝立马做出反应，派谢石为大将，谢玄为先锋，带领8万精兵迎敌。自以为投鞭断流的苻坚求胜心切误中谢氏计谋，忽闻“风声鹤唳”，以为追兵来剿，结果大败而逃。这不禁引起了女作家的感叹：“这世间的事物，有的以美而著称，有的则以丑，还有一些并非简单的美丑问题，只因其间涵纳着一种让人沉默下来的莫名力量。”（周晓枫《鸟群》）

由此可见，真正让鹤进入中国人审美境界的不是它的嗓音，而是它的身体及其卓越风姿。《庄子》说：“凫胫虽短，续之则忧；鹤胫虽长，断之则悲。”这是说它们的适应意义的审美价值。鹤美的得体与得体的美，终成为中国美学史上著名的审美标尺，也证明中国人相信眼睛胜于相信耳朵（杭州的朋友告诉我，鹤胫可做骨笛，相当于塔吉克人用鹰的腿骨做的鹰笛）。继庄子论及凫鹤之短长美学之后，美学家黑格尔说，存在的就是合理的。鹤的长喙、长颈和长胫，都是生活环境和取食习性所造就的。古书上说：“鹤食于水，故其喙长；……栖于陆，故足高而尾雕。”意为鹤吃水中之物，所以它的嘴长；栖息在陆地上，所以腿脚高、尾巴短。这里说的是适应与成长的辩证关系，生物器官的发育、生成都与生存环境有关。

周晓枫认为，鹤在东方受到的激赏和欢迎的程度，要远胜于西方。其实，鹤精彩的舞蹈，以及壮观的季节性神秘飞行，不仅在东方诗歌中有所反映，而且受到古罗马诗人维吉尔的关注，苏菲诗人鲁米、神秘主义思想家阿塔尔，也把它们看成是灵魂飞往精神世界和在精神世界飞行的恰当模式，这种神秘主义诗歌从仙鹤追随其首领的飞行中，为那些追随精神领袖探索真理的人，找到一个恰当的对应关系。

不过，我还是倾向于周晓枫的看法。鹤群喜欢栖息于沼泽地或涉游沿海浅滩。文人画鹤时，又常以浩渺的海洋为背景，所以仙鹤理应属于东方。凤凰非梧桐不落，鹤非仙境不栖。关于鹤对取向路径及栖息环境的挑剔，古诗也多有描述。“鹤岑有奇径，麟洲富仙家。”王勃《怀仙》中的“麟洲”，又称凤麟洲，传说为神仙旅居的海上别宫。但这些个人爱好却让作家很不感兴趣。“杰出的恶胜于平庸的善”，周晓枫引用梭罗的观点，透析了鹤道德的长相和品格中的平庸：“鹤的确更谋合东方美学的推崇，而与西方强调个性和自我的观念相左。”“这里面其实隐藏着一个微妙问题。无人怀疑鹤的正面形象，但它的君子风范中显示出平庸色彩的自制。在我个人的理解上，鹤道德的长相和品格中，缺少强烈的个性，使人只得停留于短短几句的单纯肯定，而不便开展更多的价值联想。”（《鸟群》）

三

我个人赞同科亚基的观点。从语源上看，仙鹤的名字来源于赋予生命价值而获得终身免疫力的“仙”。在中国，仙鹤因其能够生活上百乃至上千年而受到举国朝贺，并长期影响了周边邦国，所以屠洪刚的歌就特别让中国人提气——“堂堂中国要让四方,来贺。”这或许就是“鹤”与“贺”音同义近的原因吧。从字源上看，很多古代诗人描述它伴随着那些已在肉体上获得不朽的“仙”，并作为他们的交通工具，以满足功利需求。这大概就是鹤的初文隺（隺，hè）之上，无端加一个放倒的“工”字的端的了。

行文至此，不得不提到史上第一本字书了。《说文解字》:“鹤，从鸟，隺声。”古文字隺（隺）正像是一只高足长喙的大型涉禽。“隺”由象形字“隹（隹，短尾鸟）”加指示符（工）构成。篆文鶴在“隺”上再加鳥（鸟）另造“鹤”代替。当“隺”作为单纯造字构件后，异化为汉字图腾，成为榷、确等字的偏旁。虽然“隺”的造字繁殖力不够强,但也充分施展了自身的“高大上”魅力。《说文》:“榷，水上横木,所以渡者也。”“榷”古称独木桥。做独木桥的“榷”高架于水面之上（高端），继承了鹤之长足长颈之高貌（大气），故有“高”义，且只能容一个人通过，又有“专营专卖（上档次）”的意思。《易・乾》:“乐则行之，忧则违之，确乎其不可拔。”训诂学家陆德明注释说:“确乎，郑云：坚高之貌。”确（确）有石多土薄的意思。多石之地往往高出地面，有嶙峋、坚白、刚强、坚固、确实之义，这样的高峻之地，“土”当然就挂不住了。

长期以来,文字专家们深受许慎的影响,认为“鹤”是形声字,右边的形旁“鸟”是其类属的标签，左边的声旁“隺”是它自备的发音器。我个人认为，许慎的说法值得商榷。鹤字是在会意兼指示字“隺”的基础上,放大、重复、置入“隹”（长尾鸟,短尾隹）的替代品——“鸟”,增添与其原本意义相通的字根,以其作为类旁,从而创设的一个奇葩新字（同一个字有两只鸟，似乎多余）。这种构字法，也就是许慎所说的“转注法”。从“鹤”字中，我们不难发现，经由转注造字法所创设的新字，其字义通常为原有文字（初文）的本义或本义的一部分，其发声也由初文继承而来。

由转注法回溯到鹤的本字“（隺）”，作为鸟（隹）的一种描摹，却又比寻常的鸟（隹）多了一个指示符“（工）”——在“隹（）”的上方加了一个平放的“工”形——这个横陈的“工”，究竟秘藏了怎样的玄机呢？

民间有一种说法认为，（工）实为棒子骨（股骨），源于南方民族的股骨崇拜，最早用作擂鼓祭祀的鼓槌，也是制作乐器的上好材料。用中空豁通的鹤胫做成的笛，叫“鹤笛”。西安民间学者唐汉认为，甲骨文“工”是穿通符号，其本义为两者之间、两地之间、天地之间的沟通与穿行，后引申为通天御地晓鬼神的意思。金文“（巫）”字形，正是两个“工”字交互重叠而成，寓意为通达天地四方，会意为掌管着通天之权的人（巫觋）。上古科技不发达，人们敬畏鬼神，总想祈求鬼神降福不降灾，所以要娱神、赂神，“巫”正是在人与神鬼之间起沟通作用的神职人员，人类早期的知识分子。“巫”字中所蕴藏的巫术思维，作为中国古人的交感思维的基本模式，渗透于先民造字的全过程。

在甲骨文（帝）和（帚）中，也隐约可见与“（隺）”共用的符号——神秘的“”，正是“工”字的休眠状态、巫术思想完整体现的典型例证。

甲骨文（帝），由（不）添加指示符（工）构成。字为“（木）”上加横成，一横正是头顶上的天，有“通天大树”的寓意；通天树中“工（）”字符，是连接天地、人神两个端点之间的线段，有通灵、通神的意义和作用。传说，中华神木之一的“建木”，是上古巴蜀先民崇拜的一种圣树，位于天地间，是沟通天地人神的阶梯。远古神话中，伏羲、黄帝等众帝就是通过这一神圣的梯子上下往来于人间天庭的。有学者认为，四川广汉三星堆中出土的青铜神树，有可能就是“建木”的原型。《淮南子·形训》也说：“建木在都广，众帝所自上下。日中无景，呼而无响，盖天地之中也。”据考，广都即今成都；《山海经·海内经》也提到了这棵奇异的树：“建木，百仞无枝，有九欘，下有九枸，其实如麻，其叶如芒，大暤爰过，黄帝所为。”百仞有多高？想必建木高大可以直达天庭，相当于西方的“巴别塔（巴比伦通天塔）”。

在中国古代神话版图上，这样的“通天树”除了建木外，还有若木、扶桑、桃都。若木生于西极荒远之地，呈赤色，叶青花赤，光辉照地，传说是日之所入处。扶桑是太阳出升之处，《山海经》：“汤谷上有扶桑。”其花也呈深红色，晋朝嵇含的《南方草木状》中则记载“其花如木槿而颜色深红，称之为朱槿。”桃都也是上古著名的神木。《述异记》：“东南有桃都山，上有大树名曰桃都，枝相去三千里，上有天鸡。日初出照此木，天鸡则鸣，天下之鸡皆随之鸣。”这些中国特有的神木，都说明 [古文字]（帝）字与通天、通神不无关系，“帝”为君权神授，所以“帝（楴）”可以引申为“天子”，也是题中必有之义了。

甲骨文 [古文字]（帚）由主形 [古文字] 和附加结构 [古文字]（工）构成。据考，[古文字] 是远古时代巫师手中的一种法器，其形类似于今天的芦花或扫帚，穿通符号 [古文字]（工）同样是表明这种物件具有穿通人神、沟通天地的功效。也因此，妇人之“妇（婦）”由“女”“帚”合成，最早应与掌握通神祭祀权柄的母系首领有关。比如，殷墟出土的“妇好”墓，疑为女性祭祀者，即女首领，后泛指所有成年女性。在西方，直到中世纪女巫受迫害时期，女巫能否骑着扫帚飞行，曾经是学者与教会之间很严肃的辩论话题。

由是观之，鹤与帝、帚，都含有贯通天地、人神的意思。仙鹤作为“仙”的拟态，负有特殊使命，它的航程可抵达地球两极、贯通天人之际。这一点从鹤的生物属性也得以证实，鹤是一种随季节迁徙的候鸟。毫无疑问，有关仙鹤具有运动天赋这种思想的根源，可以在仙鹤每年从南方印度到北极地带的大规模迁徙中找到。《风土记》说：“鹤性警，至八月，白露降，流于草叶，滴滴有声，即高鸣相警，徙所宿处，虑有变害也。”所谓“徙所宿处”，是说它八月开始南移。

在汉字动物园中，“鸿”又称大雁，也是一只身藏“工”字符的鸟。“鸿”由 [古文字]（水）和 [古文字]（[古文字]）两个字根构成，甲骨文 [古文字] 是“鸿”的初文，后加上多余的水（氵），以示为涉水禽类。其中“工”即表示穿越南北、季候性迁徙的意思——有的文字学者沿袭许慎的说法：“鸿，鸿鹄也。从鸟，江声。”（《说文解字》）认为鸿是江鸟，生搬硬套的结果是遮蔽了“工”所含有的汉字基因信息，也遮蔽了“工”字的工具性和神话穿刺力。

四

仙鹤在中国神话体系中，属于“仙话”子系。

比起“神话”母系来说，仙话有更多高贵的消极、积极的慵懒、消极的功利色彩，恰到好处地把儒家现世的实用理性、释家来世的生死轮回和道家今生升仙羽化的逍遥追求统合起来，以至于成为画家、诗人、方士、炼丹家、成功人士的集体遁词。

科亚基在《文明的交融：古代伊朗和中国的信仰与神话》一书中写道：“中国神话认为仙鹤是荣誉神和财运神之伴。在一些图像中，财运之神总是与仙鹤并肩而行，而在另一些图画中，财运之神的头上有一面大旗，旗上则画有仙鹤。”古

波斯（今伊朗）处于东西文化碰撞、融合地带，作为古巴比伦文明、古印度文明、中国文明在陆地上的遇合，秘藏了许多原生态的神话母题。科亚基的研究成果，让我们有机会在文明融汇地带从神话源头上重新认识了仙鹤。在中国神话中，仙鹤象征着最快速的海陆运输工具，于是日本英雄仙太郎被仙鹤一夜之间送到神岛并返回（所以日本人也崇拜仙鹤，是千纸鹤的故乡），而在中国的“八仙过海”图画中，我们发现仙鹤伴随着他们的小舟飞行。在另一场著名的战役中，英雄牛倭耀武扬威地乘着一只仙鹤。著名的“白鹤童子”在重大战役中也这样乘坐着神圣的仙鹤。

神话是原始先民对自然社会现象无法合理解释时，所萌生的最合理的解释；而仙话则是人类社会发展到一定阶段，人的私欲、功利心突破道德底线时，才慢慢浮出水面的功利性诉求。无可否认，不管是神话还是仙话，都是人们追求现实生活中所需要的、却遥不可及的事物的一种心理反映。人们对现实感到无奈时，势必会想出一些形而上的东西来安慰自己。

近人顾颉刚以为，中国神话大体上可分为“昆仑神话”和“蓬莱仙话”两个体系。昆仑神话源于西部高原，由西向东至于大海，渐次在齐鲁、吴越沿海区域形成了蓬莱仙话之后，二者又各自发展，到战国中后期，彼此联袂，从而形成了统一的神话体系。在顾氏看来，蓬莱仙话实则源于昆仑神话，产生的时间最迟不晚于春秋至战国早期，而不是源于战国以后秦人推崇的“入海求仙”运动。

仙话故事中，有大量反映帝王惧怕白发与死亡，从而寻觅长生术的秘籍，采药炼丹是屡见不鲜的招数。智者乐水，仁者乐山。在仙话中，那些传说人物所蕴含的民族精神、审美品质，都被超重地负载了功利色彩。神话中的神是天生的，仙话中的仙却需要后天修炼。根据顾氏的观点，仙话是由神话改造而来的，仙话一般讲述的是通过修炼或仙人导引，使人长生不老或幻化成仙的故事。譬如始皇帝就曾派遣方士徐福涉海寻求不老仙药，以图肉体长生，专权永固。直到东汉明帝时佛教传入，人们对死生轮回才有了全新的认识。

仙鹤一旦刺穿艺术审美的外饰，其工具的役使性本相就暴露无遗。几乎每段涉及鹤的文字，都不否认鹤是神仙的坐骑、是最具灵性和动人气息的交通工具；鹤似乎也乐意被神仙眷侣们呼来唤去。“腰缠十万贯，骑鹤下扬州”是仙鹤工具性特征的例证之一。这个故事出自南朝宋人殷芸的《小说》：“有客相从，各言所志：或愿多资财，或愿为扬州刺史，或愿骑鹤上升。其一人曰‘腰缠十万贯，骑鹤上扬州’，欲兼三者。”故事说的是四个进京赶考的年轻人救了个童颜鹤发的老者，后来发现老头儿竟是个神仙达人。这个亘古不变的桥段告诉人们：年轻人经过神仙的考验之后，每人可以获得实现愿望的机会。

第一个小财迷书生说“愿为富翁，腰缠万贯”；第二个官胚子书生说“愿当扬州刺史，任人仰慕”；第三个准超人说“愿当神仙，逍遥快活”；第四个书生最有抱负，想了半天口吐十个大字：“腰缠十万贯，骑鹤下扬州。”哥几个听其宏愿非常愤怒，纷纷谴责他的贪婪。连神仙都觉得此人心太野，于是告诫说：“小子，你不能太贪，我只给你两个选择：一是给你弄只仙鹤，再给你身上绑十万贯，空降一下试试；二是你先参加高考再投考公务员，弄个大官做做，赚足十万贯之后，就得跟我进山修行。”年轻人觉得负重空降很不安全，所以还是忍痛选了后者。神仙承诺的结果是这样的：第一个书生一夜暴富后，不懂节制，最后沦为乞丐；第二个书生当了扬州刺史却滥用职权，被罢免了官职，投入大牢，终身羁押；第三个果然成为超人，但神灵附体之后，不思修行，霸占山头当成自家公司，试图力创天下丛林第一个 IPO（首次公开募股），结果走火入魔，蜕化为妖精；第四个书生看上去幸运得多，靠自己的努力先是高考上榜，后又考上了公务员，顺利获得了第一桶金，辞职开发房地产赚足了十万贯。此后，按神仙的吩咐散尽金钱，进山闭门修仙，几番磨难后终成正果。不过，由于耐不住外界诱惑，凡心复苏，不久便变卖山林换得十万贯，为兑现当年愿望，骑一只瘦鹤，于烟花三月春明景和之时来到扬州上空，无奈生命有不能承受之重，十万贯财宝压折了鹤腰，弄得人仰鹤翻，万事皆空。

瘦西湖的瘦与仙鹤的瘦，审美特征基本吻合，所以这个流传已久的故事估计不是杜撰。1282 年，世界著名旅行家马可・波罗也来到这个纸醉金迷、令人乐不思蜀的地方，并说这是“一个重要的城市”（相比杭州“锦绣天城”的评价稍低了一点），自称还做了扬州市市长。从 GDP 贡献率来看，扬州当年在全国的排名相当于今天的上海；从声色吸引力来看，相当于昨日的东莞。南来北往的政商大佬腰缠万贯，齐集扬州寻花问柳，扬州姑娘花裤腰自此闻名世界。据说，马氏在这里一待就是三年，以一个外国人的眼光，证实扬州历史上的确是一个名满天下的脂粉地、销金窟。淮扬路上，文昌阁下，瓜州渡口，江左风情，一派莺歌燕舞的盛世景象，让马氏流连忘返。700 年后，自称江南名城的扬州堕落为江苏行省的二流城市。虽说也出过精于色声犬马的显赫人物，但毕竟难得人心，据说都是鹤体承载的功利主义教育的恶果。

蒋蓝似乎比周晓枫的眼光犀利、精准些，诗人透过平庸的善，把目光聚焦在

丹顶鹤的突然绯红的肉顶子上。他说："丹顶鹤头上的红色顶子一直被认为是剧毒物质，称为'鹤顶红'。一些皇帝在处死大臣时，就是在所赐酒中放入丹毒，这总比凌迟好。据说鹤在身陷绝地时，为保护自己的清白，竟然会自破其丹，饮毒而死。"诗人还说："我发现，大凡传说具有剧毒的动物，恰恰是一些缺乏攻击性的物种，像孔雀、鸩鸟等等，它们总是绝色的，并以文弱的形态生活在远距离的世界。"生旦净末丑，神仙老虎狗。盛极一时的仙鹤在各种角色的扮演中，居然有自我了断的智慧，这是出乎求仙不得者意料之外的。看来，兴衰荣辱、聚散生死，皆有其自然章法，强求不得。不过，"自破其丹，饮毒而死"，这倒是可以避免遭遇焚琴煮鹤的命运，省去了很多麻烦。因此，落寞的唐诗人崔颢有诗叹曰：

昔人已乘白云去，此地空余黄鹤楼。
黄鹤一去不复返，白云千载空悠悠。

翟

一

金文(翟 dí)摹画的是一幅振翅翱翔的大鸟草图。

篆文(翟)源自金文。《说文解字》:“翟，山雉尾长者。从羽，从隹。”隹是鸟，羽是隹的翅膀——按许慎“六书说”，“翟”是由“隹”和“羽”合成的会意字，通常是指长尾巴野鸡。

既然“隹”是鸟，而且有头爪有翼翅，鸟态自足(),何必“隹”上添羽呢?我个人认为，“翟”是野鸡，相对于有翅而飞不高的家禽而言，造字者强调的或许是那双不愿驯服的“羽”，也就是漂亮的“雉鸡翎”。

始于20世纪70年代末，作为听评书长大的一代人，我相信我的头发从根到梢灌满了“头戴雉鸡翎”的英雄情结，恨不得一头乱发立马变成发情的野鸡毛，直立起来、摇摆起来。当年我有一个习惯性的甩头动作，很多人不理解，认为是臭美,装蒜。那时节,每一个饥渴少年都茁壮成长为专家级的听众,单田芳的“怪”，刘兰芳的“卖”，袁阔成的“帅”，田连元的“坏”，许多评书段子，我们都能脱口而出，尤其精熟刘兰芳《杨家将》《岳飞传》的每一个细节。因为每个英雄人物出场，几乎都是“头戴雉鸡翎”云云，以至于我们一个个打了野鸡血吃了摇头丸似的。许多年以后,我方知“甩头”实为戏曲表演基本功,专业术语叫“翎子功”。艺人通过掏翎、甩翎、衔翎、绕翎、涮翎、抖翎、摆翎等等程式化动作，借以塑造各种人物优美身段姿势，表现人物的神志情绪。

古书上说，翟又指古代乐舞所执雉羽。因而，翟又可借指乐吏，即古代教授羽舞者。《诗经・邶风》中“左手执籥，右手秉翟”，描绘的就是当时人们左手拿着籥吹奏，右手拿着野鸡翎跳舞的场面。可见，雉鸡翎作为情绪表现的道具，源远流长。

比如，“嬥(tiǎo)”指的就古代巴蜀歌舞者，此种歌舞不仅与“雉鸡翎”的

一招一式敏感呼应，而且与“隹（短尾鸟，常见的有麻雀）”的娇艳姿态、跳跃动作和谐相融。生活在川北岷山地区的羌族，作为最古老民族的历史孑遗，至今还保留着头戴雉鸡翎、身披牛皮铠甲表演节目的民间艺术形式。

翎的抖动与舞步的腾挪，自然不比寻常做派，因之取象于“翟”的“踚（跃）”字，就与雄鸟跳来跳去炫耀漂亮羽毛的物象场景有关。不受束缚、跳来跳去的动作敏捷迅速，因此《说文》解释说：“踚，迅也。”与“跃（踚）”的动作类似的还有一个“趯”字。欧楷书法中称“跪笔弹锋”的笔法就叫“趯”，是专用于“努法”之后的那惊艳的一钩。由“翟”滋生的常用字“耀”，则取象于翟斑驳的羽毛，有光芒四射的意思；雄鸟发情期喜欢显摆漂亮的羽色，故“耀”有荣耀的含义。

二

老实说，我第一次见到长成这样的鸟（ ），登时下意识浮现童年高烧致幻而悬飞的梦境。我平生的第一首见不得阳光的露水诗，正是高烧不退时的幻觉再现。

100 多年前，米什莱站在最普通的鸟的高度，审视跑得最快最强大的四足动物。然后，他居高临下地说：“老虎啊狮子啊！鸟儿看见它们附着并固定在大地上，那种无能为力的样子，会发出多么鄙夷的微笑！”这位法国最伟大的浪漫主义史学家，在欧洲人的传统中，找到了灵魂真正的名字：憧憬。

100 多年后，王蒙的诗句为米什莱做了脚注，表达了中国人对灵魂自由的憧憬。诗曰：“生活原本应该是勇敢的飞翔，每个人都应该生出坚强的翅膀。不能没有天空的呼唤，不能没有远古的遐想……”那意思是感叹：“唉！假如我是一只鸟该多好哇！”

2000 多年前，一位深受王蒙景仰的中国最伟大的浪漫主义哲学家庄子，在《齐物论》里描述了长翅膀的梦想和夜的狂喜：“昔者庄周梦为蝴蝶，栩栩然……”其意境是说，有一天，庄子梦见自己 COSPLAY 了一回梁祝，变成一只蝴蝶，飞呀飞……

耽于幻想的庄子，甚至让他的同道前辈列子“御风而行”（《庄子·逍遥游》）。南朝梁人任昉显然是受了庄子的蛊惑，进而夸张地说：列子常在立春日乘风而游八荒，立秋日才返回其住所“风穴”（《述异记》）。因有此一说，后世同道者便把列子列为神仙，还被崇尚道教的唐玄宗追封为“冲虚真人”；真人遗留在世间的著作《列子》，也被道家称为《冲虚至德真经》。但是，御风和羽化诸如此类的“冲虚”手法，并没能带领饿得身轻如燕的庄子克服万有引力，扑棱着翅膀进入天空逍遥。

于是，庄子遂将人生的宏伟愿景寄托于“鲲鹏”，在梦境中抟扶摇直上九万里。“北冥有鱼，其名为鲲……化而为鸟，其名为鹏。”（《庄子・逍遥游》。）

灵魂滋生了翅膀，翅膀扇动了灵魂。我景仰王蒙的青春万岁，王蒙向往庄子的快活享受（王蒙著有《庄子的快活\享受\奔腾》系列），庄子憧憬列子的御风而飞，列子却提到了中国历史上第一双真实的翅膀：“墨翟之飞鸢，自谓能之极也。”（《列子・汤问》）

贵虚尚玄的列子所说的“飞鸢”，又称“鹞子”，并非道家梦游的神器，而是真实的飞行物——风筝。

务实的法家代表人物韩非子证实了列子的陈述：《韩非子・外储说》载，墨子在鲁山（今潍坊境内）曾“费时三年，以木制木鸢，飞升天空”。据说，墨子费时三年制造的风筝，就是在潍坊放飞的，潍坊至今传承了精致的风筝制作工艺，成为驰名天下的风筝之乡。

三

墨子是谁？

借用陈丹青比喻木心的话说，墨子是中国文化思想史上的“不明飞行物”。

没人确切知道墨子的姓氏、里籍、生卒年月，来自何方。有人说他是郳国人，有人说他是宋国人，有人说他是楚国人，有人说他是印度人……总之，在先秦诸子中，墨子是个争论不休的谜。他的身世甚至比老子还神秘，以至于太史公也只是在《孟子荀卿列传》篇末轻描淡写地提了一句，而且只用了 24 个字：

“盖墨翟，宋之大夫，善守御，为节用，或曰并孔子时，或曰在其后。”（《史记》）

近代学者孙诒让曾试图澄清这段悬案：“墨氏之学亡于秦季，故墨子遗事在西汉时已莫得其详。太史公述其父谈论六家之指，尊儒而宗道，墨盖非其所憙。故史记捃采极博，于先秦诸子，自儒家外，老、庄、韩、吕、苏、张、孙、吴之伦，皆论列言行为传，唯于墨子，则仅于孟荀传末附缀姓名，尚不能质定其时代，遑论行事。”（《墨子闲诂・附录・墨子传略》）

粗通历史的人都知道，春秋战国时期最大的显学非儒即墨。然而，正如孙氏所说“墨氏之学亡于秦季”——秦始皇统一六国后，墨家便集体失踪。

轴心时代如此轰轰烈烈的一脉哲学流派、一群人物和一段历史，居然蒸发得干干净净。这种现象令许多学者疑窦丛生。按说汉朝距东周并不遥远，为什么司马氏支支吾语焉不详呢？孙诒让从价值取向上猜测说：司马迁倾向儒、道，可能

从心里反感、抵牾墨家思想。出于对墨学的景仰，甚至有学者怀疑司马迁体制内写作的御用动机。种种揣测与质疑，不知道是否委屈了太史公。史实告诉我们，前有“秦火”洗劫，后有“尊儒”的白色恐怖，墨家在劫难逃。

《庄子·天下篇》肯定了墨子“以自苦为极”，盛赞“墨子真天下之好也，将求之不得也，虽枯槁不舍也”。法家甚至承认他们的学说中有不少是“墨者之法”；儒家经典《礼记》中的“大同”思想，也与墨家的理想最为接近。这样看来，墨家在当时还是很有人缘的，天有时，地有利，人也合和，应该是延绵千古才是。但是，由于墨家曾经系统地抨击过儒家，上层社会想必是早把它从主流意识形态中区隔出去了。

近代早期共产主义者蔡和森曾说过，墨子的理论与“马列主义”近似。当代社会评论家仲大军认为,墨学类似先秦时期的“平民共产主义”。墨家“非攻–反战”思维，无疑是横亘在集权专制统治道路上的巨大障碍，不除掉墨家，秦始皇就不能统一六国。同理，如不实施董仲舒“罢黜百家，独尊儒术”的治国方略，汉武帝也就无以钳制自由民主思想，中央集权的专制帝国恐怕是难以长治久安的。

更要命的是，墨子所言“天志明鬼”，用今天的话说，就是天有意志，天爱民，君主若违天意就要受天之罚。此论与当今之天赋人权、自由宪政何其相似！这表明古代中国比美国至少早两千年发布《人权宣言》。在“尚同”篇里，墨子反复强调了“选天子”的思想。墨子说：从天子、诸侯国君到各级正长，都要“选择天下之贤者”可来充当；人民与天子国君，则都要服从天志，发扬兼爱，实行义政。你瞧瞧，这样的思想何止是呐一声喊、发一通牢骚那么简单？岂不是要彻底捣毁封建帝王家族世袭制、颠覆统治集团的既得利益、“剥夺剥夺者”？这不由得令人想起《共产党宣言》的第一句话：“一个幽灵，共产主义的幽灵，在欧洲大陆徘徊。”如果听任墨家“尚同”“尚贤”思想泛滥，民智一旦苏醒那还了得？要知道，为民请命的墨子可不仅仅是一个单纯的思想家、哲学家，他还是一个风风火火、雷厉风行的实干者、重象尚器的著名社会活动家。

何况，墨家团体又是一个勇于献身、富有宗教式狂热的组织。墨子广收门徒，组成了一个组织严密和纪律严明的团体。墨家的最高领袖称为“巨子”，组织成员大多来自社会下层，自称“墨者”。墨者必须绝对服从巨子的领导和指挥，赴汤蹈火在所不辞。因此，刘安等人在《淮南子》一书中说：“墨子服役者百八十人，皆可使赴火蹈刃，死不还踵。”“服役”一词，是不是说墨者还有一套加入组织、服膺于“巨子”的严密程序呢？

墨子名义上讲“尚贤”，其实是指“利他”。墨子所说的“贤”就是“有力者疾以助人，有财者勉以分人，有道者劝以教人”；“尚贤”旨在实现“饥者得食，寒者得衣，乱者得治”的社会理想——“将以为万民兴利除害，富贵贫寡，安危治乱也”。所以，儒家崇尚的“仁”到了墨子这里，便直接与“利”相缩了。墨子说：“仁人之事者，必务求兴天下之利，除天下之害。”此种理想生发出来的行侠仗义、急人之难、拔刀相助的精神，恐怕足以危及专制统治，民主共和政体或可在尚同、尚贤思想中正常孕育。《庄子・天下篇》说，墨家学说把“义”解释为“利”不符合人情，有悖常理，或说不符合中国国情，一般人难以做到。看来，庄子小瞧了墨家，墨子虽然谈仁义，但实质却是在讲“利”——他所要建立的利他主义的大同世界，正是人类理想社会形态的雏形。中国历史上号称“革命”的大小运动、思潮、举义，有哪次能超出这样的胸怀和境界，又有哪次不扯出这般旗号来召唤民众呢？这样的一种胸怀和境界，在2400年前的中国，犹如一只腾空而起的飞鸟俯视万物，是一次空前绝后的自由灵魂的飞扬。

“现在是共产党人向全世界公开说明自己的观点、自己的目的、自己的意图并且拿党自己的宣言来反驳关于共产主义幽灵的神话的时候了。”（《共产党宣言》）马克思的这句话，内力充沛，信心十足。借此可以弱弱地反衬一下墨子当时的意志和气场，揣度一下敌对者压迫的力度与决心。我如此浅薄的臆想，虽说与墨子“兼爱”的普世襟怀大相径庭，但客观局势是，卧榻之旁，岂容他人安睡；你爱他人，他人未必爱你。由此可见，无差等的博爱在中国是行不通的，敌我友终归是要分清的。因此鲁迅决绝地痛下决心，“一个都不饶恕”。在这种致命的交互式胁迫的情势下，墨家不乖乖地退出历史舞台才怪呢。

事实上，墨家的集体失踪与专制王权愿景的达成是同步进行的：昙花一现的“平民共产主义”被联合绞杀，中国彻底告别了民主共和政体。

我个人臆测，主宰中国数千年的儒家是不是民族文化史上的一个阴谋？在这场阴谋面前，作为阳谋的墨家显得如此无力。然而，民族在繁衍，文化在递延，谁能说往后的更多时日，墨家不会撕开遮蔽、浮出水面，透析为一场更深刻的显学呢？近人陈独秀认为：“假若墨学不绝，汉以来的历史绝不会如此。”今人仲大军也由衷感慨：如果墨家这一群体和这一思想不遭遇来自外部的野蛮力量，汉民族可能会选择一种相对民主自由的政治制度和生活方式，中国的历史也可能会是另一种样子。

四

拨开层层历史迷瘴，根据现有的史料隐约可辨：

墨子（约前468—前376年），名翟，鲁人，著有《墨子》一书传世。墨子是战国时期著名百科全书式的哲学家、思想家、教育家、科学家、军事家、社会活动家，先秦唯一能与儒家学派抗衡的“显学”——墨家学派的创始人，小工业者的代表。《墨子》一书涉及政治、哲学、伦理、逻辑、军事、教育、宗教，以及力学、光学、声学、几何学、工程技术和现代物理学、数学的基本要素，尤其是最早提出的小孔成像和微分原理，无不凝聚着墨子的科学精神。依据《列子》《韩非子》只言片语可知，墨子的“飞鸢”是当时科技成果的标高。

史载，平民出身的墨子曾学习儒术，因不满“礼”之烦琐，另立新说，聚徒讲学。作为儒家的反对派，自称“贱人”的墨子剑走偏锋，选择了平民路线，与儒家的“王道”“君王之术”格格不入，墨子因此被誉为“平民圣人”。“贱人”却又高傲地声称“今翟上无君上之事，下无耕农之难”，似乎又兼有“士”的成分和身份。

这样的一个人，自然能够始终保持劳动者的本色，自甘清贫，乐于献身；又能够以“士”的身份，站在时代的前列，行侠仗义，无私无畏。在墨子的思想体系中，始终坚持的是民本思想，即以普通民众为原点，坚持从“兼爱”一个中心出发，进而衍生出“节用”和“尚贤”两个基本点，以及“尚同”“非攻”“非乐”“非命”四项基本原则，外加节葬、天志、明鬼三条准则，共有十项主张。

十项主张，条条代表最大多数下层人的利益，代表先进的生产力，代表民主政治新文化，条条闪烁着智慧的燧光，条条击中儒家的要害。也因此，墨子很容易招惹儒家厌烦。

比如，墨子讲兼爱，“爱人若爱其身”，爱应该在平等的基础上不分等级、不分远近、不分亲疏地爱天下所有的人；墨子认为社会上之所以出现强执弱、富侮贫、贵傲贱的现象，是因天下人不相爱所致……这些话，与儒家的“仁学”体系迥然相异——儒家的“仁”只爱自己认识的人，儒家的“三纲”进一步强调等级关系。这让孟子听了就很不高兴，于是跳脚骂道：“杨氏为我，是无君也；墨氏兼爱，是无父也；无君无父，是禽兽也。”（《孟子·滕文公下》）把亚圣文绉绉的奚落式语录译成白话就是：小黑哥，你竟把陌生人当成自家的亲爹疼爱，不等于是禽兽吗。

儒家自《论语》首创微博体、警句式文本以来，就惯于碎片化晒心情，师生间旁若无人地加粉点赞，向来不讲什么逻辑，所以会用这种推理将“兼爱”推给了“禽兽”，想必是气坏了吧。

孙中山大约觉得孟子们只讲有差等的爱，缺乏“普世价值”，于是公正、公平、公开地评议道：“古时最讲爱字的莫过于墨子。墨子所讲的‘兼爱’，与耶稣所讲的博爱是一样的。”英国史学家汤因比也曾高度评价墨子：“把普遍的爱作为义务的墨子学说，对现代世界来说，更是恰当的主张，因为现代世界在技术上已经统一，但在感情方面还没有统一起来。只有普遍的爱，才是人类拯救自己的唯一希望。”

说到这里，千万不要以为孟子与墨子观点相左，就断定两人有什么个人恩怨。其实，在很多场合，圣人之间常常是颇为默契的。比如，孟子赞美“墨子兼爱，摩顶放踵利天下为之”。你看，骂归骂，孟子还是很挺墨子的。又如，孟子的“民贵君轻”“君之视臣如土芥，则臣视君如寇仇”观点，与墨子的平民立场就很接近。再如，孟子的“安贫乐道”与墨子的“甘于清贫”也是不谋而合。

儒家说，乐天知命。墨家说：非命。“乐天知命”的好处就是凡事都想得开，性情豁达，知足常乐；坏处是缺乏主观能动性，逆来顺受，乐不思蜀。而“非命”，则是否定天命，主张事在人为。否定天命，实质上也就否定了老天爷的庇佑。“非命”其实是呼唤民众融入忧患意识。

由此可见，儒墨两家骨子里的分歧。在轴心时代，双方一直争议不休。在吵吵闹闹告一个段落之后，孟子还是接受了“非命”的先进理念，提出“生于忧患，死于安乐”（《孟子·告子下》）的著名观点。

君子和而不同，小人同而不和。真正的对手，就是这样的气度！

然而，儒家的说与做，毕竟是两码事。所以，孟子一面标榜“安贫乐道”，一面在葬母这件事上并不含糊。他选用上等木材制作精美的棺椁，连门下弟子都觉得孟老师是不是太奢侈了。可孟子却说厚葬“非直为观美也”，而是为了“讲礼尽孝”。亚圣既然这么说了，厚葬便被冠以礼、孝之美名，左右了中国几千年的丧葬风俗，弄得穷人病了死不起，死了葬不起。此时，墨家再次站在穷人的立场上，针锋相对地提出了“节葬”的主张，认为“厚葬”“久丧”会弄得“匹夫贱人死者，殆竭家室”，不利于发家致富奔小康，也不利于社会和谐、国家长治久安、民族复兴崛起。

针对既得利益集团“亏夺民衣食之财”的骄奢淫逸之风，墨家还提出了“节用”“非乐”的主张。

“全世界受苦的人，满腔的热血已经沸腾，要为真理而斗争……”“从来就没有什么救世主，也不靠神仙皇帝”——这句著名的歌词，其实不用那么啰唆，译成古文只需两个字：

“尚力。”

既然倡导“非命”，理当崇尚人力，充分肯定人力在社会生活与改造自然过程中的作用。只有充分重视人类自身能力，才能挖掘人类主观潜能，创造人间奇迹。墨家“赖其力而生，不赖其力则不生”的主张与儒家“劳力者食人，劳心者食于人”的思想，孰优孰劣，早有分教。

孔子说：“骥不称其力，称其德也。”意思是千里马的价值不在于日行千里之“力”，而在于性情善良听从驱使之“德”。孟子则从王道出发，否定了“以力服人”，肯定了“以德服人”。在两位圣人的谆谆教导下，儒家知识分子重视道德伦理，忽视力量、心智，对中国传统文化不能说没有产生消极影响。

儒家主张“君子动口不动手”“坐而论道”；墨家主张勇于“动手”“起而行之”。对此，《战国策》《淮南子》曾不约而同地赞佩墨子“重茧而不休息，裂裳裹足”的“力行”精神。

听说公输班正在“为楚为云梯”，准备攻打宋国，墨子不是坐在家里评头品足，也没有跑去宋国空口说白话献计献策，而是第一时间直赴源头去灭火。他匆匆起身，去了楚国。

见到了楚王和鲁班，墨子并没有讲兼爱、非攻的大道理，而是用自己“守御”的实力来说话。他当着楚王的面，用沙盘推演、化解了鲁班的攻城战术。

临了，鲁班狡黠地说：“我还是知道该怎么办。”

墨子答曰：“我知道你的办法，所以我已经教会了三百弟子抵达宋国。”

楚王只好放弃了攻打宋国的计划。

中学课本里收录了这篇文章。易中天在重读到这篇课文时，概述了墨子的三种人文精神：反战精神、侠义精神和实践精神。一个鲁国人为救宋国，非亲非故，千里迢迢，十天十夜不停步，赤脚奔向楚国都城，实在是一个“毫不利己，专门利人”的人。鲁迅谈到墨子，也很敬佩他的和平主义和侠客精神。在《中国人失掉自信力了吗？》这篇文章里，鲁迅说：“我们从古以来，就有埋头苦干的人，有拼命硬干的人，有为民请命的人，有舍身求法的人……这就是中国的脊梁。”

鲁迅所说的“脊梁”，我想，墨子当之无愧。

五

“读孔得仁，读孟得义，读墨得力行”，易中天在《我读先秦诸子》一文中如是说。我个人认为，易先生强调实践精神固然没错。坐而论道，不如起而行之；临渊慕鱼，不如退而结网。但中国不仅需要反战精神、侠义精神和实践精神，更需要严谨思维、创新意识、科学精神，以及超越时代的批判力。

黎鸣读墨，就读出墨子逻辑思维中科学严谨的态度。

墨子在中国逻辑史上第一次提出了“名（概念）”“辞（判断）”“说（推理）”等逻辑概念和“别同异，明是非”的思维法则。由这一法则出发，墨子进而建立了假言、直言、选言、演绎、归纳等多种推理方法，墨子以“耳目之实”的直接感觉经验作为认识的唯一来源，认为人的知识来源可分为闻知、说知和亲知，强调要“循所闻而得其义”。这种把知识来源的三个方面有机结合起来的方法，使墨子的“辩”（逻辑学）形成一个严谨的体系，在中国古代逻辑思想史上独树一帜，与古希腊的亚氏逻辑学、古印度的因明学并立。

自称“哲学乌鸦”的当代学者黎鸣分析说，墨子的真实、老子的真理、孔子的真诚，是中国人文精神的三驾马车。在诸子百家中，只有墨子堪称真正的哲学家，是中国的“亚里士多德”。老子大隐隐于市，道家精神变成了中国人的另外一种隐形人格。在儒家作为中国主流文化思想之后，由于缺乏“真实”和“真理”的支撑，“真诚”就难免陷入伪真和伪善。黎鸣认为，整个中国古代思想的突出成就，唯一可以与其他民族鼎立的精髓，就是中国人自己的逻辑思想。黎鸣先生的高论虽然有些偏颇，但《墨经》中的《经上》《经上说》《经下》《经下说》《小取》《大取》六篇文章，的确奠定了中国逻辑学的基础，是中国人的骄傲。

一千个读者，就有一千个墨子。余秋雨读墨读出了中国特有的“黑色哲学”，不论是为文还是穷理，都算是另辟蹊径，别有色调。余先生说：

“我觉得孔子是堂皇的棕黄色，近似于我们的皮肤和大地，而老子则是缥缈的灰白色，近似乎天际的雪峰和老者的须发。我还期待着一种颜色。它使其他颜色更加鲜明，又使它们获得定力。它甚至有可能不被认为是颜色，却是宇宙天地的始源之色。它，就是黑色。”（余秋雨《黑色的光亮》）

余先生恭敬地接近了这陌生的黑。其实，黑对中国民众来说并不陌生，李宗吾先生早有专著论述。文明层叠的厚，就是本质的黑。中国数千年文明史，越是透明、光明，一片璀璨，层叠在一起就越发透出一份黑的光亮。余秋雨用《黑色的光亮》为题来写“墨”，恰如其分。

可是，墨子对颜色自有分解。《所染篇》说得很清楚：“子墨子见染丝者而叹曰：染于苍则苍，染于黄则黄。所入者变，其色亦变，故染不可以不慎也！”相传，墨子老年隐居于鲁山县熊背乡，并卒葬于此。鲁山有墨子隐居的遗迹“黑隐寺”，

在当年传说墨子成仙的“南天门”,还有尊奉墨子的墨王庙遗址。现存有“土掉沟”（墨去土即为黑）、“黑隐寺”“坑布崖”“墨子城”等遗迹。至今，鲁山县仍流传着关于墨子的民谣：

黑泥捏个墨子王。
披发头，大脸膛，
橡壳眼，高鼻梁。
一身黑衣明晃晃，
皂角大刀别腰上。
赤巴脚，奔走忙，
肩上挎个万宝囊。
野鸡翎，发里藏，
天下污浊一扫光。

民谣的真实性或可打折扣，但民谣中直映的墨子与黑色的关联却是值得深思的。对于墨子来说，黑是未明，黑是黔首，黑是底色，黑是任侠；黑是自贱，黑是自律，黑是自在，黑是自强；黑是通透，黑是普适，黑是智慧，黑是水德。借用老子的话来说，水利万物而不争，处众人之恶几于道。近代学者钱穆在《墨子传略》一书中，从“墨刑”的角度展开研究“墨”。认为“古人犯轻刑，则罚作奴隶苦工，故名墨为刑徒，实为奴役，而墨家生活菲薄，其道以自苦为极。墨子和弟子们都‘手足胼胝，面目黧黑，役身给使，不敢问欲’，人人皆可使‘赴蹈刃，死不旋踵’”。在《故事新编》里，鲁迅同样表现出对黑色的浓厚兴趣。比如，他写正面人物似乎都跟“黑”有关。墨子是“乌黑的脸”，大禹是“面貌黑瘦”，而跟随大禹治水的也是“一排黑瘦的乞丐似的东西，不言，不笑，像铁铸的一样”。

当然，将人物的“黑”和墨家的精神相联系，难免有些牵强附会，不过，如果把“黑”当作一种鲁迅所说“铸铁”的精神象征，还是值得品味的。

存在的虚无或者虚无的存在，一切隐藏在时间背后的本色终究会向这个世界指认真相。当时光隧道将绚丽滤去色彩、将标高抚平刻度，唯有黑暗可以从远古接续到未来，闪烁着铸铁的光亮。

六

墨子缘何以“翟”命名？这还要从汉字“曜”说起。

远古先民习惯将飞鸟与太阳联系在一起，“曜”字就是“翟”加上“日”构成的会意字，其字象大有日照大地的韵味；古人借鸟羽的光亮比喻太阳系的成员，将日月以及金木水火土称为“七曜”，想象力可谓丰富。

据考证，墨子的故乡目夷国，位于今天山东滕州木石一带。史学家认为，目夷即墨夷。墨夷应属于远古东夷文化的分支。东夷文化有两大特征，第一是太阳崇拜，第二是飞鸟崇拜。在我国古代，鸟和太阳联系在一起是光明的象征。太阳俗称金乌、三足乌，古人有时干脆就用鸟来表示太阳。从生物学的角度看，鸟的体温高于人类，是阳性的代表。我老家属于远古东夷文化区，至今乡人仍把男根称为鸟（鸟即屌，类似水浒人物李逵的粗口）。我老家古称郁洲（疑为羽洲），西南方向有羽山、羽渊，均与鸟有关；隔河相望的锦屏山，有距今约 7000 年的将军崖岩画，著名考古学家苏秉琦称之为“我国最早的一部天书”，岩画中光芒四射的太阳神图符、人面羽状饰物，都是鸟崇拜、太阳崇拜的远古遗存。连云港、日照、海州湾一带古称少昊之墟，是远古时日神羲和部落的后裔，以至于山东老乡郯子说：“我高祖少皞（昊）挚之立也，凤鸟适至，故纪于鸟，为鸟师而鸟名。”（《左传·昭公十七年》）春秋战国时期，墨子故里想必同样保留了鸟图腾崇拜的风俗。

但是，在齐风鲁韵的熏染之下，墨子乡里深受儒家影响，以至于爱凤凰甚于爱野鸡。所以，他们为墨翟的名讳附丽了一段美好的故事：传说墨子出生时，他的母亲梦见一只美丽的凤凰落在了房顶，因之用凤凰的别名给墨子取名为“翟”。元代伊世珍《琅环记·贾子说林》的记载与民间传说如出一辙：“其母梦日中赤乌飞入室中，光辉照耀，目不能正，惊觉生乌。”据说，乌即翟，是凤凰的别名。不知是小说《琅环记》在先，还是民间故事在先，总之传说都是美好的。但问题是，“自贱”的平民圣人墨翟，是否想过自己会与凤凰扯到一起。我深信，他宁可做一只不受豢养的展翔的野鸡，也不会攀附虚头巴脑的凤凰。不过，无论如何解释，憧憬自由的墨翟和鸟有关，这是毫无疑问的。因此，墨子以“翟”为名就顺理成章了。

中国人对于鸟的青爱，激发了他们飞翔的热情，也驱使他们为鸟创造了很多与之相关的人文动词，比如“禽”和“笼”。“禽”是“擒”的本字，甲骨文写作[甲骨文]或[甲骨文]，网罗或持网捕捉的意思。捕来的鸟经驯化变成家禽——凡可驯化的动物，都是可以驯化的；不可驯化的动物，各有不可驯化的无奈——色声俱佳又不愿就擒的鸟，只好捉来笼养之。于是，最早的鸟笼就面世了。继而，智慧的中国人又发明了鸟笼的幕布——黑色的笼衣。自此，不驯服的鸟儿就有了黑暗自足的小天地，闲人雅士也就有了婉转鲜活的留声机。鸟笼的发明标志着文明的进步，因此鸟笼作为中国文化符号，代表中国人一整套行之有效的鸟笼教育体系、道德规范。

“世界就像是一个广场，如果只知道左右，而忘了站在高处低望，是很难找到方向的。”（《自由在高处》）大概是深受米什莱的影响，熊培云如是说。惯常陷入横向思维模式的我等，看来的确缺少“向上的维度、个体的维度、神经的维度和时间的维度”。墨子当属于中国人中罕有的能超拔于时代苦难之上的人。他从“黔首”出发，用良知与智慧的尺度衡量人生，最终获得了灵魂的自由飞翔。我想，墨翟也许正是熊培云笔下那只关不住的鸟，“因为它的每一片羽毛，都闪着自由的光辉”。

燕子

庄子看燕子，燕子也看庄子。

他们对视良久。然后，庄子说，能够在房檐下与人类和睦相处，难道不是一种大智慧吗?

庄子的感慨，从两千多年的高度滑翔到今天，一下子就触动了一位叫格致的女作家。女作家以庄周体哲理散文的笔法，别致地解读燕子：

人类是一种你不能离他太远，又不能离他太近的动物。……只有燕子看懂了人类，摸透了人类的脾气。又亲近人又不受人控制，保持着自己精神的独立。于是人便像敬神一样敬着燕子（格致《庄周的燕子》）。

老实说，这是我读过的关于燕子的最美的文字。美就美在女作家一语惊人，透析了生命“褶皱”里所遮蔽的人性，点出燕子智慧的核心。

“燕子智慧的核心是什么？那就是距离。”

格致说的“距离”，一头挽着“信任”，一头拴着“独立”。无信任，则无以亲近；无独立，则无主体的自主意识。所以，女作家说：

燕子是最狡诈的动物，它控制人类的第一招就是信任。它将自己最脆弱的那一环——巢及卵放到了人居住的屋檐上。……但燕子第一招奏效之后，马上智慧地拉开了同人类的距离。它马上把自己从同人类的亲密接触中抽身出来，落到了人类够不到的树枝上，保持着自己的独立（格致《庄周的燕子》）。

距离产生美。当女作家从庄子的视角，细腻地解析燕子的处世哲学时，我正试图从字理的角度，打量汉字“厌”的审美半径，思忖“厌”与“不厌”究竟保

持多大的距离，才是人性美的边际和极致？

我想，从物象到字象，古人造字不仅要造形，还要将口语里一个鲜活的读音托付给这个字形，以至于略去"隐喻"的语境，省却"转喻"的环节，达到音形义在共同生活经验中的合和，才能准确表达一个族群的共同情感。

从具象到抽象，再从抽象到具象，汉字的发生过程是先民形象思维与逻辑思维完好榫接的"物化"过程。这是一个艰辛的心路苦旅，同时也可能是一个吃力不讨好的潜意识再现的过程。

因为，汉字的使用者会全然不顾造字者的各种细思量，径直把字形撇开，单纯从语言符号的角度，浅陋地使用这些意蕴深邃的汉字。比方说，"燕"与"厌""恹"既然同音，则必有其相似义理的投影，而其中的玄机与智慧，恰恰被人们忽视了。

在人类"厌烦"的半径之外，燕子从容飞入寻常巷陌，供人们不远不近地阅读。但是，古往今来，能在不远不近中真正读懂燕子的人，到底有多少呢？我个人认为，除了哲学家庄子外，还有一位，就是小说家施耐庵了。

在《水浒传》中，施耐庵借笔下塑造的"燕青"形象，表达了"不远不近"的人生观。燕青虽然直到第61回才第一次亮相，但他一出场就成为全书后60回的核心人物。他以"仆人"的身份登场，却没有哪位梁山好汉能像燕青这样自由主宰命运，做自己的主人；他以"平民"的身份退场，却连赵皇家的御妓也甘愿抛却富贵随其私奔。

我在经历人生大半时光之后，重读了《水浒传》，重读了燕青。

作为宋代杰出的草根外交家、中国好声音入围选手、洞箫演奏家、神射手、柔道九段、刺青美少年——燕青，是当之无愧的全媒体综合型人才。征方腊大功既成，在梁山众好汉凯旋之时，燕青一个漂亮的燕子转身，飞向本属于他的天空，带着他向往的"师师"和远方，继续他的天涯路。

青白简约，收放自如。燕青端的是人中"候鸟"，来得适时，去得合时。尤其是在与其主人——名震河北的玉麒麟卢俊义的比照中，同是"燕人"，结局却有天壤之别。

个性如斯，命运如斯。看似宿命，其实是施大爷的精心织造，其中寄托了作者对燕青的厚爱、对人生世事的洞明。当然，施大爷的哲学认知、美学体验水准，如果仅限如此，《水浒传》断不可能跻身于四大名著之列，成为中国人的必修课。

《尔雅》："燕燕，鳦。"

《说文》："乙，燕燕，乙鸟也。齐鲁谓之乙。取其鸣自呼。"

古人称燕子为鳦，又作乙，“乙”就是燕子的代称；而施大爷笔下的燕青，姓燕名青，还有一个昵称，唤作“小乙”。续接千年文脉，施大爷对中国最早的字典《说文》和中国最早的词典《尔雅》，想必是烂熟于心。这位大学问家借助燕青的字号，为我们留下一条感受燕子神话力量的线索。

燕为象形字。甲骨文（燕），摹写的正是一只身长口小颔大、尾巴剪形的候鸟形象。在中国民间俗信观念中，燕子历来被视为“请子之鸟”，“嫁娶之象”，“有孳之祥”，“其来主为孚孔蕃滋”。

小燕子穿花衣，年年春天来这里。燕子们总是在万物复苏、春情萌动的时候来到我们身边，所以，切换到“天人合一”的思维模式，燕子成为报春的使者、孳乳繁育的象征，也就成为必然。《逸周书·时训解》甚至认为：“玄鸟不至，妇人不娠。”把“玄鸟不至”的物候反常现象，视为“妇人不娠”的先兆。由此可见，“乙至而得子”的信仰观念，在古代是多么深入人心。正因为玄鸟为“开生之候鸟”，所以古人才在玄鸟之日祀高媒，会男女，从事祈子活动。

由此观之，国人之所以“像敬神一样敬着燕子”，看来不仅仅是因为燕子恪守“距离美学”——仅限于从“信任”与“独立”的层面解读燕子，是不足以说明中国人不烹食、不笼养、不厌烦燕子的深层缘故的——人与燕子之间，原来是隔着一条神学禁忌、原始信仰的鸿沟。

“天命玄鸟，降而生商。”《诗经》中的句子，说的就是东夷民族的原始信仰。传说简狄有一天和闺密一起戏水沐浴，正玩得起兴，突然一只练过杂技的燕子（玄鸟）在飞行过程中做出了一个高难度的动作——高空生了一枚蛋，而且不偏不倚地被正在沐浴的简狄捡到。简狄一时食指大动，就把蛋给吃了。这一吃不要紧，从此，简狄的肚子一天天涨大，十个月后，产下一子，这就是商朝始祖契。契是简狄吞食燕子（孵）所生，以“子”为姓。燕子因此成为商部落的图腾，受到商人的膜拜。

这种超验的神话思维表象，至今保留在“孔”“乳”等字的会意构型中。《说文》：“孔……从乙从子，乙，请子之候鸟也。乙至而得子，嘉美之也。”许慎的意思是说，“孔”字描述的是“乙至而得子”的原始意象。孔与商人的关系，自此也就固化为一个穿越千年的神话。以至于至圣先师孔子，也说自己是商人后裔，并用自个儿的名讳，为神话传说做了注脚。

《说文》云：“人及鸟生子曰乳，……从孚，从乙。”孚即从“爪”，从“子”，为以手取子状，意为得子。可见，“乳”字本义亦为“乙至而子”，蕴藏“请子”“得

子”与“乙至”之间的神秘联系。

燕燕于飞，
差池其羽。
之子于归，
远送于野。

从《诗经》的制高点上起飞，穿行于乐府民歌、唐诗宋词，燕子播洒的文化春雨，一直滋润着中国人情爱的心田。作为春雨的动词，在“燕”字的根系上，“燕好”“燕狎”“燕昵”“燕尔”“燕会”等词义，如雨后春笋茁壮成长。于是，在诗人眼中，燕子双飞恰好是最明媚情爱的象征：

你是一树一树的花开，是燕 \ 在梁间呢喃 \——你是爱，是暖 \ 是希望，你是人间的四月天！（林徽因《你是人间的四月天》）

龙

欧洲人不愿意做大地上的匍匐者，要做长翅膀的神。所以，他们热爱天空，愿意把灵魂交给翅膀，不仅为安琪儿插上了漂亮的羽翅，还为他们不喜欢的龙一色儿装上强大的肉翅。

中国人是“意象派”诗人，他们像艾青那样吟诵：“为什么我的眼里常含泪水？因为我对这土地爱得深沉……”所以，敦煌飞天没长翅膀，仅凭一根飘带寄托中国人飞翔的梦想；被视为万能之神的中国龙，虽然也能上天入地，但它使的不是翅膀，而是腾云驾雾的神话本领。

具象的翅膀，是西方龙的显著标识，也是中西方文化区别的标签：欧洲人在天空中展翅，中国人在意念中飞翔。

除了翅膀以外，中国龙与西方龙的本质区别在于：西方龙喷火，中国龙司雨；西方龙是邪恶的代表，中国龙是吉祥的象征。

尽管喷火的西方龙代表邪恶，但到目前为止尚未听说哪位西方伟大的母亲被恶龙强奸过（好像平民妇女也没有）。中国的情形就不同了。因为龙是瑞兽，主司风云雷电，能够呼风唤雨，而农耕社会靠天吃饭，以至于中国人攀附中国龙，中国龙宠幸中国人。

被宠幸的中国人于是与中国龙就有了说不清的暧昧关系。

比如，中国帝王自诩为“龙种”，他们的爸爸一般都是摆设；普通的中国人自称为“龙的传人”，只恨爸爸不是摆设。有好事者认为，龙生九子之所以个个不同，是因为龙的荒淫乱交。明代学者谢肇淛（zhè）在《五杂俎》中说：“龙性最淫，故与牛交，则生麟；与豕交，则生象；与马交，则生龙马；即妇人遇之，亦有为其所污者。”当然，中国人、神谱系混乱的原因不在于龙性最淫，主要在于有人自愿让自己的母亲“为其所污”，以换取“龙种”的殊荣。

历史上第一次称皇帝是龙子的，大约是《史记·高祖本纪》。太史公说：“（高祖）

父曰太公，母曰刘媪。其先刘媪尝息大泽之陂，梦与神遇，是时雷电晦冥，太公往视，则见蛟龙于其上。已而有身，遂产高祖。”这段话的意思是说，刘太公有幸目击老婆刘媪被蛟龙“宠幸”了。于是，公元前256年，太公收获了史上最显赫的一顶绿帽子，而刘媪的子宫则在传说中播下了一颗“龙种”。属蛇的刘邦说他爸爸是赤龙，没选大鸟（凤凰）或大虫（老虎）做始祖，如果不是别有用心，或者被逼无奈——应是与当时的图腾崇拜有关了。

梁山好汉九纹龙史进，是施大爷笔下第一个出场的大人物，金圣叹金大爷说这是个暗示：历史在前进。窃以为选择谁先出场，大概是与龙的至尊地位有些牵连，当然按此说，选择入云龙公孙胜、出林龙邹渊、独角龙邹润出场也合适，但无奈“九”在中国又是至尊、至大的阳数，毕竟人家史进身上有九条龙。

龙的形象的演变，犹如遗世的光盘刻录着古代中国各民族的融合和发展历程。据说，最早的华夏民族中，黄帝部落以龙为图腾，炎帝部落以凤为图腾，两族合并后，就以龙凤为图腾。欧美著名汉学家艾兰博士认为，在中国，由于神、祖先和鬼魂三者均被认为是死者的亡灵，神人之间没有本质的区别，不像西方世界存在一个圣俗区别极为严格的超自然的世界。中国的神灵主要与那些给他们提供祭品的人有关系，很少有人去考虑他们之间可能发生的交互作用，因此，“神圣的叙述”极少，代之而起的只是一些关于诸神曾为人时的生平故事。

国内学者认为，中国的图腾崇拜，既不像西方那样神化其自然的成分、弱化血缘的成分，转化为一种与人类血缘无关的宗教信仰，也没有像印度那样，神化其自然的成分、强化血缘的成分，将二者结合起来并转化为一种与宗教有关的种姓制度。中国的图腾崇拜选择了走中间路线：强化其血缘的成分、弱化其自然的成分，从而转化为一种与宗教信仰无关的世俗伦理。简言之，中国的原始图腾最终由自然神演变成中国人的祖先神，依中庸法则开辟了一条不同于西方和印度的不偏不倚的折中路线。关于世界文明演进路径的三种模式，陈炎有专文论述。早些时候，李泽厚也有类似的主张，认为“希腊文明走的是抽象思辨的道路，印度文明走的是追求解脱现世痛苦的解脱之路，而中国文化表现出对现世的实用性探求”。更早些时候，梁漱溟也说过：西方文化意欲向前要求，印度文化意欲反身向后要求，中国文化以意欲自为、调和、持中为其根本精神。

由此可见，在中国农耕文明土壤中孕育的世俗伦理、实用理性和折中主义的思维方式，为龙崇拜提供了广阔的文化心理空间。中国人既然将龙图腾与人的血脉传承混成一体，龙自然免不了化为世俗的工具，成为攀龙附凤者的宏伟愿景。

所以，中国人大多愿意让听众分享他们烜赫的家族史，这使得中国龙被历代刘邦们赋予了丰富的人文意蕴。“鲤鱼跳龙门”的传说和“望子成龙”的典故，都寄寓着人们对成为非凡人才的渴望。成才的渴望，又纵容了中国人怂恿中国龙滥施淫威，集体感染了斯德哥尔摩综合征。

尽管西方龙与中国龙有本质的不同，但专家们还是从纷繁复杂的差异性中找到了它们的共轭性，这就是无论在西方还是东方，龙的原型都来自于蛇。

《圣经》说，龙就是蛇。《创世纪》里，撒旦化身为蛇引诱夏娃偷吃了伊甸园的那只著名的苹果。《启示录》说：“大龙被摔在地上，大龙就是那古蛇，名叫魔鬼，又叫撒旦，是迷惑天下苍生的。”《圣经·旧约》中也多次提到龙源于希腊，被称为 Dragon，它被描述成很大的“海怪”，或者是“毒蛇”。

关于中国龙的原型问题，比较有影响的说法有：恐龙说、鳄鱼说、蜥蜴说、河马说、闪电说、蟒蛇说、彩虹说，还有猪说、马说、蚕说、鲤鱼说，甚至有人联想到了云、龙卷风、雷、电或者柏一类的植物等，不一而足。其中，比较靠谱的说法与西方保持了一致。著名学者闻一多在《诗与神话·伏羲考》中直截了当地指出：“龙主干部分和基本形态却是蛇。”殷墟出土的甲骨文，证实了闻一多的说法。

龙在早期的甲骨文中写成，活像一条张口（）曲身（）的蛇。内蒙古红山文化出土的身体呈 C 字形蜷曲的玉猪龙，长得也是蛇的样子。后期甲骨文龙（），在蛇（）的头顶加上了倒写的“王”（，斧头状，象征王权），表示龙头上生有王冠状的角，看上去仍然像蛇，只不过更像“蛇中之王”的蟒蛇而已。金文的龙（）与甲骨文大差不差，只是被细心地装备了利齿（），提醒人们小心其毒噬。

秦统一中国后，华夏大地形形色色的龙被统一为篆文（龙）。虽然依稀可见金文字形中倒置的斧头（表示权柄，后成为王冠），但已经被误为“辛”（）了，并在兽身（）上加上“匕”和反写的“彡”（，shān），表示龙足有利爪、背上有漂亮的鳍。隶书（龙）一错再错，将篆文的“辛（）”误写成“立（）”。楷书的龍（龙）则完全承袭了隶书。至此，龙的完形结构从简到繁，再从繁到简，折腾了三千多年。

在汉字动物园中，关于龙的实物原型的说法，还封存于“袭”与“聋”两个汉字中。

汉字“袭”，是由“龙”和“衣”合成的会意字。据考，龙衣其实就是蛇皮，可入药。蛇类爬行动物生长到一定阶段便会自然“蜕皮”，即从旧皮囊中爬出一条新蛇来。因此，表示蛇蜕的“袭”，有“沿袭”“承袭”“因袭”的意思，描述的是新旧事物之间脱不开的干系、事物生生不息的新陈代谢现象。同时，刚蜕皮的蛇更鲜活、更敏感、更饥渴、更有攻击力，故有“突袭”“袭人”之象。贾宝玉对此大约是感同身受，故以“袭人”为与他破天荒有肌肤之亲的贴身丫头小花儿命名。花袭，是一种咋样的感觉呢，不得而知。

汉字“聋”，在甲骨文中写作，由（左耳）和巨蟒（）构成，样子有点怪。金文将写成，由左耳变右耳。到了篆文时期，龙（）从金文的左右结构，依从于爷、爹、爸、翁、舅（“叔”的本义是豆类植物，不在此列）等男性词，变成了上下结构，标识龙的性别倾向，以区别于追求平等人权的女性词所呈现的左右结构，如奶、妈、姑、嫂、婶、娘、姨、嬷、妹、姐等。

鱼不语（鲁），蛇无耳（聋）。在古人的观念中，龙的原型“蛇”（俗称小龙）是一种没有“耳朵”的爬行动物。生物学家说，爬行纲的蛇类的确没有外耳及鼓膜，只能通过与脑颅连接的下颌方骨感知波的震动——由于没有听觉，蛇把世界定义为理性的枯寂，固然听不见我在这里胡言乱语。因此，用“龙耳”表达“耳聋”，其“所指”与“能指”都非常贴切。

在中国人看来，没有什么比眼睛更可宝贵的了，但古希腊人认为这十分可笑。柏拉图曾经尖刻地嘲讽感官知识，而大哲学家德谟克利特甚至弄瞎明亮的双眼，为的是“看”得更清楚。唱颂史诗的荷马，是史上最著名的盲人之一，古代文明的“听觉传递者”，相当于中国的“瞽人”、以耳为目的智者。“瞽”是“鼓（声义符）”和“目（形义符）”合成的形声兼会意字；瞽字以目为耳的“营造法式”表明，“鼓”不仅为声符，指示读音，还揭示了远古先民“因声义”造“概念”的“同音异义”的发育方法。但现代的中国人却认为“眼见为实，耳听为虚”，这表明中国人相信眼睛胜过耳朵。因此，中国人的“视写系统”比起“听说系统”来，要发达得多。

“听说器官（耳和口）”和“视写器官（眼和手）”都是人类交际最重要的器官，根源于这两者的语言和文字符号，也都是人类最重要的符号系统。语言是听觉的、有声的、在场的交流，而文字则是视觉的、无声的、不在场的交流。

西方人不喜欢龙（聋），与听力有关的有声语言就十分发达。因此，结构主义语言学大师索绪尔发明了“语音（逻各斯）中心主义”。中国人喜欢龙（聋），语言学就相对落后于文字学。我个人认为，中国压根就不需要语言学，因为汉字并不听任于语法的束缚——中国人创造了手（写）眼（视）通天的文字表意系统，以推迟“所指”的出场来呈现“所指”。这种言此意彼的无声表意方式，是古代中国对人类的巨大贡献。

耶稣说：“如果你有耳朵，请听我！如果你有眼睛，请看我！”这句话前半截是说给西方人听的，后半截是指给中国人看的。西方人听进去了，他们心中有了上帝。中国人不但听不见，还装作没看见；他们认为哪路神实惠有效就拜哪路，并不偏执于基督，或者佛陀。

“聋”不仅取象于龙，而且拟音于龙，这是一个比较典型的会意兼形声字。大自然隆隆的雷声振聋发聩，而昏聩的龙于无声处听出了“大音希声”的境界。在人神混居时代，雷声就是天威，就是神谕。隆隆的雷声如银瓶乍破，万马奔腾。惊恐万状的初民，在雷声中偷眼瞥见头顶闪现的那些千奇百怪的狰狞闪电，想必就陷入了早期自然崇拜的恐惧中。无知产生恐惧，恐惧触发慧根，一批与“雷”相关的汉字大约就在这惊魂未定的情绪中被炮制出来，比如虹、隆、龙、申（神的本字）、电等。可以想见，先民们用无形之手从天边采撷“虹（甲骨文写作 [甲骨文字形]）”之形，又模拟“隆”之声，创造了有模有样、有声有色的“龍（龙）”字。

在初民的恐惧中诞生的龙，却承担了摆脱恐惧、沟通人神的使命。于是，龙就有了“集美”的意象。它至少动员并纠集了9种动物参与到“精神长虫”的集体创作中来。这九种动物分别是蛇、牛、驼、鲤、鹿、虎、兔、鹰、蜃。依据《本草纲目》提出的“九似说”，我们可以想象到龙的大致模样：“头似驼、角似鹿、眼似兔、耳似牛、项似蛇、腹似蜃、鳞似鲤、爪似鹰、掌似虎是也。”“九似说”更早见于宋代罗愿所著的《尔雅・翼・释龙》，由来已久。

这种魔幻现实主义的创作手法，类似于拼图游戏，可与儿童画媲美，虽无章法可循却充满稚趣。马克思说，在世界各民族的神话中，希腊神话具有“永久的魅力”，马克思认为它是“人类童年时代”“发育得最完美”的“正常儿童”，“至今仍给我们以艺术的享受，而且就某些方面而言还是高不可及的范本”。相较于“正常儿童”来讲，中国则是个“早熟儿童”，“早熟”其实就是不成熟。在造神问题上，中国人既然不屑于走上西方文明的发展路径，中国的神系就不可能像希腊人创造的神谱那样，有缜密的谱牒、自成体系的血缘关系，这就使得中国的神普遍患有孤独无聊的集体症候，很难弄清三代以上的纵向传承，也

难以预测子息后裔的模样。为此，我们必须从福柯所说的“相似性”上予以横向补充，以求得心理上的平衡，同时还要借助于“变异”理论，在纵向传承上为龙种的纯度辩护。于是，许多动物的某些局部特征，被采集并折叠起来，最后形成一个变化万端、无所不能的庞大的灵兽，这就是“垄”断中国神坛数千年的中国龙。

由动物“明星联队”构成的龙，具备任何一个构成元素单体所没有的神威（1+1>2）。《说文》认为：“龙，鳞虫之长。能幽能明，能细能巨，春分而登天，秋分而潜渊。”《易经》则把龙视为一个卦象，比如“飞龙在天”的龙象是吉兆，“亢龙有悔”则为凶兆。在浩如烟海的古代典籍中腾云驾雾的龙，集中了中国人的智慧，统摄着中国人的观念，并将自然、人文的秘密封藏在与龙有关的文化习俗中，以供人们去崇拜和戏弄——从自封为“真龙天子”的历代帝王到自称为“龙的传人”的普通的中国人，千百年来一方面对龙顶礼膜拜，另一方面将龙和域外投奔而来的狮子一起，绑架到庙会或大大小小的节日上，极尽戏耍之能事。从中国人前恭后倨的崇拜与嘲弄中，细心的西方人看出了中国人心理的矛盾与心灵的痛苦。英国著名汉学家雷蒙·道森在《中国变色龙》一书中指出：富庶与贫瘠、发达与落后、聪慧与愚笨、美丽与丑陋、强大与虚弱、诚实与狡诈等等，都高度集中地投射在中国人关于龙的观念上：“中国更恰如其分的象征是变色龙，而不是龙。”

今人看到的“龙”，差不多是依据龙（龍）飞凤（鳳）舞的草书字形（）生造出来的，已看不出有“变色”的功能。这个时候，人们似乎已经从蒙昧中觉醒，从容舍弃“龍”的左畔（），取其右形（），再楷化成了俗体的“龙”字。逐渐清醒的后来者与活不明白的原始初民相比，显然已经学会了偷工减料，学会了遮遮掩掩，学会了假冒伪劣，学会了沽名钓誉。此时，原初的字道、字脉一如壅塞的河道恣肆漫漶，字形、字象如失聪的世界残缺不全。柏拉图说，科学加强了人类“昏暗的感官”。在科学昌明的今天，从被架空的“龙”字中，我们再也看不到天边高悬的美丽彩虹，听不到远古传来的隆隆雷鸣。

老实说，汉字的神奇就在于它以独特的字形、结构和功用（表音示义）三个向度，体现形、音、义相统一的生命文字，撇开或割裂汉字有机构成的诸多元素而简化的“龙”字，只会是一个僵化的符号。幸好，埋没了3300多年的甲骨文于百年前在河南安阳破土而出，让近、当代人有机会花上一个世纪的时间来疏浚壅塞的河道，沿着造字的河床追溯到远古源于自然崇拜的龙文化之源，还原其蛇的本来面目，以及蜿蜒而来的漫长曲折的 S（蛇）形演化路径——

所谓“龙”，无非是被国人集体笼（罩在竹器下的龙）络且宠（养在房舍下的龙）坏了的蛇图腾的升级版，是人类童年时期的梦呓、牲畜图像的总汇，甚至是庞（蜷曲在半掩蔽屋宇下的龙，极言其大）杂的兽类的泛称。

（原载于《西湖》文学月刊 2014 年第 6 期“汉字动物园”）

凤

没有起承转合，没有过渡的响板，凤凰乍然出现，又悄然消失。在现实的大地上，只留下可供人们凭吊的遗址——梧桐。佛家认为，凤凰焚身于所有的火焰，不生不灭、不垢不净、不增不减，以至于超脱生死，无所得，无所执，经 500 年轮回，转成人间期待。

在早期甲骨文中，凤（）头戴华冠（，权力象征），身披翎羽（），栩栩如生。面对这只美丽的大鸟，我们几乎无法怀疑超现实主义的现实存在。

古文字学者认为，凤取象于孔雀，来自于梵界。那些尾翎上的花斑，恰如半睁微垂的法眼，以睥睨万物的无边傲岸，标榜其出身不凡。也因此，除非你有一双超凡脱俗的法眼、省察入微的慧眼、半睡半醒的媚眼，才配得上在百鸟之王身上摩挲、驻留，把飘忽不定的感叹定格于风姿绰约的字象，超越时间的局限流传至今。譬如雕塑家将美诉诸缓慢生长的石头，印象派将美诉诸永不褪色的色彩。

哲学家崇拜耳朵，认为眼睛妨碍了宇宙精神的感悟；艺术家崇拜眼睛，认为色彩是艺术王国的图腾。

耳朵是谛听静虚的隧道口，眼睛则是艺术王国的入境处。因此，汉字“圣（聖）”与“听（聽）”的主体结构完全相同。中国最伟大的哲学家姓李名耳，婆罗门教“天启”的本义就是神示的“聆听”，《大森林奥义书》甚至宣称“耳朵是至高的梵”。而作为艺术家，凡·高愿意割下耳朵送给心仪的妓女，前提是不伤及宝贵而无辜的眼睛。传言说凡·高是色盲，这个传言也一直被大家用来解释为什么这位画家对色彩的运用会如此大胆。我个人相信“凡·高滤镜”存在的现实依据，天才画家的法眼，只有过滤一些色彩的杂质，才能析出不同凡俗的审美境界。

画家的眼睛，只有画家才能读懂。塞尚就曾经无限夸耀过莫奈的眼睛：“那是一双多么无与伦比的眼睛！”莫奈和凡人一样，“只有一双眼睛”，但从这双眼睛里，塞尚看到了莫奈世界，毕加索看到了塞尚世界。毕加索也曾夸耀过塞尚眼睛之毒:“人们通常没法集中注意力，因此会错过很多东西。而集中注意力，是塞尚成为塞尚的原因。”毕加索所说的注意力，首先是法眼的定力（或说是盯力）。

《山海经》的神秘作者，以莫奈式的眼睛敏锐地窥见凤鸟的头、翅、背、胸以及柔软的腹部等五个部位，无一例外地生长着绚烂的彩色羽毛。羽毛按照一定顺序排列起来，组成了五种美丽的花纹。目之所及，神秘的偷窥者还赋予这些花纹以道德上的象征意义:“首文曰德，翼文曰义，背文曰礼，膺文曰仁，腹文曰信。”

人文之初，造字者又以塞尚般的注意力，为“龙”（）、“凤”（）戴上象征尊严的王冠（），以标示它们与普通动物的不同。“非醴泉不饮，非梧桐不栖，非练子不食”，凤凰清高的姿态，据说只有盛世显圣或者具备五种品行（五德）的人，才有可能一睹尊容。所以，《山海经·海内经》又说:“有鸾鸟自歌，凤鸟自舞。……见则天下和。”意思是说，凤现人间，则美满吉祥，天下和谐。

《尚书·益稷》叙述了大禹举行治水盛典，邀请百兽率舞的宏大场景：夔龙主持音乐，众鸟兽载歌载舞，“萧韶九成，凤凰来仪”。意思是说，宴舞差不多快到高潮时，要大牌的凤凰来了。禹以及他的伟大臣民们因而得以领略凤的神采。据说，有幸瞻仰凤凰高洁之风仪者，除了禹众之外，还有伏羲、伯益和邹衍。史学家不知道出于何种隐秘，竟然让装神弄鬼的邹衍入列，却没让孔子一睹这件“皇帝的新装”，这让孔门弟子十分不快。好在伟大的散文体史书《史记》，追认孔子为中国历史上第一个被尊称为“凤”的人（《史记·孔子世家》），这才让尊孔者聊以自慰。其实，早在司马氏之前，孔门弟子就在自办发行的《论语》上称乃师为凤了。

事情是这样的：孔子游历楚国，楚人接舆唱道:“凤兮凤兮，何德之衰？往者不可谏，来者犹可追。”（《论语·微子》）也有人认为，这位楚国狂人把孔子比作“凤”明显有讽刺意味，言外之意是“落地凤凰不如鸡”。我个人认为，此说有失偏颇。因为在楚人看来，凤是至真、至善、至美的神灵，只有在凤的导引下，人的精魂才能神游八荒，翱翔九天。楚人屈原在《离骚》中曾咏叹:“吾令凤鸟飞腾兮，继之以日夜。”《史记·楚世家》记载的楚庄王以鸟自喻的故事，也提供了楚人尊凤的佐证——楚庄王以“三年不蜚，蜚将冲天；三年不鸣，鸣将惊人”的神鸟自喻，这神鸟其实就是凤。

另外一位楚人，一位用耳朵看世界的中国思想界的翘楚——老子，也曾以凤凰来比喻孔子。

据《庄子》记载：老子见孔子率弟子五人，问曰:“前为谁？”对曰:“子路为勇。其次子贡为智，曾子为孝，颜回为仁，子张为武。”老子叹曰:“吾闻南方有鸟，

其名为凤，……凤鸟之文，戴圣婴仁，右智左贤。”老子的意思是说：南方有一种鸟，名字叫凤，那凤鸟身上不但穿着华美的羽衣，还隐隐出现种种纹理：头上戴着“圣”字，颈下环绕（婴，环绕）“仁”字，左翅膀是“智”，右翅膀是“贤”。老子这个比喻，大概是默认凤凰“五德”与儒家的文化思想体系恰好吻合的玄机。老子既称孔子为凤，孔子则回赞老子为龙；老子讲“无为”，孔子讲“有为”；老子重“出世”，孔子重“入世”，儒道之间阴阳互补，毫无门户之见，携手共创中华灿烂文化。

据说，常人获取信息的总量，视觉占83%，听觉占11%，其他感觉约占6%。在人类进化的过程中，视觉直接获取信息，估计不会晚于也不会弱于听觉。所以，视觉对字符（书面语言）的敏感度，也不可能晚于或弱于对语音（口说语言）的敏感度。

早期甲骨文（凤），偏重于视觉效果的绚彩表现，而晚期甲骨文的“（凤）”偏重于听觉效果的梵音萦绕。所以，晚期甲骨文“凤”明显突破了视觉的藩囿，细心的文字学家注意到了“凤”字的右上角突兀出现了“凡（）”字符。我个人认为，凡（）字符并非表明凤之“非凡”，或者凤、风与凡字形体制的一致，而是为了突出凤鸣如天籁之声（，响器）。比如，晚于甲骨文的籀文“凤”，写成“”（鹏），以夸张的手法，在渲染凤凰华美长羽（）的丝绒质地上，试图建立起某种发声联想，仿佛神鸟展翅的瞬间轰鸣，令人怦然心动，引领今人的感官不得不逾越视觉的局限，即时调动听力，虔诚地倾耳聆听——籀文“凤”（），正是大鹏展翅（）的动态，有声意象——原来，先民巧借“一只大鸟振翅而飞”的物象场景，表现抽象的“风”的扇动与延宕。

在中国最早的书写体系中，凤、风、鹏的音、义相通，彼此指认，打通了视、听感官的隔阻，这种思维模式在世界语文版图上是独一无二的。

中国想象力最丰富的哲人、老子的继承者——庄子，在《逍遥游》中就形象地描绘了这只展翅的鲲鹏，以神来之笔再现了“抟扶摇而上者九万里”的秘境。许慎也试图在“凤”与“风”之间建立某种联系，《说文解字》说：“凤，神鸟。天老曰：‘凤之象也，鸿前麟后，蛇颈鱼尾，鹳颡鸳腮，龙文龟背，燕颔鸡啄，五色备举。出於东方君子之国，翱翔四海之外，过昆仑，饮砥柱，濯羽弱水，莫（暮）宿风穴。见则天下大安宁。’从鸟，凡声。”

许慎没见过甲骨文，当然无从知道“凡”既是声旁也是义旁。我个人认为，凡（）的本义乃“凡计盘算”之“凡”，并非“非同凡响”之“凡”。“凡”“盘”，在古代均为量器，也是礼器兼乐器；凡，其形如喇叭，约等于孔子说的“觚不觚”（大意相当于鲁迅所说的“国将不国”）的“觚”。在古人看来，乐器是可以信手敲响的任何东西，所以庄子认为破盆子都可以发声，可以鼓，可以歌。尽管如此，许慎还是揭橥了风与风同穴而眠（暮宿风穴）的事实。作家徐来在《想象中的动物》中，也说到了风与风的关系问题：

后唐时代小说家冯贽，在他的名作《云仙散录》中提到一只巨大的鸟。这只巨鸟就是通常被人类所说的“风”，只是后来讹成“风”，并时常与“风凰”混淆的那一只。风是所有鸟类中最大的。它的庞大难以描摹，雄伟的须弥山与之相比简直不值一提，世界上所有的语言都无法精确描述它到底有多大。风的体形超越了人类的一切想象，我们目力所及、听力所及的一切事物，都无法与风的巨大一较高下。……风的呼吸，在它的体内翻卷起巨大的气流，人类同样称之为风。

徐来恍惚间误入中国文化生意蓬勃的果核。这就是鲁枢元从字源、语义和语言、哲学等不同角度所探讨的“风”字；包裹它的外层，是“风”字多汁的语义场。风、雅、颂，赋、比、兴，五千年华夏古风，经《诗经》而成为经典，渗透到华夏文明的方方面面，构成了华夏文明的伟长风物、浩歌长风。作为天地之间的自然现象，风涤荡一切，融入民间习俗、伦理道德、国家法度、纲常政治之中，是华夏文化体系中最有生命力的词。

据统计，商务印书馆 1983 年版的《辞源》，收录了以“风”字打头的词条 168 个；上海辞书出版社 1979 年版的《辞海》，收录为 204 个。在鲁枢元看来，“风”是汉语言中一个历史悠久的基本词，又是一个拥有旺盛“生殖能力”的“根词”。在它的“主根”上繁衍滋生了大量重要的汉语词汇，比如：

风水、风雨、风霜、风云、风月、风烟、风波、风潮、风雷、风暴、风教、风化、风尚、风貌、风俗、风情、风仪、风采、风雅、风趣、风韵、风骚、风度、风骨、风声、风头、风言风语、风吹草动、风声鹤唳、风姿绰约、风情万种、风摆杨柳、风华正茂……

自然界的“风”，一旦吹入社会人伦层面，便因此拥有了文学、社会学、伦理学、政治学、人类学的意蕴。也因此，原本用来描绘自然景观的一些词汇，就被赋予另一层含义，涉及风土人情、伦理政治，最后直指人性。比如“风月”一词，既指自然现象、艺术通感，也指世俗人性、情爱款曲。《红楼梦》中所说的“如今长大了，渐知风月”，就不再是自然界的风和月，而是指发生在男女间的隐秘

性事——“在中国的传统社会里，此类男女间的幽会多半发生在月白风清的夜间，于是天地气象也就衍变成了两性情事。”（鲁枢元:《汉字“风”的语义场与中国古代生态文化精神》）

为什么“风”字在中国古代文化史上会引起波谲云诡、风生水起的连锁反应?朱光潜认为,“风”是“性欲”的表达。陆侃如认为,风是“牝牡相诱”,依据是《尚书·费誓》中的一句话“马牛其风”;《左传》也有“风马牛不相及”的典故，意思是“即使是发了情的马和牛，也扯不到一起去”。

通往弗洛伊德的秘密锁孔，在朱、陆两位先生的拨弄声中，訇然洞开。从潜意识到意识的浮现，中国历史上第一部诗歌总集《诗经》中的《国风》，说到底就是两性间的情歌唱和，其功能往往是以歌唱的方式吸睛、色诱。神话学者叶舒宪在论及中国文学观念的“发生学”命题时谈到，江南男女野合，因害怕被闲杂人等撞见，常常请人守卫，名叫“望风”;如果与情敌竞争甚至大打出手，就叫“争风”（相当于唐人的“吃醋”、宋人的“狮吼”）。

朱光潜深入浅出,陆侃如侃侃而谈。鲁枢元用“放射思维”,分析了“风”之机枢;叶舒宪则用“辐辏思维”，综合了“风”之宪象。

风，是这样一种神圣的存在，它作为宇宙万有生命能量的依托、媒介，无处不在，无时不有，无孔不入，无所不用其极地弥散于中华文化的所有领域。叶舒宪甚至认为,“宇宙秩序的建立，都离不开诱合的中介力量，也就是‘风’的力量。风是人间、生物界、两性之间的媒合互动，代表着宇宙之间创生的本源力量”。鲁枢元试图条分缕析“风”的枢纽机巧，叶舒宪则沿着神话发生学的叶脉回溯、还原“风”的源流。回溯的路径是从概念到神话,还原的轨迹是“‘鸟形灵’的信仰—母系社会、单性生殖的‘风化’观念—父权制社会”。

叶舒宪的心路表明：史前顶级崇拜偶像，如果不能像“花”一样雌雄同株、单性生殖，就无以凸显其神圣的法力。譬如文字缺席的时代，不夸张故事的神话色彩，就难于口口相传;又譬如微信主导的信息碎片化时代，没有标题党的微功夫，再好的文章也不过是缝隙中不发芽的种子。

关于阴阳和合的本质，屈原的弟子宋玉专门写过一篇著名的《风赋》，讲述了风的雌雄划分。在古人看来，万物皆有性别，风和凤都不是单数名词——凤通称凤凰，凤为雄凰为雌，譬如麒为雄麟为雌，原本不需要“龙凤配”这样的跨物种淫乱来打开情欲的屏风，实现生殖的欲望——凤凰阴阳自足互补，是有性别的复数形式的动物。

黄帝战胜了炎帝以后，以龙为图腾的黄帝部落兼并了以凤为图腾的炎帝部落，龙升腾为上位概念，并及时施云布雨，成为一种恒定的雄性象征；而凤只能在意识形态上接受变性手术，屈就龙威之下，听任母爱泛滥于中国恢宏的文化场域。从此，凤的“身体政治”开始走上集体雌化的道路，颠覆了中国龙凤神化的初始性别。

在中国的远古神话传说中，龙主要取象于冷血动物，凤主要取象于恒温动物。龙喜阴、司雨、通天、善变（长于飞翔），凤凰喜阳、自新、高洁、浪漫（擅长跳舞）。龙凤研究专家庞进说，龙在其形成的初期，在阴阳五行学说盛行的春秋战国时期之前，基本上是“阴性”的；凤有“阳鸟”“阳禽”“火精”之说，基本上是“阳性”的（庞进《凤图腾》）。这意味着，龙主要是以“阴物”的形象出现，凤主要是以“阳物”的面貌出现。春秋战国之后，龙体随专制政体的膨化而勃发，呈现象征着帝王之沉雄的神性；凤则一路走向帝王的床榻，娇媚起来，煽情起来。

于是，凤凰获得了两套性别系统，一个是自足系统，一个是龙凤系统。

自足系统有阳有阴；与龙对应的系统，则发生了阴阳大逆转，由整体上的阳性转化为整体上呈阴性，在阴阳裂变中完成身体政治化倾向，这是任何一种单纯性别的动物所无法企及的审美极致。

服饰的革命，是身体政治嬗变的标签。自称“祖龙”的始皇帝，下令妃嫔一律戴凤钗、穿凤鞋、走凤路，说话也要凤鸣一样婉转，于是深幽的后宫，凤凰于飞，秦王朝成为凤凰阴阳大裂变的时间觇标。

到了汉初，平民出身的汉高祖推翻秦王朝以后，唯恐被人瞧不起，便附庸风雅地承袭秦制，自称起“龙子”来。考古学家称，汉以后的龙凤图案，大都是龙居中、居上，凤居偏、居下。

在《西厢记》里，王实甫一句“你绣帏里效绸缪，颠鸾倒凤百事有”，据说是成语“颠鸾倒凤”的滥觞。史学家认为，中国图腾史上，凤在上、龙在下的“颠龙倒凤”案例（实则凤凰作为“阳物”的回归），有且仅有罕见的两例（史前的母系社会除外）。

第一例发生在盛唐时期的武则天朝。陈州有“凤鸟见于宛丘”，武氏趁机改年号为“仪凤”。高宗崩，武氏迫不及待地下令改中书省为“凤阁”，改门下省为“鸾台”。至载初二年，群臣上言：“有凤皇（凰）自明堂飞入上阳宫，还集左右梧桐之上。”（《资治通鉴·唐纪》。）雄性激素旺盛的一代女皇，立刻为自己量身定制了空前绝后的名号“曌”，表明女人一样可以日月当空，雄踞上位。

第二例发生在晚清慈禧太后时期。这位垂帘听政的“老佛爷”，一生最大的贡献就是大规模提升了凤凰作为“爷”的地位。她把自己看戏的座位称为“百鸟朝凤宝座”；隆恩殿丹陛石雕图案被恣意改为“凤在上，龙在下”；隆恩殿汉白玉栏板上“凤引龙”浮雕图案，同样改为“凤在上，龙在下”，这是中国龙凤关系史上的一次著名变革，大长中国女性的志气。

许多年以前，中国皇朝把“后宫干政”称为祸起萧墙，民间则把“母鸡司晨”视为不祥预兆。随着文明嬗变，性别政治凤凰涅槃，女性介入政治，已成为国际社会温和、时尚的风向标。只是，中国向母系社会回归的节奏比较缓慢，当国际社会女性主政蔚然成风的当口，我们依然醉心于男人间的零和博弈。可喜的是，当下中国式“女汉子”迅速雄起，基本上可与男性普遍“雌化”现象等“质”齐观，可谓“大块噫气”（庄子语），或曰扬眉吐气。

（原载于《西湖》文学月刊2014年第6期“汉字动物园”专栏）

麟

本文诞生于《春秋》的最后一个字。

《春秋》是我国第一部编年体史书。在《春秋》纵贯242年的时间幅度中，“麟”在整部经书中只现身一次，而且是在最后一条经文中。

据《左传》记载，当年鲁国叔孙氏的仆从射杀了一头鹿身、牛尾、马蹄、头上有肉角的动物，大伙儿都疑为怪兽，认为是不祥之兆。孔子获知后却老泪纵横地说：“仁兽，麟也，孰为来哉。”孔子的意思是：世所罕见的仁兽麟啊，你为什么早不来晚不来，偏在这个时候来了！

次日，孔子在竹简上写下：“十有四年，春，西狩获麟。”依孔子的心思，麟是瑞兽，“非其时而至”，不禁悲从中来，从此绝笔，不再著述。

“获麟绝笔”的故事，为想象力丰富的文人墨客留下一串悬念。为此，韩愈写下了《获麟解》，试图设置一个返回经典的对话场域，探寻其中的奥秘。韩愈说，“麟之为灵，昭昭也”，弦外似有不以为然之意——麟与“灵”音同义近，这妇孺皆知的灵兽，无非是牛、马、狗、猪、豺、狼、麋、鹿这类形象的集结整合而已。

麟，金文写作“”，由（鹿）、（粦）会意组合而成。其中，（粦，顶层是两火，下层为双足）暗示先人造字的意图：粦是跳动的磷光（俗称鬼火）或闪烁的鳞光（波光粼粼），意谓幽冥、灵动，暗含“活在它（亚）世界”的意思。

史书上说，麟的复数形式是“麒麟”，“毛虫三百六，麒麟为之长”。在中国，凤是羽虫之首，麟是毛虫之长；麟凤龙龟向来是吉祥的象征，合称“四灵”。

按“六书”的说法，“麟”以“鹿”为类旁，又因其身披鱼鳞而得名，属于会意兼形声字。不难想象，古人造这个字的时候，似乎是说麟由“鹿”演化而来，但它又决不是鹿，比鹿多了一些装备和配件：它只是体形像鹿（麕），身上布鳞，圆顶上还有一只角，角端有肉、黄色。

从造型上看，鹿（麇）身、牛尾、马蹄、鳞皮，这无疑是对那些备受人们喜爱的动物所具特征的分解与重组。我们之所以无意于侦破其中分解与拼合的痕迹，是因为它是在幻想中建构的，体现了中国人的“集美”理想，这与龙凤的营造法式并无二致。所以说，麒麟是依中国人的思维方式复合而虚构的“亚世界”的动物。在中国文学诗意喷发的唐期，韩愈的《获麟解》试图走出神秘主义的泥沼，见解非同凡响。

可是，《获麟解》全文只有 186 字，不可能为我们留下更多想象的空间。沿着韩老师授业解惑的线索向上追溯，晋人杜预的解读令人眼前一亮。在《〈春秋经传集解〉序》中，杜预说：“故余以为感麟而作，作起获麟，则文止于所起，为得其实。”——意思是说，你看到的这个文本（《春秋》），缘起于最末所陈述的事实，“获麟”触动了孔子奋而起笔，而你看到的最后一个字才涉及这起笔的由来。这是个令人欣喜若狂的发现：《春秋》阅读的终点，恰恰是作者写作的起点。按照杜预的说法，《春秋》收笔于“麟”，绝非偶然，一定是孔子殚精竭虑、蓄谋已久的铺排。

暂释这份喜悦，折回《春秋》这部肃穆的经书。众所周知，孔子笔削后的《春秋》，已不是一部单纯的鲁国史书，或可称为孔子意欲整肃天下的经典。孔子说：“春秋，天子之事。知我者，其惟春秋乎；罪我者，其惟春秋乎。”孔子寓褒贬于记事中的“春秋笔法”，一向被后世推崇。所以，孟子说：“孔子作春秋而乱臣贼子惧。”按时下流行的说法理解，即于沧海横流之时，孔子著“春秋大义”震慑了乱臣贼子。

先撇开《春秋》政治伦理层面的文化、舆论的力量不谈，仅从技术上看，我个人认为《春秋》当是凝聚了孔子一生的心血和智慧，不可能是随意应景之作。或许，胸有块垒的孔子在构思《春秋》之前，心中早有麒麟左右冲突、上下翻腾。他以“麟”为“灵感”的触媒，化“麟”为文学意象，使其贯穿《春秋》始终，并试图设置一个首尾开放的文本结构，启发后人做开放式的思考。这对于知天命、“随心所欲不逾矩”的孔子来说，不是难事。

孔子为什么选择“麟”作为《春秋》的文学意象呢？可否从苏童的《米》、莫言的《蛙》，分别选择“米”和“蛙”作为文学意象的现代手法去揣测古人？

“获麟绝笔”两年后，孔子追随那头神兽西去，时年 73 岁。孔子之死，想必是轰动了朝野，“获麟绝笔”的故事也随之流传。李白在《古风诗》中就有“希圣如有立，绝笔于获麟”的诗句。

蹊跷的是，孔子的肉身和命运居然是按照麟的营造法式合成的。据《韩诗外传》记载，姑布子卿曾对子贡说："孔子额头像尧，眼睛像舜，脖子像大禹，嘴巴像皋陶。从前面端详，其相貌过人，有王者气象。但从身后观察，却是肩高耸，背瘦弱，这样的不足与缺陷比不上四圣，将会让孔子一生郁郁不得志，无坐朝堂之富贵。"这难道又是巧合吗？

更蹊跷的事发生在73年前，也就是公元前551年（鲁襄公二十二年）。孔子的母亲颜征在前往尼丘山祈祷，途中遇一麒麟而生孔子，这就是"麒麟送子"神话的出处。孔子生来头顶上凸起一个小山包（与麟相似的肉角），所以得名孔丘，字仲尼。传说孔子降生的当晚，有麒麟降临孔府阙里人家，并口吐玉书，上有"水精之子孙，衰周而素王，徵在贤明"的字样。意思是说，孔子乃自然造化之子孙，非凡人也；虽未居帝王之位，却有帝王之德，堪称"素王"。

遇麟而生，又遇麟而死——看来，孔子他老人家真把自己当成麒麟转世的化身了，"不知生焉知死"，竟然自由操纵了自个儿的生死大限，这与鲁智深听钱塘江潮信而圆寂的故事好有一比。

"子不语怪力乱神"，孔子向来敬鬼神而远之。在孔子的灵魂深处，是否藏有身世以外的玄机？梳理相关史料，一条清晰的脉络赫赫在目：

遇麟而生，感麟而书，文成获麟，泣麟而死。

这是一条解读《春秋》乃至孔子思想的线索。沿着这条线索不难发现，孔子的思想与"麟"冥冥感应、息息相关。

"孔仁孟义周礼乐"，孔子创立的儒家思想的核心是"仁"。"仁"，可说是儒家学说最高的、根本的道德准则，主旨是"爱人"："己欲立而立人，己欲达而达人"，"己所不欲，勿施于人"。儒家认为，人之所以为人，是因为具有"仁爱之心"，并以"爱人"与否为道德标准，确定人们是否应该受到尊敬和重用。

统御中国两千多年的主流意识形态，其脉络竟与一头神兽有关！

长期生活在苏北赣榆的农学专家胡淼先生，在《〈诗经〉的科学解读》一书中，引用国外学者的研究成果，说麒麟实际上是今仅存于中部非洲一带的麋羚，古时曾遍布于东亚到西亚及非洲的广大地区，直到公元前500年前后，在山东半岛最后消失。这个说法与孔子厄而作《春秋》的时间大抵上吻合。但在科学尚未昌明的中国古代，麒麟在传说中被赋予了"仁"的品质，比如说其"性温善，不覆生虫，不折生草，头上有角，角上有肉，设武备而不用"，因而被称为"仁兽"。西凉武昭王《麒麟颂》："一角圆蹄，行中规矩，游必择地。"《宋书·符瑞志》："含仁而

戴义，不饮池，不入坑阱，不行罗网。”《说苑》:“含仁怀义，音中律吕，行步中规，折旋中矩，择土而后践，位平然而后处，不群居，不旅行，纷兮其质文也，幽问循循如也。”……众说纷纭，其中闪烁着麒麟仁厚君子的谦谦风度。麒麟崇拜之所以在人文传承中被广为接纳，正是因为“仁兽”所具备的禀赋，契合了传统礼教和儒家风范。

据说，“灵兽”麒麟往往在太平盛世伴随着“圣王”出现，于瑞气祥云缭绕中，在香音缥缈中，款款而来。孔子生活的时代礼崩乐坏，社会动荡。传说麒麟现于郊野，为人所贱，标志着世界的日暮途穷和贤人的困厄，故孔子厄而作《春秋》，获麟而绝笔，《春秋》也因此被称为“麟史”“麟经”。孔子认为，麒麟之死是个不祥之兆，据传他曾挥笔为麒麟写下挽歌:“唐虞世兮麟凤游，今非其时来何求?麟兮麟兮我心忧。”这正是孔子遇麟而泣、悲极而殁的原因吧。

动物是谜语，是密码，也是揭秘解码的线索。从动物出发，突破层层阅读的障碍,可以与书写者从容对话。从结构主义的角度看,《春秋》最末一条有关“获麟”的书写、文本与阅读的模式，冥冥中链接于与罗兰·巴特“文本开放理论”：书写的结束乃阅读之始。也就是说，我们在阅读《春秋》时其实已在打开孔子原本就蕴藏其中的“未来”。台湾学者李纪祥先生认为,卡尔维诺的小说《如果在冬夜，一个旅人》,正是《春秋》开放式文本理论的实践,而这种实践在时空上也与杜预“文起于所止亦终于所起”的思想遥相呼应。

尼采说，上帝死了。罗兰·巴特说，作者死了。

（原载于《西湖》文学月刊2014年第7期“汉字动物园”；入选中国作协创研部《2014年中国随笔精选》，长江文艺出版社出版）

羔羊

麒麟是仁兽，羔羊是义兽。

羔羊是羊群里的 XO，“鲜美”两个字中就含有这么一只“羊”，“义（義）”字里也隐藏了这么一只羊。

这是一只守身如玉、含苞待放的羊。所以，名儒董仲舒干脆撇开羊群中的泛泛“俗物”，直奔主题，专门讨论心目中的极品羊。《春秋繁露》说：“羔有角而不任，设备而不用，类好仁者；执之不鸣，杀之不啼，类死义者；羔食于其母必跪而受之。”在董仲舒眼里，羔羊知仁、知义、知礼感恩，集传统美德于一身，正如《诗·召南》中所说：“德如羔羊也。”

德如羔羊，是人对羔羊的“人格化”品质的感悟和高度概括。正是在这种感悟和概括中，羔羊被称为“义兽”。

最早见于甲骨文的羔（ ）是个指事字。在羊（ ）身上加四点（ ）作为指事符号，指点人们去想象一只小羊（ ）一生下地就四肢站立、欢快跳跃的物象场景——这很重要，因为如不能在第一时间站起来，就会受到食肉动物的攻击。事实上，多数小蹄哺乳动物都会抢在落地后不久，就摇摇晃晃跟着妈妈撒欢了。

甲骨文中另有一只羔羊（ ），小身子骨下面是熊熊燃烧的火焰，这状况看起来很残酷，但也很眼熟，这正是今天存活的汉字“羔”的雏形。“国之大事，在祀与戎（《左传》）。”依蜀人黄奇逸的解读，“羔”的造字本义，应与祭祀祖先神灵有关（黄奇逸：《商周研究之批判——中国古文字的产生与发展》），描述的是以羊“火祭”的情形，而不是吃货们想象中嗞嗞冒油的烤全羊。

羔羊不屑于迎合、适应、培育人类的多重欲望，所以，始终没能像狗那样成为宠物而得以与人朝夕相伴，甚至爬上主人的床榻；也没有像鸡那样被用作暗喻、影射的素材，顺手拿来杀之儆猴；更没有像马那样，听任阿谀者把马屁拍遍。在六畜中，羔羊代表羊群执着于仁义孝道，与牛、猪一道走上祭坛（称为“太牢”），化为殒身不恤的“牺牲”。这使我们不禁如见中世纪那威猛的烈焰，以及罗马鲜花广场上的火刑场面。

在今天，所谓“牺牲”是指布鲁诺们为某类人群或科学以身献祭、殉道的义举，常作动词；在古代，所谓“牺牲”是牛、羊、豕（猪）三牲的合称，说到底都是些人文化了的畜生，属于名词。

牺（犧）的篆文“犧”，是由“牛”和“羲”合成的会意兼形声字，指的是祭典现场宰杀的猪牛羊。其中，“羲”既是声旁也参与表义，再现了杀羊宰牛、奏乐起舞的娱神场景。甲骨文“牲”写作“𤘽”，文字学者认为左边的“羊”（羊），是弯角羊头加上表示生殖器的三角符号；右边“生”（生）则是小草生长之形，含有生机勃勃的春意。左右两形会意，表示母羊顺产活蹦乱跳、充满生机的小羊羔。汉字发展到隶楷阶段，“𤘽”左边的“羊”被“牛”取代（变成汉字“牲”）。这可能是对牛在农耕文明时期地位上升的奖赏，也可能是汉字对羊的一次盛大安慰——貌似以牛代羊做了“牺牲”的材料——事实上，牛不曾为羊做出任何“牺牲”；相反，羊却为牛做过一次“替身”。孟子曾提到过这只倒霉的“替死鬼”。

某一天，齐宣王坐于堂上，堂下有人牵牛走过，宣王问：“牵牛者何为？”

答曰：“杀牛祭钟（杀牲取血涂抹新铸成的钟）。”

宣王说：“牛本无罪，却要白白送死，看它吓得哆嗦的样子，真不忍心。放了它吧！”

牵牛的人说：“大王慈悲，那么就不祭钟了吧？”

宣王回答：“怎么可以不祭钟呢？换一头羊不就得了？”

对齐宣王来说，牛可废（以羊代之）而“祭钟之礼”万不可废。你可以同情眼前的牛，却不必同情那只不在眼前的羊。

比孟子早些时候，孔子曾率先对“礼”与“羊”的斤两问题发表过意见。据《论语·八佾》记载：“子贡欲去告朔之饩羊，子曰：‘赐也，尔爱其羊，我爱其礼。’”意思是说子贡你脑残啊，你想在朔日祭祀（告朔）仪式上省去活羊，首先就不合周礼。我一生周游列国奔走呼号图个啥？还不是为了恢复周礼吗。非礼勿视、勿听、勿言、勿动，礼重于善也哉。你爱惜羊我爱惜礼，小子你看着办吧。子贡没有借用亚里士多德回敬柏拉图的话：吾爱吾师，吾更爱真理。所以，顺从的子贡成不了亚里士多德。这一点，子贡不如子路；“当仁不让其师”，子路在老师面前就敢表达真实的自己。

叶舒宪认为，中国美学的最高范畴之“真善美”，三个字里边两个字都是从“羊”的，这应该是牧羊文化对中原农耕文化的一种重大贡献。“善”和“美”这些文字表明，在使用甲骨文的时代，中原文明已经对西方的牧羊文化有所编码。日本美学家今道友信读《论语》时，发现“告朔之饩羊”与汉字“美”中的“羊”，都是“牺牲”的象征。在美的本质问题上，他认为“真”是存在的意义，“善”是存在的机能，“美”是存在的恩惠。在《关于美》一书中，他说：“美比作为道德最高概念的善还要高一级，美相当于宗教里所说的圣，美是与圣具有同等高度的概念，甚至是作为宗教里的道德而存在的最高概念。”

可见，“美”是羊这种“牺牲”的外化衍生，正因为羊常常作为祭品出现，富有牺牲精神，超越了善的范畴，因而具有更丰富的宗教意蕴。

当羔羊作为宗教圣物出现时，实际上已被先民赋予了图腾意义。在川西2000米以上的海拔高度，羔羊悲悯的目光垂直向下，俯瞰大地。这种场景，很容易令我等不得不放纵思绪，任其穿越数千年时光，在岷江上游回溯到一个古老民族的上游。岷江上游的羌族，是由大西北迁徙而来的古羌族后裔，这个古老而伟大的民族所经历的沧桑在世界上是少有的。著名人类学家、社会学家费孝通先生称古羌人是“一个向外输血的民族”。意思是说，汉人因“接纳”为主而日益强大，羌人却以“供应”为主而壮大别的民族，因而包括汉、藏等族群在内的许多民族都曾得到羌人血液滋养。

《说文解字》：“羌，西戎牧羊人也。”许慎认为，“男羌为羌，女羌为姜”。顾颉刚也认为：“姜与羌，其字出于同源，盖彼族以羊为图腾，故在姓为姜，在种为羌。”古文字学家董作宾、孙诒让等，对“羌”字也有类似解读。赵诚则说得更直白些，他认为“羌”“姜”分别像男、女头上佩有羊角之形。这种戴羊角的习俗，反映了羌人的“羊”图腾信仰，他们相信通过这种象征性的模仿，可以使图腾的神力，交感传播到自己身上。

在狩猎时代，羊是较易捕获的动物；畜牧业兴盛之后，羊是最早被驯化、饲养的家畜之一。毫无疑问，羊在人类早期生活中占有重要地位，只因其温良的本性顺应了嗜血者的征服欲。所以，汉字中，羊、姜、羌都与“戕”韵同音近，造字者似乎暗示了羊以及以羊为图腾的古老民族的命运。果不其然，在甲骨卜辞里，有许多戕害、杀戮、活埋、焚烧、肢解羌人充当祭品的记载，情形等同于罹难的羔羊，令人触目惊心。西蜀诗人流沙河曾感慨：“异体字羌字犹有捆系残余，使人不安。2008年四川大地震又损我羌胞，伤哉。”

李宗吾先生从历史的转角旮旯中看到了“厚黑”二字，鲁迅先生从历史的通天彻地中看到了“吃人”两字。两位先生各执其词，我个人更倾向于调和主义：中国历史是人吃羊的厚黑史，中国的传统礼教是人吃羊的礼教。取象于人、羊相依的小篆“佯”字就是明证。

汉字“佯”,“人”“羊”相伴的结体昭示人们：不管是羊通人性，还是人扮羊样，总之汉字“佯”，就是“装模作样”的意思。一切文化都是“佯”教化，一切礼仪都是“佯”斯文，一切道德都是“佯”善行，一切赞美都是“佯”说辞，只要你长得美白鲜嫩且性情温顺、宅心仁厚、知义懂礼，你就沐浴更衣准备摆上道德的餐桌或礼祭的供桌吧。

在中国人的逻辑体系中——假如有逻辑且成体系的话——羔羊“其美德可以任人景仰”与“其生命可以任人宰割”是同位语。当子贡试图为羊开脱的时候，众生也许不禁感叹：再也没有比羔羊的嫩肉更美味可口的了。羔羊知仁而死于不仁，知义而死于不义，知礼而死于非礼，这似乎是天经地义的。

羊是合群动物，有前赴后继之勇。法布尔讲到一个老故事，说是有一只羊，被人从船上扔到了海里，于是其余的羊也跟着跳下海去。“因为羊有一种天性，那就是它们永远要跟着头一只羊，不管走到哪里。就因为这，亚里士多德曾批评羊是世界上最愚蠢、最可笑的动物。”

据流沙河观察，假如以竹竿设栏，领头羊一跃而过，羊群则相继跳跃而过。流沙河说：“此时纵然收去竹竿，后面的羊照样跳跃一次。”好比我们小时候排队跳山羊，仿佛有意识地为双脚装上了发条，多米诺骨牌似的倒向前面摔倒的小伙伴。相信名字取象于“羊”的刘翔同学，也可能装有这样的条件反射系统。然而，如果一只领头羊带着大伙朝火坑里跳，你也跟着跳吗？事实上羔羊们真的跳了，它们顺从了领头羊的意志，免去了思考和选择的苦恼，浩浩荡荡义无反顾地走上祭坛、走向屠场，至死不发出半声悲鸣。

因此，群众的“群”字里有一只领头“羊”，榜样的“样（樣）”中也有一只领头“羊”。这难道是出于羊性的自觉？

无独于中国，西方的羊也曾代人受过。在西方，历史上第一只“替罪羊”死于公元前 2000 年。创世之初，耶和华对亚伯拉罕说：杀了你的长子祭神！在人性考验的最后一刻，这道刻薄的命令，幸好改为用一只羊来执行（上帝啊，不兴这样的）。

文明演进了 2000 年，终于到了公元元年，新鲜出世的救世主认为，犹太人是一群“迷途的羔羊”。为了替犹太人赎罪，无罪的耶稣在耶路撒冷被钉上十字架，做了有罪的犹太人的“替罪羊”。

在“狼图腾”时代，强权淫威下，面对数千年难免“牺牲”的命运，羔羊们做了沉默的大多数。生存权是基本人权，生命权是基本羊权。不承想，在所谓尊重人权的西方，羔羊的命运好像也没好到哪里。

拜信息多元化所赐，时下再也没有谁能垄断资讯之沟渠。所以，相信羔羊迟早会颠覆性地读到鲁迅先生的警句：不在沉默中爆发，就在沉默中灭亡！

（原载于《西湖》文学月刊2014年第7期“汉字动物园”专栏；入选中国作协创研部《2014年中国随笔精选》，长江文艺出版社出版）

龟

一

我平生的第一幅绘画作品是一张乌龟王八图。

坦白地说，当年画龟的目的不是为了提升审美素养，参加各类儿童画大赛，而是为了办一个移动画展——偷偷地粘在小伙伴的背后，以满足与生理发育不协调的恶意滋生的快感。

那阵子，画龟成为无知少年自觉选修的素描课，也是乡间为数不多的娱乐项目；小伙伴们几乎人人能画两下子，而且画得都很起劲。只不过，有人画得精致，有人画得粗劣；有人爱画俯视图，有人爱画侧视图。

俯视的（龟），一般具有蛇形头部、圆形甲壳、短促的尾巴、梅花状的爪子和肥短的四肢——这个比较简单，我最拿手，照葫芦画瓢而已；而侧视的龟，酷似日本忍者，须突出高耸的龟壳，还要有立体感，才能自得其趣。

许多年以后，偶读《甲骨文合集》，我才惊奇地发现当年手绘的龟图作品，竟然是 3300 年前我们祖先使用的文字。可见，调皮的祖先与我的懵懂童年一样，具有惊人相似的绘画天才；图文思维、意象思维的共同特征，也拉近了我的童年与祖先的距离。

殷商时期，那些刻在龟甲兽骨上的文字，现已成为解读上古密码的咒语，只要你愿意喊一声“芝麻开门”，那些诡秘的远古场景，退隐在时间深处的字象，沉睡在神话中被历史掩蔽或歪曲的语义，就会像石门一样一扇扇打开。

坦率地说，我对如诗如画的古文字的兴趣，兴许就是那个时候开始萌芽的。

我老家海州湾地处黄海之滨、黄淮之间，历史上水系发达，是龟鳖横行区域之一。菜系上，此地属于鲁菜向淮扬菜过渡的混合地带。入谱的名菜包括鲍、贝、参、翅、虾、鳞、蛤、蟹、鸡、鸭、鹅、兔、猪、牛、羊之属，海陆空兵种齐全。但奇怪的是龟并没有忝列其中，尽管龟作为两栖迟缓爬行动物，捕捉方便简易，肉肥味美；相反，民间盛传的尽是见龟不捉、捉龟不杀、买龟放生的事迹。

“由于严格的体形保护着它们柔软而有营养的种种妄想，它们才能封闭在庄严的容器内，不受外部的糟蹋。”——达利把甲壳类动物将骨骼移至外部并把细腻无比的肉藏到内部的美德，称为“赤裸裸的鲜嫩的真理”。我的老乡虽然大多没有读过西班牙超现实主义美学史，但是他们大概是受到“鲜嫩的真理”的蒙蔽。据我考察，在倭寇来犯之前，乡党们甚至都没见识过吃龟的情形。

那时候，乡亲们认为吃龟是一件不可思议的怪事。

那是一个在岗楼上开小差的小鬼子，他挥动着戴洋白手套的小爪子，招呼和他身高差不多、脏兮兮的中国小孩，叽里呱啦连说带比画，然后拍了拍腰间的王八盒子……光腚的小屁孩们在“王八盒子”双重寓意的胁迫与导引下，鸭子一般扑通扑通跳进圩沟，凫到苇丛里捉鳖去了。

第一个捉到鳖的，是我邻居王三的父亲。据王老先生回忆，那小鬼子用左手拇指顶住龟头，张开其他四指扣住龟壳，右手掏出小刀，哧的一声挑开乌龟紧缩的脖筋，然后迅速仰起自家的脖筋，哧溜溜地吸起血来。“那情景，把俺吓傻了，小王八蛋连乌龟王八都敢活吃，真不是人啊。”王老先生说这话的时候，乌龟一样缩着头，小眼珠子骨碌碌地转，仿佛面前有一把小军刀在晃。

我家乡的民俗学者刘兆元老先生，曾撰写一篇《徐福东渡与日本民族龟崇拜联想》的文章。大意是说，日本人崇龟的习俗与我家乡崇龟的传统一脉相承。因为深受中国龟文化的影响，日本人至今仍以成为龟子龟孙为莫大的荣耀。据说，这一习俗与秦朝著名的骗子徐福有关。我老家的东北乡徐福村（原为徐阜村），偏巧坐落于《史记》所载秦方士徐福的家乡齐地瑯玡郡内，因而被专家们认定为徐福故里。

对于日本崇龟以及“徐福故里”的说法，为小鬼子捉过鳖的王老先生，一向持谨慎、质疑的态度。

请原谅我的乡党生物学上的无知，他们真的不知道龟、鳖的区别，这固然容易造成语境的混乱。然而，不食龟的习俗惠及鳖类免遭屠戮，这在我家乡是真的。“大年三十逮只鳖——有它过年没它过节”，家乡的这句流传甚久的俗语，基本上反映了鳖在餐桌上的地位。

王老先生告诉我说，遇到年头不好，偶尔也有穷极潦倒的鳖三级人物挺直瘦胸脯勇敢吃鳖的情形，但吃前大多会谨慎地把捉来的小鳖扔到屠宰厂的肉案子上，待到亲眼看到鳖终于没有变成长虫（蛇），这才大胆拿回家煮了。尽管，从未有

人看到见过龟变蛇的戏剧性场面，可是，这毕竟是我老家的习俗和禁忌，他们认定龟是蛇变来的。

那时节，我家乡的苇子里全是懒洋洋的小鳖，黑压压一片。春天的午后，它们会爬到浮出水面的枯树上晒太阳，仿佛密布的树瘤。

二

王三的父亲读过私塾，念了些书，算是乡下有文化的大先生。但是，他始终没有告诉过我，乡人为什么不吃龟。我带着这个疑问请教过很多有文化的乡党，查过许多无聊的菜谱，但得到的都是支支吾吾的回复，或是语焉不详的解说。

我怀疑，他们共同守护着一个神秘的约定。

20 世纪 90 年代初，正值一只老龟最后登陆于贾平凹的小说《废都》，我才知道龟文化中含有“少儿不宜”的内涵，对当年的恶作剧心怀歉疚。

那是一段关于“龟头”的描写，说的是庄之蝶初次宴请唐宛儿的场景。

饭桌上，风流文人借煮熟的龟头与可爱的小妇人调情，其情其景自然很有情调，而且略带寓言的文化噱头，暗示了龟文化的猥亵语境从 20 世纪末开始悬空泛滥。那些游弋于黄土地的乌龟，没有像黄河那样任由河堤抬升自己，一路高悬于众生之上，而是施展“龟息”之术，在世风日下的当口，选择了不入流，甚至成为下流的喻体和咒语。

我那时已经初具独立阅读能力，学校图书馆基本能够满足我的求知欲。我在研究家乡的村言俚语时获知，龟之所以可以用来调情，是因为龟在形、义两个层面上都与暧昧粘连。古人云，龟因有雌无雄而与蛇淫乱，才能产出后代。晋张华在《博物志》中肯定了这种说法：“龟类无雄，与蛇通气则孕，皆卵生。”

明弘治年间，杭州籍学者郎瑛在《七修类稿》中记载：“吴人称人妻有淫者为绿头巾。”恰好吴地水乡多产绿毛龟，且与绿头鸭庶几相似。想象力丰富的江南吴地人就把龟头与戴绿帽子联为一体，如此这般，好端端的龟鳖一旦离开了我的老家，就变成污秽的指代（我怀疑“乌龟”与“污秽”是否具有某种相同的词源）——“龟裂”“龟胸”“龟腰子”“当龟”等，曾经高频率出没于汉语语境，由龟构成的语义场一团晦气，乌七八糟。甚至《史记》上记载的“八王龟”（官星、财神的第八种名龟），亦被颠倒为“龟王八”，进而衍生出“王八蛋”“王八羔”“龟孙子”等村话。

然而，令人纠结的是，在卷帙浩繁的中国史籍中，偏偏有一长串以龟取名的历史名人，他们沉睡在线装书的不同页面，偶尔会突然坐起身来，一身的尘埃，一脸的怪诞，嘴角荡漾着笑意，似乎是对他们的子孙们无知和堕落的嘲讽。他们的名字是：

汉代五原太守陈龟，唐代著名学问家陆龟蒙、音乐家李龟年，还有一位宰相叫崔龟从、一位工部尚书叫李龟。宋代有进士苏总龟，乾道年间有龙图阁学士彭龟年，熙宁年间有工部侍郎杨龟山，孝宗时有武陵知州刘龟年，徽宗时有监察御史黄龟年等。

这些以龟命名的名人，仅仅是载于史册的一部分，不见经传的清高雅士或普通百姓取名为龟的人，估计就无法统计了。据说，史上最后一位以龟命名的名人，大约是南宋咸淳年间太学生、义乌人刘应龟（1244 — 1307)。此后以龟命名的现象戛然而止，从而为中国人的命名史和文化史留下一段悬案、一个悖论，一个历史长廊的“断桥”，一个辨物命名的“桥段”：假如，龟的地位不够荣耀显赫，以龟取名岂非咄咄怪事？假如，龟的地位足够显赫，为什么今人不再以龟为名？

对于这段悬案，明清学者多有疑问。清代王士禛在《池北偶谈》中说：“汉唐宋以来取龟字命名者不可胜纪，至明遂以为讳，殊不可解。”有的学者认为，龟的地位从南宋开始一落千丈；有的则认为，明时始讳龟。盛律平著文《龟崇拜在历史上经历了一个扭曲的历程》中说到，南北朝以前，龟是单纯的崇拜对象；南北朝时，龟崇拜进入多元时期，衍生出“渺小”的寓意。唐宋时期，龟被用作“胆小怕事”的象征。

出于自我保护，龟喜藏头于壳内，这是龟的自然习性，也是龟的象征意义。到了元代，龟又衍生出妻有外遇或纵妻行娼的象征意义。今人刘玉建在《中国龟卜文化》一文中说，龟的地位与龟卜的地位是相辅相成的；龟卜在唐代以后完全消失，龟的命运也自唐始急转直下。

乡党刘兆元先生，在《中国龟文化》（上海文艺出版社）、《中国龟文化及其扭曲》（《寻根》1998 年第 1 期）等论著中指出：龟崇拜发生变异始于元朝，中国的龟败坏之风的源头是元世祖忽必烈，风眼在江苏的吴地。文中引用了元末明初著名学者陶宗仪的诗为旁证：“宅眷皆为撑目兔，舍人总作缩头龟。”诗后注曰：妻有外遇，龟喻其夫。把龟诬蔑为纵妻行娼、乱伦无耻之物，据称这是中国历史上首见于文字的龟败坏。

刘老先生说：“元代是龟败坏开始演变期；明代是全面完成扩散期，以后直至今天，均为沿袭期。”“元以前的‘二十二史’，历代都有以龟为名的人和事立传入志。

自元开始直至明清，全无以龟为名的人事踪迹。”不错，涯山之后无华夏，蒙元之后不崇龟。这大概相当于“人从宋后少名桧，我到坟前耻姓秦”的命名禁忌。

三

沿着乌龟被污辱、被唾弃的阴暗潮湿的历史狭道回溯，龟崇拜文化源于史前传说时代。那时候的乌龟，即使在你的脚下爬行，你也得用仰视的目光才能窥见它的全部行藏。

《国语·周语》:“我姬氏出自天鼋。”意思是说，姬姓的黄帝，其祖先是一只大龟。这句话的逻辑体系是这样的：黄帝族发祥于中原的天鼋山，是以龟为图腾的氏族，黄帝即轩辕，“轩辕”就是“天鼋”，天鼋就是硕大无比的龟。

黄帝既然为龟崇拜开了一个好头，此后，大凡是个人物自然都会与龟做些攀附，相当于攀龙附凤现象。《海经·海内经》载:“帝令祝融杀鲧于羽郊。”《太平御览》也明确说到鲧死后化为龟（玄鱼）:“夏鲧治水无功，沉于羽渊，化为玄鱼，长十丈，后遂死。”史载，羽山、羽渊均位于我家乡西南东海县和临沭县交界处。《舜典》注：“羽山在东海祝其县（今连云港市赣榆区）西南。”《元和郡县志》《通典》均载:“羽山在朐山县（今连云港海州区）。”据说，鲧死后变成了三足鳖，就隐居于此。孙作云认为，鲧的图腾是鱼鳖，因为图腾信仰时期的人们相信其诞生于图腾，而该图腾的后裔，死后复归于图腾。可知，鲧的氏族图腾也是龟。

禹是鲧的儿子、黄帝轩辕氏的玄孙。禹统一中国以后，打破禅让制，将王位传给了儿子启，建立夏王朝，开启了“家天下”政体。有夏一朝，龟崇拜成为正统，500年长盛不衰。

商人自称是鸟人的后代，其始祖契的母亲叫简狄，是黄帝曾孙帝喾的次妃。商人普遍认为龟有预测吉凶的灵性，龟被看作是人与神之间的媒介。那时候，在举行重大活动之前，巫师都要烧龟甲，根据龟甲上爆裂的纹路来占卜吉凶。尤为可贵的是，龟壳作为书写的材料，刻录了华夏最早的成体系文字。

周人也是黄帝的子息，而且是正室。周人姬姓，祖先叫“弃”，又名“后稷”，是黄帝的曾孙帝喾的元妃，也就是大老婆姜嫄所生。周王朝不仅延续了龟崇拜文化，而且直接设立龟官，名叫“龟人”，随时参与帝王决策，决定天子的言行举止。

东周以降，就到了汉代。提起汉高祖必须先说一下尧。尧是黄帝的曾孙帝喾的第三个妻子庆都生的。据说，庆都有一天在黄河边溜达，忽然有一条浑身赤红的巨龙从天而降。庆都吸了龙卷风，感觉不太对劲，后来才知道怀孕了。14个月后，庆都产下一子，取名放勋，也就是尧。汉高祖虽然没有与龟直接发生关系，但作为赤龙的后代（参见拙作《龙》），估计应该与尧有关。赤龙的原型属于蛇类，自然与龟走得亲近些。所以，汉廷把龟同帝王、皇权直接融于一体，视龟、祖宗如神灵，供奉在一起。

唐人虽说属于外族，没有与龟攀上亲戚，但后来完全汉化。为了证明自己是华夏正统，当然应该崇拜乌龟。唐人甚至把传统的调兵遣将的虎符改为龟符，还规定凡五品以上者，死后可赐以龟趺（fū）碑而留芳。从此，龟驮碑成为显威颂德的象征。

赵匡胤黄袍加身建立了宋朝，属于僭越王朝，与龟的血缘关系经历史流变，已经十分微弱。但是，龟崇拜凭着数千年的文化传承和习俗惯性，得以在宋皇室延续香火。据刘兆元考证，宋代的龟崇拜已经由皇室普及到民间，成为一种全民信仰；龟的形象也进一步得以明确：龟既是长寿、吉祥、富贵的图符，又是鄙薄势利、杜恶从善、高风亮节等民族心理荣耀的象征和行为规范。

历览华夏民族的发育史，足可见龟才是中国人的图腾，正统的中国人都是龟的传人。

中华民族每向文明迈进的关键一步，无不归功于龟。譬如，龟足助女娲补天，龟背负神秘的“河图”向伏羲献八卦，决策黄帝战蚩尤，助尧立德治国，辅大禹治水，襄理仓颉造字，示汤伐夏，助周公作礼，为秦筑城，凡此种种，不一而足。

正因为如此，龟以唯一现实的存在物，跻身于龙、凤、麟、龟“四瑞”行列，作为吉祥的符码。同时，龟又勇于担当，并列于朱雀、玄武、青龙、白虎“四灵”之属，参与管理天地。龟，水族也，水属北，其色黑，故曰玄；龟有甲，能扞御，故曰武。“玄武”，即龟之异名。有学者认为“玄武”为龟、蛇合体，似乎有误。

因为龟主宰北方天地，道教又把龟推崇为水神或北极大帝，使它主宰与人生关系极大的雨水旱涝，有权调遣生云布雨的四海龙王。由于道教的推崇，全国到处都建有玄武庙或名为水神庙、北极大帝庙。上至帝王下至黎民百姓，评价地理形势，均以具“四灵之象”为贵。认为在风水宝地上建阳宅、阴宅，背靠玄武，就能永保太平，荣华富贵。

四

从姓名学入手研究龟崇拜或龟败坏的起止，应该是一个便捷而有趣的路径。

辨物取名，是人类创造文明的开端；以动物命名，是国人命名学的一个重要

特征。人名不仅仅是语言符号，也浸淫着伦理、道德、艺术、信仰和习俗等各方面的内容。在不同的历史时代，有不同的命名风格，体现了不同的主题意义，反映了一定历史时期的文化特征。

我个人认为，同乡刘兆元先生从民俗学角度建立研究体系，论据丰富翔实，却没有切入卜筮文化的深层;刘玉建先生以“龟卜文化”的兴衰厘定龟崇拜的嬗变，或许更符合人类学、认识发生学的逻辑。

人类学家弗雷泽认为，人类思维的发生期和孕育期，都与巫术文化有关；在人类历史发展的过程中，巫术曾是人类科学、艺术、哲学、政治等文化的雏形，是当时人类唯一可能创造出来的文化形态，巫术思维也是人类种系进化史上较早的一种思维形式（弗雷泽《金枝》)。

唐人以异族之帮入主中原，中国虽不算完全亡国，但因缺乏龟崇拜的共同文化心理基础，所以自唐开始，“龟卜”之俗开始衰微；元朝作为蒙古帝国席卷欧亚大陆的殖民王朝，更不可能笃信龟卜的把戏。至于满清时期摒弃龟崇拜文化，其情形与蒙元时期差不多。夹在元、清之间的明朝，虽属汉人复国，但龟文化经过元蒙百年衰败，被集体绑架，已然不堪收拾。

我的邻居王老先生以发掘野史为乐，经年研究，自成一说，堪称民间草根学者。王老先生认为，中华传统文化的盛衰与龟崇拜的起伏，铆接榫连相互契合。中华民族自黄帝以降，千古一系，蒙元和满清时期完全阻隔了龟崇拜文化史。据史书记载，蒙古统治者根据民族成分划分出四等人：蒙古人、色目人（西域人）、汉人（北方中国金朝治下各族）、南人（南宋遗民），一级比一级低下。满洲人也效仿蒙古人，把人分为四等，满洲人和蒙古人高高在上，那时汉人的真实身份是“亡国奴”。

王老先生认为，如果说把蒙元百年殖民统治、满清近 300 年殖民统治列为中国的一个王朝，那么日本入侵中国的 14 年是否也算中国的一个朝代呢？王老先生的观点虽说与主流史观大相径庭，但或许值得史家反思。在蒙元铁蹄下，被屠杀的北方汉人约四千万。“如果我们为侵略者血腥屠杀而骄傲，就不该为日本人祭奠靖国神社生闷气了不是？亵麽（家乡骂人的土话），地球人都知道成吉思汗是蒙古国的，你中国人跟着骄傲个鸟啊？”王老先生还说，今天，北京一帮汉人中的杂碎，竟然以旗人自居，似乎血管里掺杂了点旗人的血就是清朝贵族了。岂不知，清军入关一口气屠杀了数千万中国人，奸淫妇女无数。中山先生在《民族主义》中说过：“中国几千年以来，受到政治上的压迫以至于完全亡国，已有了两次，一次是元朝，一次是清朝。”

五

据科学考证，远在古生代二叠纪和中生代三叠纪交替的时期（距今约两亿五千万年），龟和恐龙等爬行动物一样，已经成为独立强大的家族。几经地球冰川期自然灾变，唯独龟得以生存下来。在最近的两、三百万年，人类开始亲近历史悠久、规模庞大的龟世界，龟成为人类社会的精神主宰。这是因为，龟性情温和，行为善良，水陆两栖，风雨不惧，无病无灾，忍饥耐饿，遇到强敌以甲护身，遇到危险缩头避让，被视为不可思议的天生神物。

生物学家研究确认，龟的个体寿命可长达300年。依据篆文的[篆文字形]（龟），《说文解字》说："龟，旧也。外骨内肉者也。从它（蛇），龟头与它（蛇）头同。天地之性，广肩无雄；龟鳖之类，以它（蛇）为雄。象足甲尾之形。"许慎的意思是说：龟是一种古老的动物，外部是骨质的护甲，甲壳内是龟的肉身；字形采用"它"作为偏旁，龟的头与蛇的头外形相同。段玉裁注曰：龟"即久字也"。

据文字学者考证，龟与旧、久，在上古时期的读音是相同的，龟之所以叫龟就是根据其生命长久的特征而命名的。因此，在原始自然崇拜中，龟成为若干氏族所崇拜的图腾，作为统一意志的强大精神力量，涉及汉民族的心理需求、思维方式、宇宙模式、时间美学，以及政治伦理诸方面。

寿是中国人的第一心理需求。龟因其自身的生物属性而被引入寿文化领域，成为寿文化的重要象征。在古老中华民族的心目中，"千年老鳖万年龟"，龟是寿星。孔夫子希望强鲁，作"龟山操"；曹操抒发豪情壮志，吟"龟虽寿"。对于生命苦短的人生来说，长寿的乌龟自然会受到格外的关注和虔诚的崇拜。

在汉民族语境中，人们认为龟与鹤同为长寿的象征，常以"龟龄鹤寿"来喻长寿。在汉民族的图符中，"龟鹤齐龄"图案也经常被用于吉祥如意的永恒母题。因此，全民族形成了一个共同经验，总想效龟之行，借龟之名，托龟之庇，与龟齐年。在行为上，以龟喻己，以龟颂人，渐成风俗；在精神上，大凡神圣名贵的事物，必以龟命名之。比如，祭祀祖宗神灵的活动叫"龟祭"，祭祀用的酒器叫"龟榼（kē）"，象征帝位的鼎叫"龟鼎"，系在官印上的绸带叫"龟绶""龟緺"，颂人高寿叫"首占龟算"或"龟鹤遐龄"；占卦叫"龟筮"，占卦用的书叫"龟经"，息事宁人的高贵品行叫"龟藏"。如此等等，举不胜举。

龟甚至能为中国人提供人生规划、认识未来世界方面的指导。《礼记・礼运》中清楚地记录了龟的特性："麟体信厚，凤知治乱，龟兆吉凶，龙能变成。"所谓"兆吉凶"，说的就是龟具有掌握未来发展的非凡智慧，而龟了解事物未来发展智慧的神力，直接源于伦理化了的生理结构。商人显然是愿意接受龟的天启，他们以“龟卜”的裂痕与走向为行为指针，事无论大小，无事不卜，因为他们深信龟的寿数与阅历，足以指导他们建构愿景、赢得未来。汉字抓阄的“阄”（鬮），大概就是龟卜习俗的遗留。《说文》：“鬮，鬥取也。从鬥，龟声。”抓阄为的是赌胜负，故“鬮”字本从鬥（斗），但不幸的是“鬥”字被简化为“门”，看似没了斗志，实则表明中国式争强斗狠是关起门来在自家庭院里进行的。

在神话中，龟作为天人之间的沟通者、上天意志的代言人，是通过龟背上的神秘纹理向人们转达天意的。龟上圆法天，下方法地，是天圆地方的宇宙的象征，那么龟背上的纹理自然就蕴藏着宇宙的密码。《礼统》对此加以具体解释说：“神龟之象，上圆法天，下方法地，背有盘法丘山，黝文交错，以成列宿，五光昭若黝锦，运转应四时。长尺二寸，明吉凶，不言而信。”刘向在《说苑》中也说：“灵龟五色，色似玉，背阴而负阳，上隆象天，下平法地，运转应四时，……知存亡吉凶之变。”

龟是宇宙的缩微，上古的拓片。龟“左睛像日，右睛像月”，“背负七星日月八方之图，腹有五岳四渎之象”。“前爪五指阳也，后爪四指阴也，故为阴阳之大用，或曰前五后四，五湖四海也。”天地人间，万事万物千变万化，无不集于龟身，藏于龟胸。

西方人认为大地是个球，中国人认为大地是只龟。据说，浮沉的大地只有负载在神圣动物的背上才不至于沦陷，龟就是负载大地的神圣动物。龟的腹甲呈“亞（亚）”形，圆圆的穹拱形的背甲，四边有四足支撑，亚形的四方是神灵之土，四方围绕着中央。在西方，“亚”字形是基督徒的圣符（ ）；在东方，“亚”字形是商人宇宙中心的象征（ ），是大地“亞”形结构的摄影、复写与反映。据李孝定考证：“殷墟发掘所见殷王陵墓其穴多作亚形。”（《甲骨文字释林》）这种大地亚形的观念，复现在商王墓形制和青铜铭文之中，暗示着墓中的死者，能够自由地进入另一个世界（“亚世界”，崇拜龟文化的东方因称“亚洲”）。美国著名汉学家艾兰在《龟之谜：商代神话、祭祀、艺术和宇宙观研究》一书中说：“龟其实是殷商时代的宇宙模型，这也是殷商人把龟用于占卜的主要原因。”“商代大地是亚形的宇宙观，自然导致了后来的信仰，这种亚形的宇宙模型可能是商人占卜以五次为多的原因所在。”艾兰进一步指出，占纹是人为制造的兆头，“商人的对应性思维和原始分类，不仅是用于理解和组织自然及人类社会的方法，也是一种控制宇宙的手段”。

龟的自身结构和宇宙模式的全息图景，使龟生来就控制人文信仰的走向。在西语世界，龟以我行我素的慢步与隐忍持戒的智慧，稳操胜券地面对古希腊善跑的英雄阿基里斯和骄傲的兔子；在汉语世界，龟也从容地构造着东方生命哲学和政治伦理。

自战国始，阴阳五行学说兴起，它最早把宇宙物质概括为金、木、水、火、土五种基本元素，与古希腊的水、土、气、火四元素论遥相响应。仁者乐山，智者乐水。龟不但占据着方位上的“北”，代表着元素中的“水”，象征着品德中的“智”，龟还以黑为美，坦陈自家神秘无底的色彩美学，以乌托邦式的理想，子虚乌有的玄幻，与乌鸦的黑构成同一色系，成为智慧的象征。老子说：“此两者（有与无），同出而异名。玄之又玄，众妙之门。”老子的“玄”不是虚化的玄妙，而恰好是黑暗中赤色的闪烁，约等于俗语中的红里透紫，紫里透黑。在华夏色谱中，黑中扬赤即为“玄”，赤色之浅则为“纁”。较之青、赤、黄、白、黑五正色，玄尤为尊贵，“玄纁”二色分别象征天地而并称（参见拙作《蚕》）。“生而不有，为而不恃，长而不宰，是谓玄德。”老子所讲的“玄德”，就是一种黑色智慧，黑色幽默，黑色大德。大德就是能生化万物涵养万物，但又不自以为有功，不去控制其生态。

庄子无疑深得“玄德”之妙，他不以神奇尊贵视龟为神祉，而是以平常心包容一切，希望自己和龟一样如曳尾于泥土的逍遥者，顺乎自然，保其天年，让一切好恶各得其所，各归其位。庄子曾问，你们看这神龟是愿意死了化为骨骸留在庙堂呢？还是愿意活着拖着尾巴在泥土中游乐呢？庄子自答：“往矣，吾将曳尾于涂（涂者泥也）中。”

崇拜庄子的苏东坡常常写诗作文，表露“愿作泥中曳尾龟”的心迹。不过，惯于使坏的苏子偶尔也会借乌龟“龟缩”之功、“龟息”之术玩回黑色幽默。有一回，苏东坡之友陈季常给新居取名作“龟轩”，东坡赠诗两句：“人言君畏事，欲作龟头缩。”

南宋时期杭州灵隐寺普济编集的《五灯会元》卷16，也曾记下一段关于“龟缩”的公案，透出一份中国人模仿乌龟行藏的处世禅机：

僧问：“如何是祖师西来意？”

师曰：“入市乌龟。”

曰：“意旨如何？”

师曰：“得缩头时且缩头。”

六

中国古代有鳌托大地的神话传说。

《列子·汤问篇》载：渤海之东有大壑，称为归墟，中有岱舆、员峤、方壶、瀛洲、蓬莱五座仙山，漂于水中。五山由于巨鳌的支撑，终于在大浪中耸立不动。巨鳌戴山的传说，其实就是神龟驮地神话母题和宇宙模式的再现。归墟象征着神话世界的原水原海。

归墟是否就是龟墟？关于“归墟”，有种说法认为，在原始部族生活的年代，“归”就是“归部族”所有人的“家”。于是，“归”字才有了“归来、回归、归还、之子于归”等字义。

深爱家乡的王老先生说，古代“归部落”实际上是以龟为图腾的氏族，与禹的父亲鲧（鲧与归音近）有关，地望在古郁洲地区（今连云港）。简化楷体“龟”与“鬼”头面相似，发音相同，是巧合还是内含某种神秘的关联？我个人认为，“鬼”可否解释为人生的归宿、生命的根柢？《说文解字》说：“鬼，人所归为鬼。”段玉裁注曰：“郭注引《尸子》‘古者谓死人为归人’。”以“归”训“鬼”，也是寄托了活人的一种希望。希望在呼喊“鬼”的时候，实际上是在催促它的魂“归”去，它的魄“来”兮。

远古时，人们视死者如复生。段玉裁按：“魂魄皆生而有之，而字皆从鬼者，魂魄不离形质，而非形质也，形质亡而魂魄存，是人所归也。故从鬼。”也因此，汉字“槐”之所以从“鬼”，大约与汉人在远古时期建立了灵魂观念有关（洪洞县的那棵大槐树不会是空谷来风）。古人认为，人死了以后，体和魄归入地下，而魂气并未消失，它们归隐于天上的另一个地方。所以《说文》曰：“魄。阴神也。”按照这个道理，魂就应该是“阳神”也。有神论之转世投胎说，应该指的就是气和魂的转世。

汉字中包含一种得天独厚的心理学智慧，涵养着别具一格的文化心理学体系，作为中国文化与人性的“元遗产”和“活化石”，是一把打开中国人性特征的密钥。辜鸿铭先生一向认为汉字属于心灵的语言。荣格（C.G.Jung）也曾学习汉字，称汉字为可读的“原型”。

从训诂的角度来看，乌龟（[古文字]）与巫（[古文字]）、癸（[古文字]）音同形似，其中必有其隐藏的远古秘密。我们是否可以通过文字的形义与音义的对应关系，将乌龟的“亚（[古文字]）”形结构、宇宙模式视为动态的对转与形变？倘以流动、简约的状态和过程来审视亚（[古文字]）、巫（[古文字]）、癸（[古文字]），也许我们会发现这些相关观念之间的类属联系，便可以发现汉字取象的原始蕴含，理解具象与抽象的辩证关系，让汉字研究回到形态观念的本质上来。

诗人蒋蓝在《寂寞中的自我指认》中说，巫指祈祷使用的玉器形工具，癸跟测量有关，《说文》："癸，冬时水土平，可揆度也……"

据张光直先生考证，巫为手持规矩的人（汶川县城街头治水者大禹手持的家什，以及人文始祖女娲伏羲手持的道具，据说就是规、矩），"矩可以用来画方圆，用这种工具的人就是知天知地的人，巫便是知天知地又能通天通地的专家"（张光直：《商代的巫与巫术》，三联书店 1999 年）。

巫（乌）、癸（龟）均与龟卜、预测未来的智慧神形象吻合。这表明，汉字是人类遵循自然规律（太阳神话）的抽象观念的视觉表达，是由最简之线段（阳光），趋近具体事物相关特征的复杂化的会意表达形式，而不是具体事物绘画的简化形式。

（原载于《西湖》文学月刊 2014 年第 11 期"汉字动物园"）

蛇

一

蛇是异类，所以称“它虫”。

据考证，“它”是“蛇”的本字。早期甲骨文（它），活像一条游弋的蛇；晚期甲骨文（它），突出了菱形“蛇头”（）。晚商甲骨卜辞有“亡它”两字，专家们把“它”释为“灾祸”，“亡它”就是“没有灾祸”。这说明，在尚未除魅的上古时期，蛇是处于绝对优势地位的动物，可比之为侏罗纪的恐龙，出没于恐怖语境。古生物学告诉我们，恐龙身上的确具备蛇的某些特征，如蛇颈龙，它拥有蛇一样扁扁的头以及细长的尾巴。我们不难想象，蛇曾经也拥有恐龙那样的世界霸主地位。

金文承继甲骨文画成其物，形象描摹的秉性，由早期的竹叶青，到晚期的眼镜蛇，在结体上放大了“蛇腹”的肚量，外观趋向于丰腴成熟，而内涵却一路朝抽象里走。比如金文中，另一条貌似喜珠暗结的蛇，其实不是身怀六甲，而是在蛇腹中加一小竖点作为指事符号，表示吞噬物，目的无非是显摆一下蛇腹神奇的伸缩性与消化力，令人遥想《山海经》那条巴蛇的胃口，凸显“蛇吞象”的贪婪与恐怖。

秦汉时期，金文的（它）隶变为（蛇头被误写成“宀”，另加“匕”）。自此，“它”字中“蛇”的本义被放空，沦落为偏旁，后加部首“虫”另造了一个“蛇”字，标明爬虫的类属特征。此后词义漫漶，“它”一心一意做了专职的“第三者”，或遥指主体以外的“另类”，不由得令人联想起海德格尔、拉康、尼采、弗洛伊德、萨特等大师意念中的“他者”。

“它”在字形中的“蛇象”基因一败如水，瞬间蒸发。如今，小学生已经无法在汉字“它”中捕捉到蛇影，可怜巴巴地在老师的威逼利诱下，机械地沿袭每字抄十遍二十遍的蠢法子来识字，不由得心中就积蓄着对认字的憎恶。

幸好，大踏步从课本中撤退的鲁迅先生，为我们保留了“它”的本义——鲁迅一生取用的 140 多个笔名中，其中一个叫“它音”的笔名，就有“蛇”的取意。据许广平解释：“它音，它，‘《玉篇》，古文佗字，蛇也’。先生肖蛇，故名。”

按民间的说法，吃什么补什么，属什么像什么。这样说来，鲁迅与蛇看来是天生有缘。肖蛇的鲁迅还曾以“它音”的笔名制印章一方，为篆体阳文，其中的“它”酷似一条蛇，眉目清晰可辨，形态活灵活现，足见他对这个笔名的偏爱。对此，鲁迅解释说：“一个作者自取的笔名，自然可以窥见他的思想。”按先生的意思，“它音”应该是蠡测其思想、性格，管窥其生命密码的秘密通道了。

二

几十年间，中国学生最痛恨的历史人物之一、学校教室墙壁上的刷屏王、语文课本的戏霸、各种书店的镇店之宝，世界公认的中国新文学一百年来头号杠把子、中国主流媒体的话题之王，谁都知道他是谁。没错，鲁迅是个谜！

鲁迅的故乡绍兴，史上是以蛇为图腾的古越人的活动中心，更早属于崇拜蛇的九夷部落。生于蛇地、笔名“它音”、属蛇的鲁迅，仿佛蛇精转世，无巧不巧地格外喜欢蛇。从小种下“恋蛇情结”的鲁迅，隐隐地把蛇衍化为作品中最隐秘的文学意象，试图将自己的风格、洞见和性情，都投射到这一异己力量上。

从蛇的意象中，我们也仿佛看到了鲁迅不同流俗的独立人格、制敌于死命的刻毒和鞭辟入里的自审意识。因此，一生以咒鲁著称的苏雪林女士贬之为“老毒蛇”。

蛇与舌音同义近，在汉语中有共同的语源。甲骨文的[甲骨文](舌)，其形如蛇之舌。那伸出口腔（[甲骨文]）分叉（[甲骨文]）的造型，岂不就是灵动的“蛇信子”？有学者认为，这分叉的造型（[甲骨文]）是人类舌下的筋脉，也有荷尔蒙派学者从舌字的上（[甲骨文]）下（[甲骨文]）交合的字符形制中，看出了男女性器及其进进出出的活塞运动。

这些说法自有道理。不过，我个人认为，舌与蛇的关系，无论是音与形都割舍不开。譬如，甲骨文另有一种舌的写法[甲骨文]（舌），在所谓的“蛇信子（[甲骨文]）”上，还着意加两点（[甲骨文]）作为指事符号，那分明是蛇的毒液，而不是人类说话时啐出的口水。

世界上的舌头千差万别，但只有蛇是唯一用舌头代替鼻子和耳朵的动物。这

一点也许我们没意识到，但明察秋毫的远古造字者意识到了。那细长分叉的舌信子，火苗般瞬间吞吐万千，既嗅且听，多疑而敏锐地感知周遭的动静，是蛇之舌的独特法器。据说，变色龙的舌头比它的身子还长，平时深藏不露，见到飞虫，像弹簧刀一般嗖地弹将出去，一下命中目标，不劳手脚就可美餐一顿。

又是一个无巧不巧。鲁迅先生恰恰是最不招人待见的“舌”战英雄。

鲁迅舌上功夫，似投枪，是匕首，古今恐无几人能匹敌。即使偶有比肩者，恐怕在毒性上也不及其万一。鲁迅钟爱蛇，看重的正是蛇之“独”与“毒”。鲁迅的舌头不仅开叉还带剧毒，不仅带剧毒而且是五毒俱全。鲁舌与蛇毒似是同类生灵的全息感应。概览鲁学专家们的研究成果，我们不妨总结一下鲁迅的“五毒”功夫：

一是眼光之“毒”：于天上看见深渊，于无声处听惊雷，于道德仁义中看见“吃人”二字，“于浩歌狂热之际中寒，于天上看见深渊，于一切眼中看见无所有，于无所希望中得救”（鲁迅《墓碣文》）。

二是笔锋之“毒”：“寸铁杀人，一刀见血”（郁达夫语）。

三是反抗之“毒”：“不克厥敌，战则不止”“一个都不宽恕”。

四是自审之“毒”：舌为心之窍，鲁迅舌头之毒，源自内心的审视。“抉心自食，欲知本味”，“痛定之后，徐徐食之”。

五是出手之“毒”，“绍兴师爷借刀杀人”，“痛打落水狗”，必以灭之而后快。

鲁迅曾写过《阿长与〈山海经〉》一文，记叙了仆人长妈妈为他买过一本《山海经》的经历。这部奇书是否影响了少年鲁迅的恋蛇情结，还有待于学者们进一步考证。但是，蛇作为《山海经》出镜率最高的动物之一，却是不容置疑的。

据专家统计，《山海经》中，“蛇”字出现 115 次，而深受国人膜拜的“龙”字才出现 44 次，足见蛇在远古先民心目中的显赫地位。

只不知出于什么目的，《山海经》的作者似乎不太喜欢蛇——在《山海经》中，蛇的出现总与厄运相伴，而且作者还别有用心地制造种种鬼魅的出场氛围，令人毛骨悚然。更为怪异的是，在《山海经》中，蛇还具有千变万化的变身功夫，甚至常常不自觉地嵌入我们祖先的身体，与许多伟大人物形成异质同构体。

比如，《大荒西经》说：“有神十人，名曰女娲之肠，化为神，处栗广之野，横道而处。”

这句话，对缺乏人蛇混居生活经验的现代人来说，读起来可能会吃力。好在有东晋大学者郭璞注曰：“女娲，古神女之帝者，人面蛇身，一日中七十变，其腹化为此神。”汉代石砖画像中，也有伏羲女娲交尾图，画像中的伏羲与其妻子女娲都是人面蛇身。想是受了《山海经》的蛊惑，东汉王延寿在《鲁灵光殿赋》更是添油加醋地说：“伏羲鳞身，女娲蛇躯。”

在《山海经》中频繁现身的自然界中纯粹的蛇，以及异体同构的带有蛇元素的异类，构成了光怪陆离的蛇世界。它们的种种异相，通过原始先民瑰丽的想象，衍生到具有蛇基因的神祇身上，从而在某种层面揭示了原始社会的真相，让我们不得不怀疑：难不成中国人都是人蛇杂交的后裔？

闻一多在《伏羲考》中，试图厘清令人眼花缭乱的蛇的身体形态。闻一多说：“龙图腾，不拘它局部像马也好，像狗也好，或像鱼，像鸟，像鹿都好。它的主干部分和基本形态都是蛇，这表明在当初，那众多图腾单位林立的时代，内中以蛇的图腾为最强大，众多图腾的合并与融化，便是这蛇图腾兼并与同化了许多弱小单位的结果。”

按闻一多先生的说法，我们仿佛窥见原始初民洋溢着野性的情感和想象，投射于蛇的种种可能的情形，他们以令人咋舌的方式与险象环生的蛇世界，进行了有声有色的生命交流。

蛇，从此也就被涂上一层神秘的釉彩。

三

鲁迅喜欢蛇，大抵始于《山海经》;西方人不喜欢蛇，似是从《圣经》开始的。《圣经》上说，蛇是上帝所造的万物之中最狡猾的一种。由于它的引诱，才使得夏娃和亚当偷食禁果，人类从此背负“原罪”，必得时时忏悔。

为了赎罪，人类与蛇同时结束了伊甸园的幸福时光，并且被告知:须敬仰上帝，经受各种苦难。世界，因此而改变。

人们通常认为，改变世界格局的不是蛇，而是苹果。众所周知，历史上有三只著名的苹果。第三只苹果,曾握在已逝的乔布斯的手心（“苹果”系列电子产品），人类收获了时尚生活；第二只苹果，砸醒了牛顿（发现了“万有引力”），人类收获了科学；最初的那一只苹果，携带浓郁的荷尔蒙气息，诱惑了夏娃，人类收获了智慧。伊甸园的苹果，是史上著名三只苹果中最著名的一只，它决定了后两只的成色和功用。

其实，苹果无非是生长着的静物，是受动者；真正诱惑人类欲望和智慧的使动者，无疑是那条狡猾的蛇。

当初，上帝创造了亚当和夏娃，并没有赐予他们智慧。他们在伊甸园无所事事，吊儿郎当，赤身裸体，不知羞耻。

一切始于诱惑，始于蛇。

《圣经》上说，正是因为蛇的诱导，人类始祖吃了智慧果子之后，心里明镜似的。

两小无猜的少年亚当和少女夏娃，茅塞顿开之后，腮上顿时绽开了桃花。因为有了羞涩感，就有了遮人眼目的小动作。比如，他们学会了掩饰，用无花果树叶子编成迷你小裙，遮盖难为情的根部。

后来，亚当和夏娃被赶出了伊甸园，开创了人类轰轰烈烈的情爱史。但不幸的是，在规模宏大的造人运动中，亚当夏娃诞生了众生，却迷失在众生当中。

于是，地球上多出了一个难解的谜团：亚当和夏娃究竟属于哪个人种？

有了谜团，自然也就多出了一批乐于解谜的志愿者。志愿者们十分热衷于与亚当和夏娃攀亲。一场祖先争夺战在西语世界里打响。

一向爱争名人故里的中国人，作为西语世界的他者，对这场公案出奇地冷静，淡定。虽然也有学者说到伊甸园的中国归属地问题，但他们没有加入到亚当夏娃的争夺战，这件事令人十分纳闷。

读过李波的《中国饮食文化批判》一书，我才恍然大悟：亚当与夏娃可以是世界上任何一个人种，但肯定不会是中国人。因为，假设他俩是中国人，决不会等到蛇来引诱，就先把那条蛇给逮起来吃了。书中引用美国学者伊安·罗伯逊在《社会学》的话做了旁证：美国人吃牡蛎不吃蜗牛，法国人吃蜗牛不吃蝗虫，非洲的祖鲁人吃蝗虫不吃鱼类，穆斯林吃牛肉不吃猪肉，印度教徒吃猪肉不吃牛肉，俄国人吃牛肉不吃蛇肉……

总之，他们都有所不吃。而中国人是全世界最大的吃家，什么都吃。

俄国人吃不吃蛇肉，我不太清楚。然而，作为美食家的中国人，我却十分了解吃文化在中国社会的终极意义。《舌尖上的中国》，以挑逗中国人的食欲为乐，透析了中国食文化的博大精深；《新华字典》上关于动物词条的解释也表明：对国人来说，动物不过是餐桌上的美味，没有什么不能吃的。

因此，林语堂先生在《吾国吾民》中一语中的："人世间倘若有任何事情值得吾们的慎重将事者，那不是宗教，也不是学问，而是'吃'。"意思是说，吃文化是了解中国文化的捷径，中国人可以用婴儿口腔期试出一切文化的高低真伪。幸好那条蛇不是生在中国，也幸好人类始祖在蛇的循循善诱下，成功结束了随地大小便的无知生存状态，否则人类将永远与智慧无缘，我们也将失去一个近代以来中国人施虐与效法的对象。

四

东方的智神是龟，西方的智神是蛇。

传说，充满正义感的大神普罗米修斯，冒着被宙斯惩罚的危险盗得了火种，并亲手交给了人类。众神之神宙斯，立刻将普罗米修斯锁在高加索山崖上，还指使一只鹫鹰去啄食普氏的肝脏。

肝脏被吃了又长，长了又吃，鲜血染红了大地。普氏为了人类的解放事业流尽了最后一滴血，最终成为舍生取义的千古英模。

可是，为人类带来智慧的启蒙者——蛇就没这么走运。它不仅受到耶和华的诅咒和惩罚，还成为人类的共同敌人。那么这是为什么呢？只因它告诉人类一个真相，蛇失去了迷人的翅膀。直到今天，终生吃土的蛇没有视、听器官，没有发育出一双好使的脚来，只能用肚子行走（不过，黄永玉认为蛇躺在地上过日子，贴着地皮讨生活，有个好处就是摔不到哪儿去）。

普罗米修斯后来被大力神赫拉克勒斯解救而获得了自由，但蛇所受的惩罚似乎还没有结束的迹象。

上帝亲手制造了人类智慧史上第一桩冤案，同时也制造了恶的累积。

女作家周晓枫说：“由于对天堂的仇恨——蛇最感兴趣的食物是鸟：那些唯一能够来往天堂的飞翔使者。它伺机偷袭、洗劫巢穴，吞食幼鸟和蛋卵。因为没有四肢的阻碍，蛇反而可以深入别的动物无法涉足的领域；明亮的歌喉和绚美的羽毛，将消失于蛇地狱般狭长而腥臭的肠胃。”

人类在对待蛇的问题上，似乎一开始就走偏了方向，远离了人类智慧事业的整体，一不小心站到了创世主的主流立场上了。据鲁学专家们分析，对整个中华文明来说，鲁迅之所以不招人待见，就因为他是一条使国人远离颠倒梦想究竟涅槃的蛇。

汤因比认为：一种文明如果不至于衰微，“那么，我们就必须再叫一个演员出场：让一个批评家来提出几个疑问以便让思想再度活跃；叫一个对头来注入一点痛苦、不满、恐惧或憎恶，以便感情再度敏锐化。这就是《创世纪》里蛇的工作，《约伯记》里撒旦的工作，《浮士德》里摩非斯特的工作……”

我想加一句，这也是鲁迅的工作。

在中国，鲁迅是一位自觉的受难者，在缺少原罪文化传统的国度，鲁迅怀有

深深的罪恶感，这使他比任何人都具有牺牲精神。先生说："真的勇士，敢于直面惨淡的人生，敢于正视淋漓的鲜血。"这是一位孤独的战士，他冲破不同声音的评价体系，是一幅永远肃穆的版画、一尊矗立不倒的雕像。

萨特说：他者即地狱。萨特的意思是，对于你身边的人来讲，你也是他的地狱；他人的存在与影响是你无法决定的，就像自然环境一样，你能决定的是自己的心态，不能决定的是别人的评价。

海德格尔也认为，一个孤独的存在者要从他人的目光或他人的地狱中解脱出来，只能有两种途径：或心甘情愿地做别人的物，或者使他人做自己的物，去操纵他人。

鲁迅看来是不依赖于他人的目光而生存的，活着和死了都一样。虽然，先生也借助他人的目光来照射自己，但绝不会苟活于他人的评价坐标中。因为，鲁迅是特立独行的蛇，是"它音"，是"他者"。当今的社会不再需要"投枪和匕首"，只需要盛世的赞歌、脂粉和大麻。正如陈丹青先生所说：

"假如鲁迅精神指的是怀疑、批评和抗争，那么，这种精神不但丝毫没有被继承，而且被空前成功地铲除了。我不主张继承这种精神，因为谁也继承不了、继承不起，除非你有两条以上性命，或者，除非你是鲁迅同时代的人。最稳妥的办法是取鲁迅精神的反面：沉默、归顺、奴化，以至奴化得珠圆玉润。"

（原载于《西湖》文学月刊2014年第11期"汉字动物园"专栏）

苍蝇

苍蝇最早现身于李斯创办的小篆体杂志。所以，目前我们所能见到最早的汉字“蝇”，是《说文解字》保留下来的小篆体。

五经博士许慎说：“蝇，营营青蝇。虫之大腹者。从黾，从虫。”篆文“[illegible]”（蝇）由“[illegible]”（虫）、“[illegible]”（也）、“[illegible]”（卵）三个字根构成，是一种双翼大腹昆虫，习惯在目标食物上大量排卵，使其腐化，然后食用腐化物。

秦统一六国后，由于各国文字迥异，有碍沟通，不利于实施秦王朝“递三世乃至万世为君”的无限期规划，遂命丞相李斯为文字改革委员会主任，负责统一六国文字。擅长小篆的书法爱好者（有刻石为证）李斯，以“小篆”为标准，不辱使命地完成了这一千秋大业。有了统一的文字，六国团结如一，从此奠定了华夏民族统一的基础，却不期然加速了暴秦的灭亡，中国汉字完成了隶变，正式进入汉字命名时期。

这就是说，周王朝的钟鼎文没有苍蝇，商帝国的甲骨文更不见苍蝇。可知，被称为“龙骨”的有字甲骨，显然没有受到苍蝇的污染。所以，王懿荣在1899年发现甲骨文以前，“龙骨”被当作一味“放心药”吃进了许多中国人的肚子，化成了一部分中国人的骨血——按台湾学者唐诺的说法，直到20世纪初，那些刻有文字的甲骨才从医学院转入文学院。同时，在现代医学的解剖刀下，人正在从生灵向生物、动物急遽退化，我们高贵的肉身也随之从文学院转入了医学院，不再与灵魂、巫术牵扯不清。

但是，“没出现”不等于不存在。苍蝇的历史远比人类历史更悠久、更深厚。倘以苍蝇的生活习性为依据，我们可以在中国远古的灶台上，发现苍苔屐痕。苍蝇喜欢围攻有吃有喝且温暖宜人的中国式灶台，中国人与苍蝇同灶而食大约有3000年历史。

一句话，从“灶”字出发，不难找到苍蝇在古文字中的踪影。

“灶”的繁体字写作“竈”，金文写作“ ”——这个长得十分可爱的字，上面有“穴”，是有房盖的半地穴式住宅，显然此时人类已进入“居者有其屋”时代；下面的“ ”，是后来统一简化为“黽”的多脚飞虫“蝇”的本字。瞧这副模样，无疑是苍蝇的原型了。

但是，由于楷书“ ”将篆文字形中的虫头“ ”写成“ ”（口），将带“卵”的虫身“ ”写成“ ”（电），面对“黽”的远古造型，有人将它释为“蛙”，有人则乐意释为“黽（蝇）”。这是字典上最混乱的地带之一，见仁见智地诠释之后，造成文字学上一场打不清的官司。

明眼人想必一看即懂，之所以会产生汉字乱象，说到底是事物本身的关联牵动了人类思想认识的关联。毕竟蛙是喜食苍蝇的物类，诸多说法或可释怀。正因为物象之间的似是而非的关联，才使我们有机会借中国式灶台解读远古的苍蝇。然而，我个人认为，出没于灶台上的苍蝇不算智者。古希腊先哲告诉我们，对一只不想被拍死的苍蝇来说，最保险的地方就是苍蝇拍，而不是灶台。

愚蠢又可恶的苍蝇，固然不可能在文学上有所造就，从古至今，甚至没有一首诗赞美过苍蝇，也没有一首歌吟诵过苍蝇。

不过，细心人还是从《诗经》里发现了文学史上的第一只苍蝇。《诗经·齐风·鸡鸣》：“鸡既鸣矣，朝既盈矣。匪鸡则鸣，苍蝇之声。”这个发现，无意中奠定了苍蝇作为文学小虫的反派地位。

李时珍认为，苍蝇营营叫，其名自呼。苍蝇也是一种擅长自我命名的动物，它们从《诗经》起飞，在唐诗宋词中嗡嗡营营，一直吟诵到今天。

唐诗人韩愈在《秋怀诗》中说：“上无枝上蜩，下无盘中蝇。”

韩愈又说：“蝇营狗苟，驱去复还。”

接过韩老师的接力棒，宋代的陆佃在《埤雅》里说：“青蝇粪尤能败物，虽玉犹不免，所谓蝇粪点玉是也。”

苏学士的《满庭芳》则有言：“蜗角虚名，蝇头微利。”

与古人笼而统之的议论相比，诺贝尔文学奖得主、华语作家莫言的观察，算是细腻的。莫言说：“苍蝇，不断地翘起一条腿来擦眼睛，抹翅膀。世界上没有一种动物能像苍蝇那样灵巧，能用腿来擦自己的眼睛。”

在现代文学史上，知堂先生大概是最早写到苍蝇用腿擦拭眼睛、对苍蝇泛着青铜光泽的复眼予以另眼相待的大家。周先生告诉我们,对苍蝇的恶感是因为“现在受了科学的洗礼，知道苍蝇能够传染病菌”，并因此而将苍蝇引申为“美和生命的破坏者”。

周作人对苍蝇的“可恶”还做了一个解释:“他的别一种坏癖气，便是喜欢在人家的颜面手脚上乱爬乱舔，古人虽美其名曰‘吸美’，在被吸者却是极不愉快的事”，“但这是一个相当个人化的体验与情感反应，大多数人对苍蝇的厌恶大概不是由此而发，还是理性在起作用”。

俗话说，苍蝇不叮无缝的蛋。有趣的是，在貌似价值多元化的当下，有些蛋其实巴望着被叮；那痒痒的感觉，被叮者想必是很受用。知堂先生似乎看到了他的子孙们的做派，故意制造绯闻撩拨被“吸美”者，权且排遣寂寞。连广场大妈都知道：没有苍蝇叮上来的食物，绝不是好食物；当然，被苍蝇叮过的食物也未必是好食物了。这是一个悖论。

所以，在散文《苍蝇》中，周作人说:“苍蝇不是一件很可爱的东西，但我们在做小孩子的时候，都有点喜欢它。我同兄弟常常在夏天乘大人们午睡，在院子里弃着香瓜皮瓤的地方捉苍蝇。……倘若捉到一个年富力强的苍蝇，用快剪将头切下，它的身子便仍旧飞去。”周作人还引经据典地说:“希腊路亚吉诺思的《苍蝇颂》中说:‘苍蝇在被切去了头之后，也能生活好些时光。’大约二千年前的小孩已经是这样玩耍的了。”原来，世上还真有没头苟活的苍蝇，这倒真是值得一颂的。难怪京片子有言：你丫忙得跟没头的苍蝇似的。

书家对苍蝇却有偏爱。他们认定蝇头小楷是审美与技能的标高，并非粗俗之辈可及。能进入书家法眼的动物，或者动物的器官，除了鹤体、蚕头、燕尾之外本来就不多，足见蝇头之精致、细巧。

没头的苍蝇俨然刑天一样无畏，却很难改变其丑恶的形象。在周氏兄弟决裂后不久，鲁迅于 1925 年 3 月发表了著名的《战士与苍蝇》:“战士死后，周围飞着一些‘营营’不断的苍蝇。”这似乎是战士的宿命。紧接着，鲁迅说“有缺点的战士终竟是战士，完美的苍蝇也终竟不过是苍蝇”——虽然，鲁迅在此后加注说，战士是指孙中山，苍蝇是谁没有明说，但聪明的读者认为，这显然是针对乃弟《苍蝇》的。

生活中不能没有苍蝇。事实证明，不管你走到哪里，在雾霾密布的天空下，总有一群苍蝇有形无形地萦绕着你，营营自鸣。当然，说不准我自己也是别人的苍蝇。这就是世俗的哲学，我们无法脱俗。

老子说，上善若水，水能处下。苍蝇最不厌下。庄子说，道在屎溺。苍蝇最爱屎尿。这么说又奠定了苍蝇作为哲学小虫的地位。

（原载于《西湖》文学月刊 2014 年第 12 期“汉字动物园”）

蚊子

一

“松扉欲启如鸣鹤，石鼎初煎若聚蚊。”（皮日休：《冬晓章上人院》。）在文艺青年泛滥的唐朝，诗人皮日休穿越温差悬殊的季候，以嘤嘤嗡嗡的“聚蚊”入诗，来比喻冬天煎茶的声音，足见其对蚊子的偏好。

可是，唐宋时期更多的文青认为，“聚蚊”的声音其实没那么小，甚至比雷声还大。唐人王起就说过：“蚊聚雷侵室，鸥翻浪满川。”（《秋霖即事联句三十韵》）

公子哥张祜也十分工整地帮腔：“雨气朝忙蚁，雷声夜聚蚊。”（《题平望驿》）

宋人梅尧臣则直接以《聚蚊》为题，吟道：“日落月复昏，飞蚊稍离隙。聚空雷殷殷，舞庭烟幂幂。”殷殷如雷，幂幂如烟，意境何其空蒙深远，诗意的美感顿时稀释了人、蚊之间由来已久的积怨。

“聚蚊”一词，典出《汉书·中山靖王传》：“夫众煦漂山，聚蚊成雷。”意思是，蚊子一旦聚到一起，就轰响如雷。

“听”蚊，要有听昆曲的情致；“看”蚊，则需要一点魔法师的眼力。韦应物曾留心过琥珀里的一只晶莹剔透的蚊子标本：“曾为老茯神，本是寒松液。蚊蚋落其中，千年犹可觌（dī，相见，察看）。”（《咏琥珀》）温润的琥珀固然可以把玩，但要细察入微，却是常人难以企及的。

“乍可巢蚊睫，胡为附蟒鳞。”（《浮尘子》）——元稹算是厉害的，竟能于细微处发现“浮尘子”在蚊子的睫毛上做窝。

浮尘子是什么？浮尘子原是一种小到可以忽略不计的虫。

“雨工避罪者，必在蚊睫宿。”毕竟于茶香氤氲的禅定中终胜一筹，又是皮日休。此公认为蚊子睫毛虽小，但雨神可以住在上边（《吴中苦雨因书一百韵寄鲁望》）。

诗人的浪漫，毕竟是实证主义难以抵达的彼岸。驻留在现实大地，一些满怀诗情叩问经典的训诂学家、考古学家却认为，蚊子的命名与发声，来自于它们扇动的翅膀，不过是人对自然的拟音而已。这意思无非是说，在汉语世界“嘤嘤嗡嗡”响彻古今的“蚊”字中的“文”，有且仅有表声的功能。

当象形白描手法不能满足最初的造字冲动时，“蚊”字便勇敢地跳出“画成其物，随体诘诎”的象形窠臼，一边坚守实像（形义符），一边回归声音（声韵符），另辟一条简便体贴、便于识读的造字路线。

单体为文，合体为字。最早见于金文的“蚊”（），作为合体字，就是由“虫”（形义符“”，表类属）和“文”（声韵符“”，表声音）合成，表明蚊子是一种嗡鸣的吸血小飞虫。

这种大胆而非任性的“蒙太奇”手法，标志着造字运动已进入了流水线生产阶段，造字者从此不再诉诸新发现、新造型、新景观，而是将既有的“单体文”当成造字的材料——原理性的突破既然已经大功告成，积木式的组合创新，遂成为造字的新工艺。

于是，玟、旼、汶、纹、坟、雯、旻、彣、紊、闵等一批“文”字族的形声字，便大量涌现。

文字向语言（口语）的首次大规模妥协——文本在绘本与话本之间两面讨好，一边保留了形象的材质，一边嵌入了颤抖的舌簧，既召回了字前时代悦耳的声响，也为文字取悦大众做出了贡献。在造字者尝试“文”化祛魅的过程中，汉字终于实现造字模式的历史性突围，从贵族祭祀的“卜辞”或“录辞”、宫廷记事的符号，变成民间记音、交际的工具。

著名台湾学者唐诺说：“当一个字不太熟识地忽然跳到我们眼前时，我们可以声符去尝试它的声音（‘有边读边，没边读中间，没有中间自己编’的民粹式声符理解方式），从意符去感受它的属性，更敏感更多心的人并且由此可寻回这个字的可能经历和记忆，甚至回到最原初的始生之处之时。”（《文字的故事》，上海人民出版社，2010年版）。

二

小篆时期，“虎狼之师”的秦人不屑用细声细语的文艺腔、文（）绉绉的小清新去造“蚊”字，遂用“”（民，同“眠”）和“”（虫）作为构造材料取而代之，另造了一个异体字“（蚊）”。

随后，索性用“”（昏，眠）代替“”（民，眠）再造了一个“”（+），强悍地流行于短暂的秦帝国时期，成为汉字演变过程不可或缺的一环。

在篆隶交替的时间斜坡上，东汉人许慎借坡下驴地解释说，之所以用“[illegible]（许慎认为是“昏”）”“[illegible]（虫）”造一个蚊字，是因为蚊子是出没于黄昏的小虫。

宋人陆佃以原告的身份，站在受害者的立场上，否定了“民”与“昏”“眠”的借贷关系，转而强调了夜行吸血鬼的害“民”属性，从物象场景和谐音的角度弥补了许慎的不足。

享有“文章精练醇雅、有秦汉古风”盛誉的罗愿，在现实与浪漫接壤的细微处，发现了蚊子“足有文彩”的细节，又折返到先民纤毫毕现的观察力上。在《尔雅·翼》中，徽州人罗愿说：“其生草中者，吻尤利，而足有文彩，吴兴号为豹脚蚊子。”

抑武尚文的宋人，似乎十分热衷于此说。因此，大文豪苏轼也目光犀利地认定：“风定轩窗飞豹脚，雨馀栏槛上蜗牛。”（《次韵周开祖长官见寄》）

专事动物命名研究的学者们并不完全赞同“豹纹说”，认为豹纹的解释太随意了；虽说蚊子脚上的确有花纹，但比起其他许多昆虫来，实在不算显眼。

峰回路转之后，一部分学者的注意力又从蚊子的脚，绕到它的行踪上来。他们认为，汉字“蚊”来源于蚊子飞行时的纹状轨迹。我觉得此说更不靠谱，哪只带翅的昆虫走的是笔直的路线呢？

生物学家认为，昆虫大多以对数螺线的方式接近光源。

倘以形声字“音符表音”的认定，去掩饰“音符既表音又表义”的实质来解读“蚊”，要么屏蔽于视、听之外的感官，在蚊子的发声、肢体及花样飞行路线上转圈，忽略“文”的微言大义，曲解、误读造字者的良苦用心；要么囿于“约定俗成”的借口而偷懒耍滑，藐视先民造字的智商，设置透明的玻璃天花板，把凡不能解读的汉字义层，一甩手都以“声旁不表义”的托词揖让给了虚空，然后便袖手旁观去了。

因此，蚊子的命名问题就成了一个谜：如此令人讨厌的害虫，怎敢附庸风雅妄称“文”虫？

《说文》：“文，错画也。象交文。今字作纹。”又称：“仓颉之初作书，盖依类象形，故谓之文，其后形声相益，即谓之字。文者物象之本，字者言孳乳而浸多也。”

按许慎的说法，“文”的本义亦隐藏于花纹、裂痕（纹），坟典（三坟五典，古代典籍的通称）或指起伏于大地的土包（坟）、彩云（雯）、杂乱（紊）、苍穹（旻）、昏暗（闵）、水纹（汶）、光波（旼）、玟理（玟）、彩色（彣）等义项中……一批与“纹理”有关的“文”字族群落，证实了许慎的说法不谬。

最早见于甲骨文的“文”(䒑)，其字象恰好也呈纹理纵横交错状。据此，追随许慎的文字学者认为，“蚊”字中的“文”，应是斑纹之“纹”的本字或省变。

蚊子用他人肉身的疼痒证明自己的存在，用血债累累的斑痕表达自己的美术见解。它们张开精致的小翅膀，凭借随身携带的“秘密武器”——刺吸式管状口器和6枝短针，宛如训练有素的小护士娴熟而迅速的针法，在义务献血者的瘙痒处留下一朵六出雪花状的红斑，犹如人类早期刺青或文身留下的斑痕，赫然在目。因此，朱芳圃在《殷周文字释丛》中说：“文即身之文，象人正立之形。”

据人类学家研究，刺青或文身，既可以吸引性关注，又是人类群婚时代有效防止近亲乱伦的禁忌符号。《礼记·王制》中就有这样的描述：“东方曰夷，被发文身，有不火食者矣。”据现代性学专家分析，中国南方古越国的“断发文身”，也有区分族群、避免乱伦的作用，是文明进步的习俗。因此，“蚊”字中的“文”，或可与人类早期的文身现象有关，可否解释为“文明”“文化”之“文”呢？

民间学者冯宜全先生在《汉语字音起源》中指出：“远古造字，其形状很像蚊子，故谓之文。物象都被蚊象化了，就叫文化。”冯先生认定，甲骨文中的“䒑”(文)和金文的“䒑(文)”，都是蚊子的象形字。尤其是金文中的“文(䒑)”，上面突出的尖嘴明显是针管状口器，下面依次是两只翅膀和两条腿，中间则是心脏，代表吸入的血液。

此说是否合理，我个人认为，民间自有民间的力量。

三

沿着蚊子对数螺线型飞行轨迹，我似乎很得意于自己从音、形、义，以及音形义结合方式上绕了一个大圈，目的无非是炫耀一下我的一个新发现、一个也许早被专家们论证过的过气的新发现：

蚊→纹→纹理、图形→文身、刺青＝性禁忌符号→文＝文化、文明。

可是如果你认为这就是蚊子被称为“文虫”的秘密，那你也太小瞧造字者的智商了。

所以我们不得不演一回穿越剧，折返造字现场，去看看当年的生活场景、思维方式，并且从中发现蚊子与古人的某种生活场景、思维方式方面的关联。

列维·布留尔认为，一切事物之间——不管是宇宙天象、自然现象、动植物世界，还是人类社会任一事物之间——都依靠某种不能凭借逻辑分析做出解答的“神秘”链条连接起来，彼此渗透，互相渗透。

汉字“蚊”作为形声字，既然最早出现在金文中，与金文鼎盛时期的周王朝，在时间上无疑是重合的。那么，周文化有什么突出的闪光点呢？

我的小学启蒙阶段，每日功课之一是演唱“林彪要复辟，孔老二要复礼”活报剧。我在这场掘祖坟的运动中，并没有有口无心地念叨这些顺口溜，而是从反面获得了国学滋养。在反复的批判中，我也大体上弄明白“克己复礼”意思是：一个叫孔老二的丑男人一心一意要开历史倒车复辟周礼的原因是：周朝是个沿袭古风的、崇尚礼乐的奇葩王朝。

这个奇葩王朝显然是激发了我的求知欲。在此后多年的阅读中，我弄懂了一个问题：在古人看来，先礼后兵的蚊子与尊崇礼乐的周人，在“文气”上似乎达成了某种神秘的契约。

在寻找降落的肉体之前，我们知道，蚊子总是一边盘旋、舞蹈，一边弹琴、吟唱。即便是好战的雌性嗜血者，也是嚷嚷着先下战书，集体誓师，然后俯冲，一视同仁地向或白嫩香艳或黑粗污浊的肉身痛下针砭，绝无偷袭下作之嫌疑，也无嫌贫爱富之机巧。

史载，我国古代战争就遵循了蚊子的行为方式：先礼后兵。

当时的情况是这样的：战争的双方，经 N 次卜筮、磋商，再磋商、再卜筮之后，选择大伙儿都能接受的时间、地点，派得力使节下过战书后，才正式拉开帷幕。

双方摆开阵势，先是兴师问罪，历数动武的理由，然后泼辣辣地开骂，直骂得血脉贲张，全然没了颜面，方才恼羞成怒，兵戈相见。

有时，为了确保战争的公平、公开、公正，双方还要通报参战实力，甚至共同派遣民夫提前平整战场（工钱也实行 AA 制），其情其景，你可能觉得这是在拍电影，而不是做殊死决战。

战争如此，对待猎物也是如此。上古时期流传至今的“网开三面”典故就是明证。

继续穿越。话说比周朝更早的一个王朝是商朝。

据说有一天，一个叫成汤的商王在田间散步，见有人四面张网捕猎飞鸟，于是悻悻然走过去对那人说：

“呔，你丫太残忍了吧，如此下作，所有的鸟儿都会被你这厮捕尽的！”

成汤一边斥责，一边砍断了三面网，然后与鸟儿攀谈起来："亲，喜欢向左飞就向左，喜欢向右飞就向右；如果你真的厌倦了生活，就投入这张网吧。"

"网开三面"这个成语由此而来。

后来便以讹传讹变成了"网开一面"。

再后来，毕业于伏龙芝军事学院的刘伯承，在现代战争实践的基础上反复提炼，形成了"网开一面，围三阙一"的战法。

不过，这时候的"围三阙一"，与古风已经相去甚远。刘伯承"围师必阙"的实质是：

"虚留生路，暗设口袋"，通过加强三围攻势，然后衔尾追溃。

在上古时代，"围三"就是利用三面合围之势，瓦解敌军的抵抗意志；而"阙一"则是留给敌军一条逃生的路线。也就是说，"围三阙一"战法既要减少战争投入的成本，取得军事上的主动；又要避免对方死磕，弄得双方鱼死网破，保存有生力量。

军事史家分析说，春秋以前，敌对双方军旅的主体大多是农民，倘把敌对人员杀光，抢到的只是没人耕作的土地，完全没有收益。而且，那些溃败的士兵最终会被俘为奴（"亲戚"之"戚"即与兵戈有关，与战俘有关），杀敌其实是在杀自己未来的财产、未来的亲戚。

所以，当时的战争惯例是只"猎首"不追溃。

四

毛泽东在《论持久战》中，曾将宋襄公恪守"兵礼"的行径，称为"蠢猪式的仁义道德"。

话说宋国人跟楚国人打仗，大臣劝宋襄公趁敌军渡河兵马慌乱时偷袭，他放弃了；敌军上岸之后还没稳住阵脚，大臣又劝他该出手时就出手，他又放弃了。最后，战争放弃了他。宋人大败。

史家认为，由上古时期的天下万邦，到春秋时代的数十诸侯国，再到战国时的七雄争霸，最后是秦汉统一华夏，这一历史演变的过程显示：统一，是中华民族发展的历史趋势。统一的方式和路径有两种：一种是"以德服人"，一种是"以力服人"。

前者主要依靠涵化融合的方法；后者主要是指战争兼并的方法。东周以前，走的是"以德服人"的路线；东周以后，走的是"以力服人"的路线。

西周时期，“五礼”中就有“兵礼”。兵礼既包括交战的规则，也包括了军队中的各类礼仪和纪律。春秋晚期到战国时期，这些战规逐渐被抛弃，诸侯异政，诸子蜂起。

此时，《孙子兵法》的出版发行，加速了道术分裂。“兵不厌诈”“出其不意，攻其不备”等军事理论，已被人们普遍接受。秦国就以斩获首级（或取右耳）的数量来登录、表彰军功。所以，“围三阙一”战法就成了最为阴毒的战策之一。

在春秋天下大乱、列国急须重整政治秩序的当口，未能与时俱进的儒家顽固地认为，“礼乐征伐自天子出”才是合乎礼义的，而春秋时期则是“礼崩乐坏”，“礼乐征伐自诸侯出”，没有合乎礼义的战争。

孔子说：“郁郁乎文哉，吾从周。”这里的“从周”，指的正是追随西周的礼乐文明。孟子承袭了孔子的思想，总结说：“春秋无义战。”

孔子在《论语·季氏》中留有微博体语录：“天下有道，则礼乐征伐自天子出；天下无道，则礼乐征伐自诸侯出。”意思是说：天下有道的时候，制作礼乐和出兵打仗都是由天子决定的；天下无道的时候，制作礼乐和出兵打仗由诸侯决定。礼乐征伐自天子出，是西周时代；礼乐征伐自诸侯出，就是春秋时代了。

从“有道”到“无道”，从有序到无序，人类历史的演变折射了人性恶的泛滥之初，却为蚊子披上一层文化的光圈。

究竟是三千年前战争礼节的变异，导致人们对蚊子的重新审视，还是造字者试图向后人传达点什么？

古生物学家告诉我们，不管人类如何讨厌蚊子，从造字的角度看，因母爱泛滥而嗜血成性的蚊子的始祖，在 1.7 亿年前的侏罗纪就出现了。悠久的进化史，似乎为蚊子的“文化”提供了足够的时间准备，“嘤嘤嗡嗡”的战前君子宣言，大概就是蚊子文明礼貌的话语方式和行为准则了。

生于江南水乡的鲁迅先生，对蚊子的君子风度似乎并不领情。那是个夏日的夜晚，为践稿约，先生悠然掏出卷烟，吞云吐雾思忖半天，没想出一个“一针见血”的题目，却招来了“一针见血”的女性刺客——雌蚊。

“我熄了灯，躲进帐子里，蚊子又在耳边呜呜‘叫’。”直面蚊子的纠缠，先生终于出离了愤怒：“叮只管叮，但请不要叫。”继而，先生决绝地说：“倘有人提出一个问题，问我‘于蚊虫跳蚤孰爱？’我一定毫不迟疑，答曰：‘爱跳蚤！’这理由很简单，就因为这跳蚤是咬而不嚷的。”（《集外集拾遗补编·无题》）

我不知道，彼时究竟是绍兴的蚊子，还是北平的蚊子骚扰了大师。我想先生既然能够“于无声处听惊雷”，那么就一定能够分辨得出，说唱京韵大鼓的蚊子与吴侬软语的蚊子，大抵是有些区别的。南方的蚊子虽然善于结伙抱团，但歌声在平滑的舌苔上打滑，极尽幽怨温婉之小资情调；北方的蚊子则非常直率地“嗡”一声飞来，“嗡”一声飞去，字正腔圆，从不拖泥带水，仿佛传达太后的懿旨，多一字都显得有失身份。因此，在燕园安身立命的鲁迅，文章中庶几脱离了婉约的江南文气，没有冗词，个个击中要害，一剑封喉。

说实话，我无法苟同于鲁迅关于蚊子与跳蚤的价值判断。我觉得，跳蚤虽有舞蹈天才，但天生不擅礼乐，属于不叫的狗，而且不宣而战基本上可以划归小人范畴；尤其不能容忍的是，喜钻裤裆的跳蚤太阴鸷，它们躲于暗处，不按常理出牌，更无风度可言，令人十分尴尬。

（原载于《西湖》文学月刊2014年第12期“汉字动物园”专栏）

虱子

“生活是一袭华美的袍，爬满了虱子。”

当张爱玲在上海隐忍虱子噬痛她的神经和血管时，数千里外的毛泽东正躲在延安的窑洞里，痛噬虱子的血管和神经。

那噶嘣噶嘣嗑瓜子一样的声音，透过美国记者埃德加·斯诺的耳膜，响彻了全世界。“我记得有一天，我和毛泽东谈话的时候，看见他心不在焉地松下裤带，搜寻着什么……”斯诺发现，藏在赤色领袖裤裆里的货色，正是“風”月无边的虱子。

当年，站在黄土高坡上俯视中原大地的毛泽东，或许并不知道绝代才女的惊世兴叹：生命的景观美得就像一袭华美的袍，而人生的烦恼又像虱子一样无法撇清。张爱玲这句著名的格言，连同她关于命运的谶语——“短的是人生，长的是磨难”，一起被封进了历史的瓦罐，散发着泡菜一般酸酸甜甜的气息，她的忧郁、无奈、隐忍和坚持，最终发酵为凄凉的晚景。

作为农民的儿子，毛泽东没这份小资情调，没有时间玩伤感，许多事情在等待着他。前方有张牙舞爪的倭寇，背后有令他心烦意乱的蒋委员长，身上还有捉不完的虱子，这些都痒痒地消耗他宝贵的时间。

时间像水一样可以涤荡一切。延安虽然缺水却时时澎湃着信念的春潮：抗战终将胜利，蒋家必然灭亡。但是，在骚乱时代无边痒意的象征面前，这位“唯物论者”却拿虱子一点办法都没有，正如若干年后他所写的诗句——“华佗无奈小虫何。”老子说：“反者道之动。”灭之不绝怎么办？灭不绝就去接纳，隐忍，干脆任其在精神上泛滥。所谓“山不过来，我就走过去”就是这个道理。革命者认为，从来就没有什么救世主，也不靠神仙皇帝，革命者自己就是自己的上帝。

当上海的虱子大耍淫威时，延安的虱子正在蜕变为价值判断的符号，它是鉴别敌我友的道具，考量知识分子投身革命意志的法器。这是家世显赫的张爱玲无法理解的，所以她永远不可能成为革命者。在《红幕后的洋人——李敦白回忆录》

中有这样一段记载：1946 年，在延安的一次舞会上，朱德曾风趣地问李敦白："你身上长虱子没有？要是没长虱子，你就算不上真正的革命同志。"这位第一个加入中国共产党的美国人，当然知道红军领导人的意思。延安时期，糅合了魏晋风骨的乐观派的血液哺育了虱子，并把它成功地塑造为"革命小虫"。从消极无奈到积极褒扬，这是一场观念上的弯道急转——用今天的话来说，是华丽的转身！

华丽转身的背后，跟着一群破衣烂衫、缀满"珠玑"的并不华丽的劳苦大众。他们既是造神运动的主力，又是神谱中的新成员，他们以虱子为标志，把革命者率性任气、潇洒落拓的气度，与农民式狡黠的智慧组合起来，编成一个覆盖全中国的方阵，蝗虫也似的向旧中国、旧势力扑去。

伦敦自然历史博物馆学者文森特·史密斯博士说："虱子是活化石，这些寄生虫携带我们祖先的基因。"在延安的赤色语境里，虱子携带着革命者的基因，是造神运动的新图腾。近代史上有过许多革命者，如洪秀全、康有为、孙中山及其追随者，他们中有落第秀才，有大知识分子，还有治病救人的医生，但谁都没搭准旧中国的脉搏，更不可能搔到中国革命的痒处。只有被虱子骚扰过的赤脚的延安，才知道中国革命的痛点。他们以虱子为觇标，径直地将中国人分为两拨：生虱子的中国人和不生虱子的中国人。这个标准，简单到褪下衣裤就能看到答案（如果不好意思脱掉衣裤，那就看看发丝上的珠玑）。

哥白尼解除了地球和宇宙之间的壁垒，达尔文穿透了生命与无机界之间的隔膜，弗洛伊德弥合了理性世界和无意识之间的裂隙，荣格发现了"个人无意识"背后的"集体无意识"，延安时期的革命者化解了人与寄生虫之间的对抗。在人类亲密接触的动物中，还没有哪一种寄生虫能像虱子这样享有红色"恩宠"。

这是一个十分怪异的现象。美与丑、荣与辱在这里完美媾和，它们之间没有谈判桌，而且这种现象并非肇始于延安。在古埃及，虱子曾被视为"神的手段"，这一点被延安活学活用了。在中世纪的欧洲，生了虱子仿佛是获得了荣誉勋章，延安时期的知识分子也是这么想的。更有甚者，中世纪占统治地位的教会认为"凡使肉体清洁可爱者皆有发生罪恶之倾向"，延安时期的知识分子也是这么做的。因此，跟肮脏不洁相伴的虱子被称为"神的明珠，爬满这些东西是一个圣人的必不可少的记号"。

在古代中国，洗澡是一件大事。当雅典贵妇们每日七次洗浴美白的身体时，中国人仅在祭祀前才沐浴更衣。据梁实秋考据，"到了唐朝，还有人'居丧毁慕，三年不澡沐'。晋朝的王猛扪虱而谈，更是经常不洗澡的明证"（梁实秋：《洗澡》）。

正是“不澡沐”才使虱子得以繁衍，顺便闯入汉字动物园。但遗憾的是，不知何故，虱子并没有成为造字的上好材料，仅以“残风（風中的虫是误写）”之身，支撑起王猛们魏晋时代的半边“风度”，进入人文语境。据传，纵酒放达的刘伶曾把虱子称为裤裆里的文化虫——面对这只裆下物，刘伶说：“我以天地为栋宇，屋室为裈衣。诸君何为入我裈中？”因此，扪虱而谈在六朝时期蔚然成风。那些落拓不羁的名士，一面拿虱子当自备零食，一面目中无人高谈阔论。中国文学典册中最富有“简约云澹，超然绝俗”（鲁迅）气质的、“华丽好看的文采辞章”（李泽厚），爬满了虱子。

“小小虱子引得恐龙脾气暴躁。”据英国《每日邮报》早些年报道，“恐龙的脾气之所以暴躁，只因它常年受到虱子的折磨和骚扰。”一只虱子有如此巨大的能量，令人始料不及。每种事物都有其生命周期，被虱子折磨的恐龙已经绝迹，折磨恐龙的虱子也难得一见；那些曾经作为革命的分泌物的血腥、苦难与正义，一如敝屣弃之于道旁，“革命小虫”的红色血浆也随着革命的终结，被酿成甘洌的“革命小酒”。

在法国诗人洛特雷阿蒙长篇诗作《马尔多罗之歌》里，185 种动物以怪魔的名义及其变形和嗜血的文字争相呈现。作品试图以惊人的破坏力，挣脱狭隘的逻辑束缚，发动一场彻底颠覆文学的革命，这中间，就有虱子的美学意象，以及“藏而不露的非凡智慧”。不过，这个没有鞘翅的肉身，在当下已经倒闭或终将倒闭。这位永远 24 岁的年轻诗人以火热的激情、沸腾的疯狂、奇异的恐怖、震撼人心的力量，在摧毁的同时创造了一个全新的、闻所未闻的诗歌世界。他吟道：

所以，人们啊，当你们听到冬天的风在海上和海边、在那些很早就哀悼我的大都市上空、在寒冷的极地呼啸时，请说：“这不是上帝的精神经过，而是淫荡的尖锐叹息，夹杂着那个蒙得维的亚人的沉重呻吟。”孩子们，这是我对你们说的。那么，满怀仁慈地跪下吧；愿那些比虱子还要众多的人类长久地祈祷。

（原载于《西湖》文学月刊 2014 年第 10 期“汉字动物园”专栏）

跳蚤

一

跳是蚤的生活方式。

跳蚤弓起身子起跳，完全不需要索托马约尔式的助跑。据说，一只能干的跳蚤，一下子可以跳到它的身体 350 倍以上的高度，相当于人类立地跳到埃菲尔塔尖之上。生物学家认为，跳蚤每天能吸收 15 倍于自身体重的血，分泌出弹性蛋白，而且它的气囊由呼吸控制。我个人认为，跳蚤的天赋禀性，决定了“蚤”在能指与所指之间设置的弹跳幅度和无边痒意，足以令人抓狂。

蚤，金文写作，右上方是（又，手），左下方是（虫）。篆文（蚤）在金文基础上增加了搔痕与斑点，将金文字形中的（又，手）写成（叉）。从金文、篆文的字形来看，它们都不是跳蚤的象形临摹，而是人类遭遇跳蚤骚扰之后的搔痒状态。当“蚤”的“抓搔”本义消失后，再加“手（扌）”另造“搔”代替，以达到强化行为主体在场的目的。《说文》：“蚤，啮人跳虫。从，声。，古文爪字。”五经博士许叔重所说的“爪”，应当是人手的象形（“爪”实际上是兽爪的意义“转注”）。因此，“蚤”应是动词“搔”的本字。用“足跳”和“手搔”两个不同主体发生的不同动作命名动物，这在动物命名史上十分高蹈。

跳蚤是史上最高龄的杀手。早在人类产生新鲜的命名嗜好之前，身怀绝技的跳蚤就在地球上蹦跶了 6 亿年。关于跳蚤有史可考的独领风骚的风光年代，大约可以追溯到 18 世纪的欧洲。那时候，欧洲正酝酿一场社会变革，既得利益者每天叫嚷“维稳”与“和谐”的主旋律，压抑不住的民间智慧与骚情，则通过饲养“宠物蚤”来发泄，这一风习一度刺激了跳蚤马戏团的诞生。更多的征象表明，当时的欧美已进入自然探索的萌芽期，以莱布尼茨、牛顿、富兰克林为代表的一批杰出的科学家应运而生。

随着自然科学的萌芽，从中世纪神学黑暗中走来的人们，并没有满足于跳蚤马戏团的特技表演。当跳蚤获得科学家的广泛关注之后，它们被邀请进入科学家预设的心理学玻璃瓶——这是一个著名的动物实验：

在一个玻璃瓶里放一只健康活泼的跳蚤，玻璃瓶的高度不超过跳蚤的弹跳力。也就是说，跳蚤在需要时可以很轻松地跳将出来。这个实验的独特性在于，实验者将跳蚤放进玻璃瓶以后，上面又加上一个透明的玻璃盖，让跳蚤仍然可以看到瓶外美丽的天空。但玻璃天花板的出现，却隔离出一个“有光明无前途”的瓶内世界。当跳蚤依照往常的经验施展特长时，不幸的事发生了：跳蚤的每一次弹跳，都毫不例外地撞到透明天花板，然后嘣的一声掉落。头昏脑涨的跳蚤像一个虔诚的上访者，碰壁之后内心十分疑惑，又十二分不甘心。然而，一次次奋勇跳起，一次次重创跌落。为了避免痛苦，它将亿万年练就的无法停止的弹跳力，调整到天花板的高度，经过 N 次练习，形成了一种全新的跳跃模式和自保机制。稍后，实验者将玻璃盖悄悄地撤掉，可怜的跳蚤却还是维持在碰壁的高度上跳跃，就像马戏团被绑在木桩上的大象，不再尝试冲撞固化的约束。跳蚤还能跳出这个高度吗？实验者对这个问题的兴趣又有了新的增长点，他们拿来一盏酒精灯在玻璃瓶下燃烧加热（青蛙也享受过类似的待遇）。没多久，这只跳蚤热得实在受不了，就奋力一跳，很轻松地摘回动物界跳高冠军的桂冠。

二

回到“瓶外世界”的科学小虫，在 18 世纪和 19 世纪轮转的时间夹缝里重振声威，一跃成为较早进入经济领域的动物，一个全新的概念“fleamarket”（跳蚤市场）进入人类视域。语源学家克丽丝汀・安默儿说，fleamarket 最初来源于纽约的 FlyMarket。FlyMarket 是纽约曼哈顿地区的一个固定市场，这一市场从美国独立战争（1775 年）之前一直延续到大约 1816 年。另有一种说法认为，fleamarket 起源于 19 世纪末的法国，是巴黎专门卖便宜货的地方。那些旧货因时常寄生跳蚤、虱子等小虫子，人们逐渐地将这样卖旧货的地方叫作 fleamarket。

欧美“跳蚤市场”的自由经营模式，刺激了中国人的交感神经。它们随着封闭已久的东方帝国国门洞开、西风东渐，来到了窘迫的古老国度。虽然，它们来得有点晚，但来势生猛，可谓板荡一切。在这场声势浩大的市场化浪潮中，矜持了数千年的中国人如醍醐灌顶，终于活明白了：原来一切事物，包括贤淑、优雅、善良、节俭、良心、贞操，乃至权力、荣誉、尊严、光荣与梦想等等，统统可以折算成金钱，放到功利的天平上去权衡、交易。甚至，连神圣的教育都没能幸免，一夜间镀上了黄金的色调。因此，“教育成功学”遂成为普罗大众推崇的显学，作祟于每一条教育理念和每一项教育实践的背后。家长与学校、社会达成了高度统一的秘密协定，他们将一个个“跳高天才”置于“瓶内世界”，然后加上种种割裂传统、东鳞西爪拼凑起来的教育新理念的“玻璃盖”，罩在莘莘学子的头顶，从出生到求学、从升学到毕业、从成家到立业……一条完整的“人才”成长链，套牢每一个期待成功的持“中华人民共和国居民身份证”的人（由“居民”转化为域外“公民”的人，不在此列）。各种各样貌似公允的考试，加上房奴、车奴、卡奴、官奴、孩奴等名目繁多的枷锁，任谁也挣脱不了的临时居民的“奴性”，就这么缔造出来，却又不知道谁是自己的小主。

“我实在支不住了！”老家的一位朋友曾发誓决不让“起跑线”的谎言压缩和消减儿子的童年乐趣，可在“龙种”理念的指导下，最终还是缴械投降。“龙种”理念下的教育逻辑是这样的：软教育要硬投入，慢事业须快餐化，争夺稀缺的优质教育资源是实现成龙成凤美好愿景的不二选择。因此，在教育新理念的旗帜下，每一位家长都被动员起来了，他们以实际行动无声地宣誓：希望下一代赢在胎教、赢在才艺、赢在择校、赢在起跑线上。可是，中国式父母角色的紊乱，以及在未成年儿女面前表现出的观念分裂，最后大都免不了为社会经济与教育的错位埋单——当唯一不需要拿“资格证书”上岗的“家长”，集体倒在失业、全民焦虑的枪口之下时，才迷迷糊糊记起马克思的名言：“播下的是龙种，收获的却是跳蚤。”（《马克思恩格斯选集》第4卷，第476页）。摸了30多年石头之后，当年的跳蚤实验重新引起了中国人思考，原来这是中国人的教育观与教育、人生观与人生开了一场玩笑。一位博友甚至诘问：如果我就是这只跳蚤，那么在现实生活中，谁是我们透明的玻璃天花板？什么是我的高度？谁在自我设限？又是谁扮演了主谋或从犯，坚定不移地恪守应试教育的法则？是谁扮演了受害人，又哭着喊着要声讨教育的罪愆？谁一心只想让孩子们成“才”，却不在乎他们是否成“人”？究竟是谁造就了中国的“跳蚤效应”？父母、家人、老师、社会、体制、领导，所谓先进的西方教育理念？还是舍不得改变或改变不了的习惯？

可见，跳蚤已经不再满足于作为科学实验的对象、市场形态的符号化定位，它一跃成为“文化小虫”，并隐形于翰墨书香。也因此，“蚤”成为“风骚”之“骚”的造字元素。两千多年前，藐视世间一切“透明天花板”的伟大诗人屈原，在大师云集的第一轴心时代创作了楚辞风格的《离骚》，奠定了华夏第一诗人的不朽地位。金文“[金文]”（骚）由“[金文]（马）”与“[金文]（蚤）”合成。《说文》：“骚，扰也。一曰摩马。从马，蚤声。骚，用手挠马。”许慎的意思是说，骚的造字本义是抓扰马匹，以刺激马匹。清代杭州人杭世骏认为，离骚泛指词赋、诗文：“斯诚离骚之博徒，艺苑之别子矣。”（《东城杂记·序》）宋人魏庆之也说，离骚是与风雅颂并称的一种文体：“风雅颂既亡，一变而为离骚，再变而为西汉五言，三变而为歌行杂体，四变而为沈宋律诗。”（《诗人玉屑·诗体上》）同是宋人，方岳研读了屈子的身世之后，说离骚是愁思的宣泄：“天岂无情，离骚点点送归客。”（《齐天乐·和楚客赋芦》）唐诗人岑参也认为，离骚指的是离别的愁绪：“帝城谁不恋，回望动离骚。”（《送赵侍御归上都》）其实，早在汉代，王逸在为《楚辞·离骚》作注时就指出，骚是离别的愁思。“离，别也；骚，愁也；经，径也。言已放逐离别，中心愁思，犹陈直径，以风谏君也。”司马迁在《史记·屈原贾生列传》中也说过，离骚是“遭遇忧患”：“离骚者，犹离忧也……屈平之作《离骚》，盖自怨生也。”我个人认为，这应该是较早的权威注释。

在汉语语境中，跳蚤不停地在歧义的岔路口跳跃。它从“抓搔”一类的动词形态上开始骚动，然后跃身为文人、文体、文风、文采等高雅的名词，同时又摇身变为低贱的形容词，直抵社会底层，链接到流浪汉、低级酒馆、荡妇、妓女、老鸨、穷乡僻壤等相关领域，再反身跃入诗性审美的高端，几番反冲，滋生了骚扰、骚动、骚乱、骚货、牢骚、骚人、离骚、骚客、风骚等常用词。从“骚”的语义场来看，此时，“骚”与抓扰、刺激马匹的动宾结构所表达的含义似乎已经没有什么关联，倘把“马”和“蚤”认定为一个并列结构，倒是可以踅摸出双方身体与性情的巨大反差：马极大，跳蚤极小；跳蚤吸血，马喜夜草；马善跑，跳蚤能跳。依据形声字既表义又表音的训诂法则，这种极端错位的造字构思，以及“马”与“蚤”建立的“共同体”本身，究竟暗示什么呢？

三

文字是明矾，可以澄清污浊，沉淀杂质，供后人叩问历史，也可做饭后茶余的谈资。据传，明末国运衰败之时，各地农民起义如火如荼，崇祯皇帝忧心忡忡、寝食难安，担心江山社稷毁于己手，于是潜入民间请教一个测字先生。测字先生叫他随口说一个字，他就说了一个朋友的“友”。测字先生马上说：“不好，‘反’字露头了！”一句话道破了崇祯的心病。他赶快改口说：“我说的是有没有的‘有’。”测字先生说：“那更不好了，‘大明’江山丢了一半！”（“大”字去掉捺，“明”字去掉“日”）崇祯只好又改口说：“我说的是中酉戌亥的‘酉’。”测字先生说：“那就更糟糕了，‘至尊’身首异处了！”（“尊”字掐头去尾，只剩中间的“酉”）。接连三句话都没好兆头，崇祯彻底失望了，拿出包袱打算付钱了事，可是心里着急，手不住地发抖，怎么也解不开包袱，就用嘴去咬包袱巾的一角。测字先生脸色大变，转身就走，说：“口下含巾，乃一‘吊’字，今天怎么这么倒霉，碰到一个吊死鬼！”

几年以后，测字者竟然一语成谶，李自成反明、清兵入关、大明失国，崇祯果然吊死在煤山的一棵歪脖子老槐树上。

关于明朝的那些事儿，早在70年前就有风靡一时的雄文《甲申三百年祭》论述过，那是风光一时的著名风骚诗人郭沫若的杰作。然而，在这篇应命、应景的御用文章中，几乎看不出对清军入关与李自成败北、明朝衰亡的内在联系的阐释。明朝作为斜插在元、清两个黑暗的殖民王朝之间的一道汉室大统的亮光，其黯然失色的原因自然有其历史规律，不可能操纵于江湖术士的胡编乱造，但明朝的灭亡与清朝的兴起的确漫布重重迷雾。有史学家曾拷问：北京城墙高大、御林军强悍，1664年春天，闯王如何能轻易闯入？打得下北京城的李自成，怎会打不过满洲兵？论实力，满洲人口不足百万，士兵不过十万。而明军过百万，闯王的部队也号称百万。历史发展到今天，终于有学者发现一个令人拍案惊奇的谜底——跳蚤！

史论者分析说，按照《大兴县志》记载，李自成进京前，北京出现了大量死耗子，随后军民发病，高烧、四肢无力、脖子肿大而十死七八——人称大头瘟或疙疸病。对照现代医学相似病症的描述，原来这是可怕的鼠疫。曹树基、李玉尚在《鼠疫：战争与和平》一书中耙梳史料得出的结论是："老鼠灭亡了明朝。"

史载，公元前5世纪雅典人四分之三死于一场鼠疫，900年后东罗马帝国爆发了第一次世界性的鼠疫。14世纪欧洲爆发的鼠疫，死亡2500万人。在这场天谴般的灾难中，集体生活的军人本应受到鼠疫毁灭性的打击，但从留下的壁画及文字中发现，14世纪鼠疫大流行时，骑兵却幸免于鼠疫。这是为什么呢？按照现代传染病学的观点，大部分传染病都是由动物传给人类的。据研究鼠疫传播的学者考证，鼠疫是经跳蚤传播的。难道"马"与"蚤"之间果真有什么特殊关联？

在《历史的迷踪：你所不知的历史真相》一书中，作者刘继兴为我们揭示了"真相"：因为跳蚤讨厌马味，所以骑兵不会被鼠疫传染！作者甚至认为，这是欧洲人的一次重大发现。应该说这是一个了不起的发现，这一发现为解释清兵不被鼠疫传染提供了答案——清兵主要由骑兵组成。史论者还说，吴三桂部也是骑兵占多，李自成部下死于鼠疫者多，但是李自成本人与他手下大部分骑马的军官如刘宗敏、田见秀、郝摇旗都未染病。于是，结论出来了：跳蚤不咬骑兵，骑马的满洲兵不染腺鼠疫，更不可能染肺鼠疫，自然精神饱满杀气腾腾。所以，明灭清兴，跳蚤是解码的钥匙。

跳蚤对马的腥臊感应及其兴趣问题，属于自然科学范畴，还有待于进一步研究，目前没有统一的结论。比如，《鼠疫：战争与和平》一书就认为"战马传播鼠疫"，只可惜在这个标题之下仅罗列了历史现象，没有作生物学意义上的分析。不过，历史上鼠疫杆菌、天花病毒、流感病毒和艾滋病病毒这四种烈性微生物，对人类历史产生的巨大影响却是事实；那些肉眼看不见的微生物兴风作浪改变、推动历史的现象，的确有史可查。

面对“鼠疫”，诺贝尔文学奖获得者、法国存在主义文学家阿尔贝·加缪一方面感慨孤独的人生缺乏存在的理性，世界的荒谬不可知；一方面又通过长篇小说《鼠疫》积极探索“人类的出路”，以象征手法表达了作者“群体的生命重于个体生命、群体利益重于个体利益”的人生观。因此，在《上帝的跳蚤》（云南人民出版社）一书中，作者王哲认为：在过去的两千年中，只有最近十分之一的时间里，人类才开始掌握与瘟疫对抗的武器。在此前大多数时间里，人类在瘟疫面前只能束手待毙。诚如斯言，瘟疫在中国乃至世界历史上，多次起到决定历史走向的作用。罗马亡于疟疾，埃及亡于血吸虫病，中国金、明两个朝代都亡于鼠疫。即使是科学昌明的今天，事实上人还会不时遭遇已知或未知的瘟疫威胁生命。尽管人类已经征服了几种危害人类数千年的瘟疫，尽管科学高速发展，但对于大多数瘟疫，人类还处于劣势和束手无策的境地——这是否表明：我们依旧处于瘟疫胁迫的时代呢？

（原载于《西湖》文学月刊2014年第10期“汉字动物园”专栏）

毛虫

只为最后的美丽，毛虫忍受世间无尽的憎恶和埋怨，弓腰屈背，用身体一寸一寸地丈量朝圣的道路。

毛虫的虔诚，遭遇世俗空前的冷落。几乎没有一个诗人为毛虫付出只言片语的热情，只有少数漂亮女生为营造惊悚语境，并非忸怩作态地嚣叫它的名字，使它获得了“毛毛虫”的昵称。

人生是个修罗场，虫生大概也不例外。毛毛虫早已习惯于世人的冷漠、诗人的吝啬，以及漂亮女生令人怜爱的错愕，它把更多的期待寄托于自我修炼、哲人的觉醒。

终于有一天，庄子替它抵达美丽的彼岸。

毛毛虫一生的努力，在先哲的一场睡梦中蝶变。随后，一场真幻难辨、主客体错乱的哲学公案流传于世——“不知周之梦为蝴蝶与，蝴蝶之梦为周与？”（《庄子·齐物论》）——庄子的浪漫，激起后世众多文人骚客的诗兴，成为诗人不厌其烦竞相追逐的题材。其中最著名的一首，莫过于李商隐的诗句：“庄生晓梦迷蝴蝶，望帝春心托杜鹃。”（李商隐《锦瑟》）只可惜，哲人的梦境与诗人的借题发挥，都没有涉及毛毛虫的今生，只对它的来世发生了兴趣。

“此情可待成追忆，只是当时已惘然。”李商隐悲摧的咏叹，勾起了毛毛虫的身世感慨，它四顾惘然，左右彷徨。幸好，在短暂的惘然、彷徨之后，毛毛虫并没有迷失自己，它依然故我穷且益坚不坠青云之志，沿着既定的目标，坚忍不拔地蠕动、扭曲、爬行，日复一日缩短卑贱与高贵、丑陋与美丽之间的距离。

毛毛虫的执着，引起了作家法布尔的留意。在《昆虫记》中，法布尔说：

它们总是排成单行，后一只的须触到前一只的尾。为首的那只，无论它怎样打转和歪歪斜斜地走，后面的都会照它的样子做，无一例外。第一只毛毛虫一面走一面吐出一根丝，第二只毛毛虫踏着第一只毛毛虫吐出的丝前进，同时自己也吐出一条丝加在第一条丝上，后面的毛毛虫都依次效仿，所以当队伍走完后，就有一条很宽的丝带在太阳下放着耀眼的光彩。

毛毛虫“耀眼的光彩”，甚至吸引了科学家的关注。科学家约翰·法伯甚至独出心裁地做了一个著名的实验。实验的经过是这样的：

他把若干毛毛虫放在一个花盆的边缘，首尾相接，围成一圈。在花盆周围不到6英寸的地方，撒了一些毛毛虫最爱吃的松叶。毛毛虫一个跟着一个，绕着花盆一圈又一圈地走。一个小时，两个小时……隐忍的毛毛虫像时针一样坚持不懈地转圈；一天，两天……守纪律的毛毛虫像阅兵的队列一般，丝毫不乱。

一连走了七天七夜，它们饥饿难当，筋疲力尽。一大堆食物就在离它们不到6英寸的地方，结果它们却一个个饿死了。在实验笔记中，法伯写下了法布尔式的人生感叹：“这么多毛毛虫，其实只要有一只与众不同，便立刻会避免死亡的命运。”

这个实验，后来被提升到心理学、哲学的高度，称为“法伯效应”，认为盲从、跟风、缺乏个体意识的“虫生目标”，是“虫性”的致命弱点。这样的人生哲理似乎是针对我说的（我深感自己明显有这方面的缺陷）。出于感激，我迫不及待地搜索“约翰·法伯”的资料。结果令人失望，我没有发现悬挂在百度词典中的相关词条，甚至连约翰·法伯的生卒年月都被网络所淹没。不过，可巧的是“约翰·法伯”与Jean-Henri Casimir Fabre（让·亨利·卡西米尔·法布尔）法文译名缩写相差无几。这么说来，科学家约翰·法伯与科普作家法布尔或许是同一个法国人吧。

从自我怀疑出发，我开始怀疑约翰·法伯的存在，最终怀疑这个实验的结论。我个人认为，每一种生命体都有其生存繁衍的生态位，倘能站在小虫宿命的角度审视，“花盆”未必不是毛毛虫卑微生命的“经轮（法轮）”。在西藏地区，在地球上最接近神灵的高度，我们看到过手持“法轮（玛尼解脱轮）”的人们，他们匍匐而行，亲吻脚下大地，你觉得他们卑微了吗？好吧，就算是卑微，卑微何尝不是一种宗教！——这时候，也许一只蝴蝶正在毛毛虫的灵魂深处轮回、起飞呢？

由于修炼方式、方法上的差异，并非所有的毛毛虫都能成功实现生命的惊艳一跃，一部分等待破茧的飞蛾，也可能是它将要面对的未来。

这就是说，苦行僧般漫长的修炼之路，最终简化为两种不以人的意志为转移的抉择：蝴蝶，或者飞蛾。50%的或然率，发生在现世生命体湮灭的瞬间，上帝

甚至不允许毛毛虫有丝毫犹豫的机会。这可能是世间机会成本和时间价值最大的选择决策。

布里丹的驴子，面对的是主体以外两垛草料的选择；而毛毛虫却要在主体自身，由今生通往来世的两种不可控的蜕变中做出决断。为此，毛毛虫十分纠结地患上选择恐惧症：

不努力就永远是丑陋、令人恶心的社会符号，努力的结果也许获得的不过是一次赴火的机会（中国的舞台经验表明：即便是化蝶，也未必都是喜剧）。

孤注一掷的毛毛虫决定为理想最后一搏！它高唱流行歌曲“我拿青春赌明天”，大有慷慨就义的悲壮情怀。

有幸目睹毛毛虫喜剧大结局的是蜘蛛。话说智者蜘蛛这年春天突发春情，在网上偶遇送上门来的二奶毛毛虫，心里琢磨着，先玩两天再把她吃掉吧。不料，几天后，花丛中呛然飞出一只漂亮的花蝴蝶，她柔柔的腹肌、翩飞的妙姿，吸引住全部眼睛的注意。风物长宜放眼量啊！蜘蛛不禁感慨万千，再也不敢置疑丑小鸭变白天鹅的传说了。

在毛虫化蝶、飞蛾起飞之前，目光如炬的古人，别具慧眼地发现了毛毛虫特立独行的价值观和生活方式，并给这类毛毛虫取了一个富有文化底蕴的名字，叫作“尺蠖”。

古文献中较早提到“尺蠖”的是《易·系辞》:“尺蠖之屈，以求伸也。”不难看出，雅号“尺蠖”的毛毛虫，以柔弱无骨之躯展示的却是一副能伸能屈的大丈夫气概。

宋《埤雅》也说到了“尺蠖”:“今人布指求尺，一缩一伸，如蠖之步，谓之尺蠖。”陆佃描述了尺蠖的步态，但对于尺蠖的命名由来，只字没提。

《说文》:“尺蠖，屈申（伸）虫。从虫，蒦声。”毕竟是五经博士，轻描淡写、无关痛痒的一句话，却为我们提供了一条解读“尺蠖”的重要线索。按照许慎的套路，要明白“蠖”的由来，必须搞清楚“蒦”的含义。据许慎说，雈是一种有毛角的鸟。那么，由“雈”和“又（手）”构成的“蒦（huò）”，又暗藏怎样的造字心机呢？

古籍似乎刻意隐瞒了这个秘密。好在《说文·雈部》有关于“蒦”的解释:“规蒦，商也。从又持雈。一曰视遽皃。一曰蒦，度也……”原来，蒦与尺、度字义相同，都有尺度、度量、揣测的意思。许慎虽然没有明说“蒦”与“雈（[古文字]）”的关系，却闪烁其词地暗示我们:“持雈（huán）”大概是古代以卜祸福的“鸟祭”仪式。正如徐锴所注:“雈，善度人祸福也。”

《逸周书·时训》:“处暑之日，鹰乃祭鸟。”《礼记·月令》:“凉风至，白露降，寒蝉鸣，鹰乃祭鸟。”郑玄注:“鹰祭鸟者，将食之示有先也。既祭之后不必尽食。”《孔颖达疏》:“谓鹰欲食鸟之时，先杀鸟而不食，与人之祭食相似。”

史料表明，鹰有杀鸟而陈之若祭的偏好。李时珍《本草纲目·禽四·鹰》:“鹰以膺（胸）击，故谓之鹰。其顶有毛角，故曰角鹰。”鹰是头顶有毛角的鸟，看来许慎所说的“萑”就是李时珍所说的“鹰”了,而“蠖”就是借“乌祭”的“蒦”做声义旁，与形旁“虫”会意为“蠖”，最终表述的应是“虫祭”的情形。另一个同源字“镬”，在形义上保留了远古祭祀的遗存。据考，镬是古代煮牲肉祭祀的大型烹饪青铜器，江淮一带至今称锅子为镬。镬有三足架空，可以燃火，两耳如蠖，对称卧于沿口，便于用铉（铜钩）和扃（jiōng，横杠）抬举。

今人黄奇逸先生在《商周研究之批判》(巴蜀书社出版，第450页）一书中，披露了鸟祭的古代习俗:“[古文字]（隻）就是手（[古文字]）执鸟（[古文字]）祭先祖之状。”自此，“蒦”的字义拐了一个大弯，方才柳暗花明，昭然若揭:

古人认为，毛毛虫爬行的动作，先曲后伸——“如人布手知尺之状”——就像人们张开虎口，曲伸食指和拇指度量布匹的尺寸一样；又仿佛躬身施礼，举行预测祸福的盛大祭祀仪式。“尺蠖”不是吃货，有这般法度，难怪虔诚如斯。

蝗虫

当造字者遇到象形字无形可像的麻烦时，就不得不延聘熟悉的动物、植物、人物，或其他事物，迫使抽象词汇现形。

比如，对于“隐逸”生活方式的表述，就需要邀请“隐者”出场；中国历史上最优秀的隐者，恐怕不是竹林七贤、陶渊明、林逋之属，而是拥有三套异地房产，乃至最后逃离中土、逸走月宫的兔仙了。所以，“狡兔三窟”的“兔”，免不了成为制造“逸”字的上好材料。

反过来，当动物的命名无法画成其物，或者简单的图符不能完美勾画对象的精气神时，就要请出神话级的人物出来撑场面。比如，蝗虫的“蝗”，就是征用了“皇”字的“书写—视觉功能”，来显示“语音—听觉功能”，记录它皇族血统的“权威”发音。于是，最初的形义符“皇”，就发挥了音韵符的效用，汉字从最初的象形字发育为高级形态的形声字。

在文献记载方面，关于蝗虫的命名，说法不一。汉字“蝗”应该是在形声造字法风生水起时出现的，时间上限不会超过秦始皇创建第一帝国时期。甲骨文、金文中还没有出现“蝗”字。传说蝗虫头部有细纹“王”字，所以，有的文字学家认为，蝗、皇、黄、王，古代音同义近。东汉时期，许慎认为，“蝗即是螽，从虫，皇声”。许慎所说的“皇”字，金文写作[古文字]（皇），貌似威仪赫赫的帝王：头戴闪闪发光的皇冠[古文字]，手执象征权力的斧头（[古文字]）；有的金文皇（[古文字]）误将闪光的王冠（[古文字]）写成“白（[古文字]）”。篆文的皇（[古文字]）以讹传讹，误将金文的“白（[古文字]）”写成“自（[古文字]）”（本书甲骨文、金文字形及解读参考源自 www.vividict.com、www.chineseetymology.org 网站，一并致谢）。《说文》的释文显然是受了秦篆字形的诱导，所以没见过殷墟甲骨文、三星堆青铜面具的许慎说：“皇，大也。从自。自，始也。始皇者，三皇，大君也。”——汉字“皇”与“虫”结伴而行，其中定有蹊跷。

个体的蝗虫虽有“皇”字帮衬，其实长得并不高大。它们起飞于《诗经》，常常集结成庞大的军团，似乎与龙凤麟龟负有不同的使命，现身于历史的拐点，遮天蔽日地从一个王朝摆渡到另一个王朝。“因此中国的朝代循环，正好与蝗虫的盛衰交替错开。皇朝强盛时，蝗虫就偃旗息鼓；皇朝衰弱时，蝗虫便遮天蔽日。这大概是这种小虫足以称‘皇’的缘故吧。”——上海作家张远山说，“在中国历史书上，蝗虫一出现，朝代就改变。蝗虫出现，必有新的皇帝登基。”莫言也不约而同地说过：“蝗虫，这肮脏的昆虫，总是和腐败的政治、兵荒马乱的年代联系在一起，仿佛是乱世的一个鲜明的符号。”

费墨说：“世界上最怕的是什么？结盟。”（电影《手机》台词）蝗虫好像深悟此道。它们遵守昆虫的法则，像蜂群一样自愿结成一体，迅速高效地制造恐怖局势，令人惶惶不可终日。可见，汉字“惶”字取象于“皇”，是有其心理学依据的。

据周尧教授统计，从公元前707年到1949年共和国成立，发生了蝗灾近800次，平均3~5年就有一次大的蝗灾。《旧唐书·五行志》也有类似的记载：“唐贞元元年（公元785年），夏，蝗，东自海，西尽河陇，群飞蔽天，旬日不息；所至，草木叶及畜毛靡有孑遗，饿殍枕道。”明崇祯十三年（1640年）《河南通志》的记载就更恐怖了：“开封大蝗，秋禾尽伤，人相食。汝宁蝗蝻生，人相食。洛阳蝗，草木、兽皮、虫蝇皆食尽，父子、兄弟、夫妇相食，死亡载道。”蝗灾在中国古籍中可谓史不绝书，触目惊心。正如莫言所说：“蝗虫，这种小小的节肢动物，一脚就能捻死一堆的小东西，一旦结成团体，竟能产生如此巨大而可怕的力量，有摧枯拉朽、毁灭一切之势，号称万物灵长的人类，在它们面前，竟然束手无策，这里隐藏着发人深省的道理。”

莫言所说的个中“道理”，说到底就是中国历史的根本问题，即“皇”与“虫”的关系问题。在《蝗虫奇谈》一文中，莫言借“奶奶”之口，对此做了系统的回答。奶奶说：“蚂蚱就是皇虫，是玉皇大帝养的虫。造字的人在‘皇’字边上加了个‘虫’字，就成了‘蝗’虫。蝗虫就是皇虫，皇虫就是蚂蚱，翻过来也一样。”高密东北乡离我老家不甚远，“奶奶”的解释基本上能代表苏北鲁南地区民间的认知水准。一般而论，蝗虫有两层含义，一是个体的蝗虫，二是群体的蝗虫。在经历过1927年政治动乱、特大蝗灾的“奶奶”眼里，蝗虫不是一个个体，它们“伏在铁路上，累累如山丘，挡住了火车的去路，胶济铁路交通中断了七十二小时”（莫言《蝗虫奇谈》）；那一年，同时发生了四一二大屠杀、马日政变、八一南昌起义。

我没见过如皇军扫荡一般实行“三光”政策的蝗虫过境的大阵势、大场面，

在我眼里，蝗虫不过是一个个寂寞的个体，它们曾经与我孤独的童年相伴。身穿葱绿色大氅，犹如披挂刚刚浆洗熨帖的将军服，蝗虫威风凛凛，顺势撩开它的大氅，腾空。蝗虫得意地炫耀将军服掩饰下或紫或粉或嫩黄的半透明蕾丝内衣，丰富了我童年时代清汤寡水的色彩想象。

在我老家，这类身披大氅的蝗虫被称为“蹬倒山”，堪称蝗虫王国的帝王；至于那些草茎般苗条秀气的“草楞婆”，灰不溜秋飞不高的“小胖蹾”，以及寻常所见的“呱唧板儿”，只能算是下九流的货色。坦率地说，我其实并不怎么关心蝗虫挺括的大氅，倒是非常在意蕾丝内衣下膏腴丰满的肉身。在我老家，流行蝗虫的多种吃法，油炸是缺油时代最奢侈的吃法，烧烤是田间地头最便捷的吃法。蒸、煮晾干，是缺粮时期最普通的吃法，而且便于存放，随时解馋。

我童年对蝗虫的全部记忆，既与“皇权”无关，也与“舌尖”无关，大都是不经过“味蕾”过滤的直接吞咽。因此，我现在记不起烧烤蝗虫的滋味和那些遥远的蝗祸的传说；只记得蝗虫在我家乡虽说是害虫，却没有乌龟王八蛋之类囫囵含混的歧义。

离开家乡许多年以后，具象的蝗虫渐渐洇漶而淡出我的记忆；而抽象的蝗虫却从话语或文本世界一惊一乍地闯进我的视域。

读过《红楼梦》之后，我才明白“蝗虫”原本是喻体，有着富饶的象征意义，可以用来骂人，不带脏字。“龇着两瓣紫色的大牙，嘴里不时喷吐绿色汁液的蝗虫”（莫言）的鲜明意象，大概让曹雪芹先生联想到“馋嘴贪吃”某种技术上的专属关联。《红楼梦》第 42 回书中，黛玉说道：“他是那一门子的姥姥，直叫他是个‘母蝗虫’就是了。”乡下老女人刘姥姥的吃相，自然是不雅的。所以，难怪被黛玉谑为“母蝗虫”。我想起了小时候囫囵吞枣般吃蝗虫的穷酸相，大概与莫言笔下“蝌蚪”们吃煤块的场面（莫言小说《蛙》）差不多吧。坦白地说，我很小的时候曾暗恋过林姑娘，但冲这句刻薄的话，我觉得和这个女人是两个世界的生物，要骂便只管骂，何必拐弯抹角呢。也因此，我十分欣赏宝钗的评议：“更有颦儿这促狭嘴，他用‘春秋’的法子，将世俗的粗话，撮其要，删其繁，再加润色比方出来，一句是一句。这‘母蝗虫’三字，把昨儿那些形景都现出来了。亏他想的倒也快。”

可是，这世界偏偏是拐弯抹角比直不楞腾的事体多很多。在中国，要说纯正的“春秋”笔法发明人、骂人不带脏字的技法之宗，非孔老夫子莫属。有一回，孔子的高足子贡和一个绿衣人打赌，绿衣人说一年只有三季，善于雄辩的智者子贡说有四季（其实无须辩解）；绿衣人说三季，子贡说四季……双方争执不下，只好请出民间合议庭庭长孔子仲裁。

孔子对弟子说：“子贡啊，你脑袋被门缝挤了吧，一年本来就三季嘛”。随后，一头雾水的子贡悄悄地问老师：“一年明明是四季，您老怎么也说是三季呢？”孔子笑了笑说：“没看到那人一身绿吗？其实他就是一蚂蚱，春天生，秋天死，活不到冬天。跟这样的人能争论出个什么鸟？”老实说，这个故事对我很有启发意义，遇到不讲理的“三季人”，这法器好使。

一只蝗虫于2012年2月1日爬上了香港狮子山巅，睥睨维多利亚港。这是香港《苹果日报》刊登的一幅广告，压图标题：“香港人，忍够了！”表明广告诉求的目的是把来自大陆、在港产子的人，喻为无限量入侵香港的“蝗虫”。我觉得，这“撮其要，删其繁”的套路，免不了要落入“犟儿”的窠臼，至多不过是港式、海派的“促狭嘴”，离春秋笔法尚远，好在骂的不是“刘姥姥”，也不是大多数的“中国人”。

资料显示，以“蝗虫”骂“中国人”的历史，可以追溯到19世纪。《西方人看中国：中国五十年见闻录》的作者、英国旅游家立德（Archibald John Little），曾引述谭卫道形容“中国人永远像蝗虫一样，凡经之地寸绿不留”。另一个极端的例子，是20世纪50年代美国出版的《时代》周刊，将当时中共领袖与大量蝗虫作为封面人面。红色“蝗虫”环绕之下的毛泽东脸色有些阴沉，画面背后的寓意颇耐寻味。

蜜蜂

一

“旧的空鞋子都有脚”，语出木心《九月初九》。说的是中国的“自然”有“人”，有腿脚，有情意；中国的“自然”与中国的“人”，合成一套无处不在的精神密码链。

似乎是着意为中国的“自然”做注脚，甲骨文中的“麦”写作“”，上面是“来”（），下面是“夂”（，zhǐ）。据文字学家考证，“夂”是“止（，足）”的反写，意思是迁徙、引进。可见，“夂”即“脚”——由“来”和“夂”会意合成的“麦”，表示“麦从天降”——麦子源于西亚，是域外的天赐。“麦”的本字是“来”，而且麦字中的“止（足）”一定要反写，才足以表达“来”的意象，且能凸显“既来之则安之”的发达根系。无足，不足以远行；无足，不足以立命安身。麦作为北中国唯一的越冬谷禾，扎在冻土层下发达的根系，想必是触动了造字者敏感的神经和拟人的想象。

以身体为模型建构自然、社会，人的身体与自然、社会机制互相重构，这是人类早期思维特征之一。这种重构背后的思维，约翰·奥尼尔称之为“拟人论”。拟人，作为中国人惯用的修辞手法，它强调了人与自然之间并没有不可逾越的鸿沟。许慎在《说文解字·序》中说，古人造字无非是“近取诸身，远取诸物”。以人体名称象征、解构宇宙，正是古代中国“天人合一”思维方式的主要内涵。这种天人合一的自然观，在造字取意上体现为“以人示物”或“以物示人”的天真童趣。

无独有偶，动物中也有以“足”为元素的造字案例。这就是古文字的“”（夆 fēng）”，篆文“”和金文“”长得也大差不差，至汉代峰回路转隶变为“夆”。《说文解字》：“夆，牾也。”意思是说，夆即“触逆、相遇”。许慎的解释虽说是顾左右而言他，却无意间拼合了我思维的碎片。仿佛针尖遇到了麦芒，沿着“夆”字的隶变线路，冥冥中我约略看见“麦”也从篆书（麦）不约而同地蜕化为

“丰”和“夂”合成的会意字“麦”。许慎认为：“麦，芒谷，秋种厚埋，故谓之麦。”意思是说：麦，秋种厚埋（埋与麦同音），是一种带芒刺的谷物。纵观甲骨文、金文、小篆到隶变的过程，“麦”字一路从远古走来，由“起源描述（来）”转化为“特征表述（丰）”。可见，汉代出现的俗体隶字“麦”，已被赋予了崭新的内涵：“麦”中的“丰”字，表达了丰盛、繁茂的意思，也表达了尖端、锋利的意象。

正所谓无巧不成书。“夆”之上，是反写的止（足），描绘的是脚趾向下翩然而至的情形，刚好与“麦”的下半部同构；“夆”之下的“丰”（既表音又表义），既有草木向上伸展的茂盛状（然后是开花结果，吸引蜜蜂驻足），又有蜂尾垂锋的尖锐感。李时珍在《本草纲目・虫部》中说：“蜂，飞虫螫人者。”“蜂尾垂锋，故谓之蜂。”从这两层含义看，“丰”恰好与隶字“麦”的上半部耦合。也因此，“麦”与“夆”在不同的物种谱系中不相干地相干着。

我个人认为，“夆”即“蜂”的本字，与许慎的“相遇”一说无关。王大有先生认为：“陈锋氏，又名陈丰氏、陈酆氏等。陈锋氏之‘锋’，本字作‘夆’，即蜜蜂。”此说颇有见地，不过王大有先生在此后的阐释中无疑是头尾倒置了：“‘流黄酆氏’就是飞着的黄色的蜜蜂，‘夂’为蜂头，‘丰’为蜂身尾，或因与‘辛’字形相近，又讹作‘流黄辛氏’，或为‘流黄丰氏’别称；逢，为飞行着或爬动着的蜂；酆为蜂氏居住的地方。”（王大有：《三皇五帝时代》，中国社会出版社，2005年出版，第477页）

最早现身于金文的蜂（[金文字形]），无非是在夆（[金文字形]）的左边加上虫（[金文字形]），以示其类属，专指惹人怜爱的采蜜小虫。不成想，“蜂”字的乍然出世，却冷落了它的本字“夆”——“用进废退”的结果是，“夆”最终沦为偏旁，不再独立成字。

在大造字运动中，作为一名配音演员，“夆”隐身于金木水火土各类部首的右侧或屈尊下位，一边殷勤发声，一边忠诚地守护它与生俱来的意义，比如高端（峯）、突起（峰）、尖端（桻）、锐利（锋）、茂盛（逢）、蓬松（蓬）、尘蔽（埄）、浩渺（浲）、连缀（缝）、狼烟直上（烽）等义项，以其躯体特征（螯）穿刺于居高不下的汉语语境，同时又以其酿造的产品（蜜），给人类带来“痛并甜蜜着”的尖锋体验——螯针的尖锐意象，位于甜蜜与痛感的拐点上。每一个期待甜蜜的偷蜜者，想必都有大致相似的感触。我小时候就多次领教过无以名状的窃蜜的快感轮回：从甜蜜（欲望）到螫痛，从螫痛到甜蜜（味觉），最后痒痒地收拢在蜂针上。将这种感受如实地传达出来，并以文字标识它们，这的确需要非凡的敏感的感官。

据说，非洲的俾格米人在10米开外，即能准确地说出飞行中蜜蜂的种类和雄雌！在《汉语动物命名考释》中，作者李海燕认为尖锐的“锋”、尖顶的“峰”来源于蜂，而不是相反。蜂是一种常见昆虫，因其螫人而特征显著，应是先被古人所认识的。李海燕的意思是说，在人类从整体中分出界限模糊的部分还比较困难的时期，锋和峰作为物体的尖端，其意象成像于具象的“蜂”，正所谓心有灵犀“一点”通。只不过，李海燕的这个推论没有越过“蜂针”，追溯到在农耕时代“麦芒”的刺痛感，多少有点遗憾。我个人认为，在农业文明时期，对于青黄不接时的饥民来说，麦芒肯定比蜂针更有穿透力。

二

在由“尖锐”挑起的字象中，“麦”与“夆”如影随形，相映成趣。虽说英语中也偶有live到evil的镜像反转现象，但它们的形、音、义只能在反光中线性逆转。而汉字的折光，犹如一道神秘的阴影，或反转成内涵抵牾的反词，或絪缊为意义媾接的隐语，这是任何拼音文字不能望其项背的。在我们熟知不察乃至感知钝化的日常用字中，稍加留心便会发现，许多爱美的汉字，当真会“当窗理云鬓，对镜贴花黄”呢。它们的形态成对出现，鲜活地映射在我们的眼前：它们不仅姿势可以上下、左右反转，意义上也可以随之而延伸（转注）或跳跃（假借）。

比如，左与右、可与叵、司与后、爿与片、永（）与派（）、彳与亍、孑与孓等，都是比较典型的左右反转的镜像字；又如，上与下、夂与止、首与县、予（）与幻（）、大（达）与屰（逆）、杲与杳、之（，去）与帀（匝，去而复返）等，都以倒影的方式，借助一面臆想中的镜子而巧造新字，将自身的意义以直射或衍射甚至反射的方式，托付给对称的另一半。

古希腊神话中，纳卡索斯对自己在湖中的倒影的迷恋（他想这一定是水中的神仙在向他窥视。于是心生喜悦，竟然爱上了自己的倒影）；柏拉图《理想国》中，那些永远不能回头的人，对火把投射在洞穴墙壁上的影像，所感受到的惊奇与迷惑；拉康“镜像理论”中婴儿面对自己镜像时的狂喜，似乎都暗示了人类对于影像最原始的冲动与眷顾。“川流不息，渊澄取映”（《千字文》），在没有镜子的时代，一方池塘就是最清澈的介质。面对一泓碧水，羞涩的月亮永远不会孤单：天上一个、水里一个。“举杯邀明月，对影成三人”，豪饮的唐诗人李白分身有术，用的就不是镜子，而是一杯水酒。

三

文字是社会的镜子，它像一滴水反映自然一样，以简单的笔画全息地照彻万千气象，承担着审美与反观的双重认领。中国镜子的制造史可以上溯到商代，那时的镜子是用青铜铸造的；到了汉代，铜镜工艺已相当高超、精良。镜子的发明，作为人类文明的一个标高，影响着社会生活，也影响了人类的思维方式。特别是发明了显微镜以后，一切事物都在焦点上纤毫毕现，这是一件令人兴奋的事（何塞·阿尔卡蒂奥·布恩迪亚就曾为此着迷）。

现代生物学家借助于显微镜才发现，在千姿百态的昆虫家庭中，蜜蜂的腿具有携带花粉的结构。有趣的是，蜜蜂的后脚跗节外侧，还有一条凹槽，周围长着又长又密的绒毛，组成一个"花粉篮"。当蜜蜂提着"花粉篮"在花丛中穿梭往来时，那毛茸茸的脚就会沾满花粉。生物学家把蜜蜂携带花粉的脚称为"携粉足"。

3000多年前，在没有显微镜的时代，那只携粉足是如何被造字者发现的，我们无从知道。我们只知道，这只脚被放大为"夂"，并且与"丰"跨界联袂，合成了一个会意字"夆"。3000年后的今天，我们一眼便认出了这位垂尾（丰）的昆虫"[illegible]（夆）"，正是那只采蜜的小家伙，它们骄傲地把脚高调地举在头顶，一副十足的恋足癖和自大狂模样。

春天，当我的家乡被花潮淹没的时候，蜜蜂蜂拥而至。在这场由南而北万物追逐太阳的花信期，太阳引诱了花，花引诱了蜜蜂。花把凄艳的雌蕊颤巍巍地举过头顶，还要乔装打扮，饰以鲜艳的色彩，辅以浓郁的芬芳和醉人的甜蜜，唯恐蜜蜂好色挑花了眼，看不过来的不看过来。其实，在蜜蜂看来，花的担心多余而愚蠢。经过千百万年的进化，蜜蜂已经无法抵抗芬芳的蛊惑，生而知之地飞向以身相许的花朵，嗡鸣着，仿佛向娇艳和甜蜜做出承诺：我看见，一朵朵花，一朵朵花环，一朵朵花环相连……

四

沉醉于自我为中心的幻觉，蜜蜂自鸣得意，以为"大红灯笼"时刻为自己高挂，以为它们的每一次飞临，都会让花儿不胜娇羞。直到迈克尔·波伦毫不客气地揭穿了蜜蜂自恋的幻梦，我们才恍然大悟：不是蜜蜂利用了花，而是花利用了蜜蜂。那些无脚的植物役使了有脚甚至有翅的动物。在《植物的欲望》一书中，迈克尔·波伦说，花朵聪明而不是愚蠢地利用了采集花蜜的蜜蜂来搬运花粉。

蜜蜂的确是自作多情了。

那是五月的一天，当这位园艺爱好者在自家的园子里播种马铃薯时，蜜蜂们正在花丛里玩耍。“这些蜜蜂或许正在以园子里的主体自居，把鲜花视为客体，自己正在开垦这些客体吧。”迈克尔·波伦突发奇想，并将这个念头移植到人与正在被种植的马铃薯关系的叩问中：到底是人选择了种植马铃薯，还是马铃薯诱使人来做它想做的一切呢？谁在利用谁？谁在支配谁？波伦的质疑，不禁令人陷入庄周之于蝴蝶的主客体错乱的著名梦境。生活在大洋彼岸的行为主义作者迈克尔·波伦，尝试厘清植物与动物之间的乱象，却无情地惊扰了人、蜜蜂千古不变的幻觉。

植物与动物的“互渗”，说到底是人的思维的“融通”。当植物与动物之间的成功对接，成为迈克尔·波伦奇思异想之媒触时，不料想，也打通了我多年散乱一地的思维碎片。于是，我想到了名作家李汉荣那段敏锐的感触：

> 我们，不过是至大如宇宙星空，至小如爱的凝视，如丝瓜藤儿之细嫩触须的连接点、感通点、停靠点和小小驿站，我们存在的价值，仅仅是连接那等待连接的，感通那等待感通的，传递那等待传递的，让至大如宇宙星空，至小如爱的凝视以及丝瓜藤儿的细嫩触须，在此降临、停靠并连接、传递，让时间的藤蔓散发出馨香。

关于连接与传递的思想，维柯在《新科学》中谈到，身体、感官产生的原始诗性逻辑是理性主义重构宇宙的基础。列维·布留尔在《原始思维》中曾提到“互渗律”一说，认为在互渗的世界，因果是次要的，关键是人和人，人和动物、植物、天地间的超越时空的神秘渗透。恩斯特·卡西尔在《人论》中认为：“各不同领域之间的界限并不是不可逾越的栅栏，而是流动不定的。由于一种突如其来的变形，一切事物都可以转化为一切事物”。米什莱也说，自然界诸范畴之间没有根本性的隔阻：矿物质也是植物，动物身上也有人类的遐想。美国社会学家约翰·奥尼尔认为，“人类首先是将世界和社会构想为一个巨大的身体。以此出发，他们由身体的结构组成推衍出了世界、社会以及动物的种属类别”。

五

在有限点缀植物学知识的教科书上，我们小时候曾读过许多花花朵朵，它们虽然雌雄同花、牝牡同株，但当雄蕊（我老家称之为“谎花”，它们是从不兑现的谎言，只开花不结果）成熟时，雌蕊还藏在花骨朵里等待春风摇醒；雌蕊开始分泌黏液，殷切期待接受雄蕊花粉时，枕边的雄蕊却已青春凋零，如不谙凡俗的老僧羽化成泥。于是，每朵花的花粉，势必红杏出墙远嫁到别家的花园，或私奔到更远的枝头上去幸福地“圆房”。植物学家说，只有这样“远交”，才能避免近亲繁殖，孕育优生的后代。没长脚的花儿，完成不了爱情长征，她们看似无奈，实则极端聪明地在被动中主动地招蜂引蝶，这个时候，蜜蜂热切地充当了“红娘”而不是“新郎”的角色。

爱因斯坦独具慧眼，看到了太阳、花和蜜蜂的隐秘世界。他曾预言：“如果蜜蜂从世界上消失了，人类也将仅仅剩下4年的光阴！”一语既出，世人震撼。受到震撼之后的生物学家连忙解释说，在人类所利用的1330种作物中，有1000多种需要蜜蜂授粉。没有蜜蜂，就没有授粉，就没有植物、动物和人类。法国《科学与生活》杂志为此发表文章，标题是“蜜蜂减少，诱发生态系统剧变”，唯恐人类忽视了蜜蜂存在的意义。当然，这一切蜜蜂并不知道（幸亏它们不知道）。

蜜蜂只知道，采访1000多朵花，才能获得1囊花蜜；要酿出1千克蜂蜜，工蜂需要来回飞行74 000次。所有的工蜂几乎都是为了采蜜而活着。蜜蜂历经千辛万苦，用它们从花中采得的花蜜精心酿制成蜜，这就是蜂蜜。蜜蜂认为哪里有花，哪里就有甜蜜生活。可是，同情劳动者的平民经济学家又一次惊扰了蜜蜂的平静世界，他们告知蜜蜂说，你虽然精心酿蜜，但并没能分享劳动果实，蜂蜜被偷走了！而且偷蜜者常常以“养蜂人”自居。

在欧洲，勤劳的小蜜蜂脱去了毛茸茸的镀金外衣，从经济学界一跃进入哲学圣殿。培根就曾用蚂蚁、蜘蛛和蜜蜂来比喻人的认知途径。他说蚂蚁像纯粹的经验论者，从自然取得食品，原封不动地搬回家里贮存起来。蜘蛛像纯理性主义者，以镀银的私人丝线织出一张精美的网；但蜘蛛的每一根精致的绳索都来自它的肚子，与外界无关。据此，培根认为科学的目的就像蜜蜂酿蜜，从自然中得到原料，和自己的精华相结合，才能造出香艳的甜品。

六

我的英语蒙师章元淑先生是苏州人。她的英语发音，由于融入了吴侬软语，仿佛凉白开里加了蜜，唤醒我们可怜的甜蜜欲望，在缺糖的20世纪70时代，一部分英语单词就甜滋滋地留在我的记忆中，至今不忘。比如，“蜜蜂就是Bee（比翼），Bee（比翼）就是蜜蜂”。作为表音的拉丁字母组合Bee，它的形象缺乏直观的想象维度，不仅与词义之间没有直接的牵连，而且读音也是一种偶然的任性强加，非反复诵读而难于熟记。当我的同学小和尚念经一般，有口无心地跟着老师反复念叨时，我正在开小差：

“比翼双飞”的应是蝴蝶吧，英国人是不是把蝴蝶跟蜜蜂弄混了？

若干年以后，我总算明白：蜜蜂也罢，蝴蝶也罢，它们都是群居的昆虫。所以，汉字“昆”字中“日”下有“比”，“比翼”的“比”。温煦的日头下，成群的昆虫比翼而飞，构成了天使飞天一般的昆（[illegible]）字意象群。在古人眼里，蜜蜂密聚于巢，乌泱乌泱的蜂群嗡声如风（风、蜂同音）——华夏先民，难不成早就意识到蜜蜂群集的整体属性？

在民以食为天的现代中国，所有的动物几乎都取得了饕餮者功利定义的内涵和若干象征意义。舌尖上的满足感成全了“味蕾主义”，却遮蔽了国人对蜂群的认识。直到20世纪初，美国古典学派生态学家威廉·莫顿·惠勒，借助蚁群的研究提出了“超个体”(superorganism) 的概念（同样道理，蜂群也像蚁群一样是“超个体”），一部分先进的中国人才恍然大悟：犹如史前岩画、陶符不能称为成体系的文字一样，落单的蜜蜂不能称为蜜蜂——一个蜂群，才是一个生命有机体。

在惠勒看来，工蜂是蜂群产生乳汁的器官，蜂王和雄蜂则是蜂群的生殖器。在《作为有机体的蚁群》（1911年）一文中，惠勒断言，昆虫群体不是仅仅类似于有机体，本身就是一个有机体。“就像一个细胞或者一个人，它表现为一个一元整体，在空间中保持自己的特性以抗拒解体……既不是一种物事，也不是一个概念，而是一种持续的波涌或进程。”在《失控》一书中，凯文·凯利（K·K）认为，将蜜蜂群集的蜂巢视同动物的想法，来得有点晚。说得没错，汉字造字者虽然发明了有群集之象的“昆”字，但并没有指明“昆”与“蜂”的对应关系，原因归咎于蜜蜂生活的隐秘性。

“这是一个由上万只狂热而忠诚的武装卫士守护着的秘密。”K·K说。

帛书《老子》（55章）谈到“赤子”时，提到了有“蜂虿蝎蛇”，这说明蜂早已受到先哲的关注，但说的好像也只是个体而非集群的蜂。《山海经·中山经》中记有司蜂之神“缟羝山之首，曰平逢（逢与蜂音、义、偏旁相同——作者注）之山，南望伊洛，东望谷城之山，无草木，无水，多沙石。有神焉，其状如人而二首，名曰骄虫，是为螫虫，实唯蜂蜜之庐”。可见，蜂神其状如人。

德谟克利特认为，蜜蜂的孵化和蛆如出一辙。色诺芬分辨出了蜂后，却错误地赋予她监督的职责，而她并没有这个任务。亚里士多德在纠正错误认识方面取得了不错的成果，包括他对“蜜蜂统治者”将幼虫放入蜂巢隔间的精确观察（其实，蜜蜂初生时是卵，但他至少纠正了德谟克利特的蜜蜂始于蛆的误导）……

K · K 在追述人类对蜜蜂的认识发展史时，列举了大量文献证明人类对蜜蜂是怀有偏见的。K · K 认为，文艺复兴时期，蜂后的雌性基因才得到证明，蜜蜂下腹分泌蜂蜡的秘密也才被发现。直到现代遗传学出现后，才有线索指出蜂群是彻底的母权制，而且是姐妹关系。K · K 甚至还津津乐道向我们描述蜜蜂决策的全过程：蜜蜂看到一条信息："去那儿，那是个好地方。"像蚕摇头吐丝一样，这条信息是用"8"字形的舞蹈语言编制的。按照收益递增的法则，渐渐地，蜜蜂们以滚雪球的方式形成一个大的群舞。曲终幕闭，最大的蜂群获胜；按照民众的选择，蜂群挟带着蜂后和雷鸣般的嗡嗡声，向着群选的目标前进。蜂后，非常谦恭地做一位跟随者（而不是领导者）。

K · K 并非刻意颠覆关于"蜜蜂"传统定义，而是在揭示被蜜蜂"密封"的真相——蜜蜂的国度，是真正意义上的民主共和制，这种"分布式管理"的"群氓"政体，据说很值得现代人学习仿效。按照 K · K 的说法，我们现在是否该重新定义蜜蜂，重新审视人群的含义呢？

七

时光回推两百多年，英国医生曼德维尔也出版了一本与蜜蜂有关的书，书名就叫作《蜜蜂的寓言》（1720 年）。有意思的是，他把人类社会比喻为一个"蜂巢"，他说："这些昆虫生活于斯，宛如人类，微缩地表演人类的一切行为。"在"这个蜜蜂的国度"里，每只蜜蜂都在近乎疯狂地追求自己的利益，虚荣、伪善、欺诈、享乐、嫉妒、好色等恶德，在每只蜜蜂身上表露无遗。令人惊异的是，当每只蜜蜂在疯狂追逐自己的利益时，整个蜂巢呈现出一派繁荣的景象。后来，邪恶的蜜蜂突然觉悟了，向天神要求让他们变得善良、正直、诚实起来。"主神终于愤怒地发出誓言：使那个抱怨的蜂巢全无欺诈。神实现了誓言……"接着，在整个蜜蜂的王国中，一磅贬值为一文，昔日繁忙的酒店渺无人迹，不再有人订货，全国一片萧条景象。这就是著名的曼德维尔悖论：纯粹的美德，不能为国家带来繁荣；私欲的恶之花，结出的是公共利益的善果。

上帝在制造美德的同时，也为美德制造了陷阱。人类思维的怪圈，犹如高尚的蚕，吐丝，自缚。在《伊索寓言》中，蜜蜂曾向宙斯状告人类偷蜜行为，要求神赐予力量蜇死接近蜂巢的人。宙斯非但没有恩准，反而下了一道圣旨：你们，不许用蜂针蜇人，否则害人害己——蜇过人的蜜蜂自己也得死。碰了钉子以后，蜜蜂开始贿赂人类，他们把蜜首先涂在先哲柏拉图的唇上。那时候，柏拉图还是个吃奶的孩子。

这个故事表明，只要神不向动物妥协，动物必然向人类妥协。从此，蜜蜂源源不断提供蜂蜜，人类一边毫不害羞地偷蜜，一面向蜜蜂源源不断提供甜言蜜语。所以，全世界颂扬蜜蜂的诗歌铺天盖地。其中，最著名的一首在中国广为流传，内容大体上是：“一只小蜜蜂啊，飞到花丛中啊，左飞飞右飞飞，飞呀飞呀，mu~a，piapia……”在当今的中国，关于蜜蜂的诗歌，内容虽然有些空洞，但很有情调，也适合于调情。

（原载于《西湖》文学月刊2014年第9期“汉字动物园”专栏）

蚕

蚕把丝丝缕缕的情愫、缠缠绵绵的情怀，织作人间锦缎，吟成千古绝唱。

在汉字动物园里，蚕堪称史上最伟大而尊贵的小虫，其地位不逊于为人类创造甜蜜事业的蜜蜂。在文明的经纬坐标上，蚕位于东西文化交流的原点，纵轴是中华文明的时间维度，横轴是丝绸之路的空间维度。

传说远在黄帝时期，华夏文明突然高歌猛进，呈井喷状迸发激动人心的集束式发明，大有“忽如一夜春风来，千树万树梨花开”的架势。比如，黄帝垂衣裳、作《内经》，仓颉、沮涌制文字，伶伦定音律，隶首作算数，容威作调历……男人们铆足了劲儿忙得不可开交，女人也不甘示弱。人文初祖、黄帝元妃西陵氏嫘祖（蜀人），硬是不可思议地将蚕儿调教成中国首批自备丝线的纺织工人。这项石破天惊的成就，以成功提取蚕丝、织成锦缎为标记，绚烂了华夏五千年文明史。

甲骨文蚕（）活灵活现，极像出自村童的手笔，或是法国写实主义大师的早期习作。篆文另起炉灶，用“朁（发髻）”和一对小虫，创制了一个会意兼形声字（蠶），这样子虽说有失稚趣，但油光水滑的虫丝儿犹如少妇的发髻蓬松卷曲，盘旋于光鲜的颈后，形色悦目，暗香袭人，没准能诱发人们优雅的想象。儒者似乎不习惯用妇人的饰品做造字的材料，于是自作主张生造了一个“𧒂”字，表达造字者对蚕的敬畏，彰显蚕的超自然神性。更有天才的书者直通天庭，发明了俗体“蚕”字，意味着吐丝作茧的蚕乃“天虫”也，或说是天赐的“神虫”。

嫘祖的乡党、远古蜀国酋长“蚕丛”，据说就是“蚕虫”。蜀人认为，“蜀”即远古的家蚕。甲骨文“蜀”写作“（蜀）”，从“目（）”，目下是伸曲的纤弱小虫。到了篆文时期的“（蜀）”，小虫明显发育成熟，其字象为我们摹写了一个大眼睛的“人”，佝偻着身子环抱一只小虫，做悉心呵护状，唯恐照看不周。西蜀诗人流沙河说：“什么虫需要人照看呢？当然是家蚕。”言外之意，值得中国人照料的小虫非蚕儿莫属（蜜蜂自理能力强，人类只管偷蜜即可）。《说文》：“蜀，葵中蠶也。从虫，上目象蜀头形，中象其身蜎蜎。《诗》曰：'蜎蜎者蜀。'" 可见，"蜀"即家蚕的说法并非虚妄。只是许慎误把大眼睛的纵目人（三星堆出土）误为"蜀头形"，显然是缺了"人"的"在场"。三星堆遗址毕竟发现太晚，不能怪五经博士没见过"巴蜀图语"。至于蚕的读音为什么是"缠绵"之"缠"，大概与蚕总是自恋地吐丝自缚有关吧。

据说，蚕吐丝时，头不停摆动，有节奏地将丝织成一个个排列整齐的"8"字形丝圈（这与蜜蜂舞蹈的造型完全吻合）。后来造字者在"8"的两端或下面加上了流苏，写成了"𢆯"或"糸"（糸）。自此，"丝"作为春蚕生命的延续，代表蚕参与了大造字运动，成为纠缠汉字文化的最重要的造字元素之一，弥补了"蚕"字未直接参与造字的千古缺憾。

"凡糸之属皆从糸。"可喜的是，《说文》"糸"部的形声字，不曾弃守实像、单纯追求字的音响效果，而是以丝之形旁做向导，留给后人一条侦察字义的秘密通道。沿着这条丝织的通道，在"糸"旁扎堆的字族中细心探访，不难发现所有的"糸族字"都直接或间接地与"蚕"的身体异化——丝绸有关。顺便说一下，《说文解字》现行版本收"纟（sī）"族文 248 个，约占全书字条的四十分之一；部首字与丝、绳、丝棉麻等纺织品以及色彩有关。早在大造字运动高潮期，"丝"大概已经成为贵族的奢侈品，并作为智慧的结晶，融入了中华文化基因。

今天看来，如果没有丝，汉字会立刻失"色"；如果没有丝，中国文化就会失去丝丝入扣的质感，少了一份严丝合缝的牵连，甚至顷刻坍塌。

汉字书法厚重的笔画源于纤弱、柔软的笔尖，注定要由游丝引带来牵连。丝不仅编织了七彩世界，还以纤毫之力维系中华文化大厦，其情形大有千钧一发之势。如此微弱的蚕丝，怎堪承载中华文化之重，是不是太玄（悬）了点？科学家们说，在分子层面上，丝蛋白纤维比钢丝坚固 5 倍，比凯夫拉（一种制造防弹衣的芳纶纤维）坚韧 3 倍。

中国人对色彩的感受，经历了从被动接受颜色，到主动创造颜色的过程。这个过程的分水岭是丝染工艺的出现。红（赤）、橙、黄、绿、青、蓝、紫七色中，橙、黄、青、蓝取自于自然，而红、绿、紫三者一律是"糸"旁，取自于人工。学者姚淦铭说："先民曾经从大自然各种天然物体的颜色中来构思汉字，这里又从人工创造的颜色中来巧构汉字。前者可属'天工'，后者可谓'人工'，在汉字表声的数量比较上或许可以看到先民的'人工'巧夺'天工'，这是一种美妙的思维，亦是一种思维的美妙！"台湾学者唐诺也发现，七色中"糸"旁字占了七分之三，"颜色的实物秘密就好好地封存在字里”。诚如斯言,《说文》中,“糸”部有许多字乃“好色”之徒。姚淦铭甚至认为,以丝的染色为比照,是汉字表示颜色的一个显著特点。如此，汉字蕴含的颜色才有实物可循，有光泽和温度可感。也正如唐诺所说，表达颜色的字因染料来源为矿物、植物、动物的不同而区分，能保留住实物的气味，“这样携带着不同光泽、层次甚至气味，才是这些颜色之字最原初饱满的存在”。

从甲骨文、金文、小篆到隶楷，取象于丝束的“糸族”字，组成了庞大亮丽的颜色谱系，五彩缤纷，令人赏心悦目，仿佛置身于苏杭丝绸市场。比如，丝帛呈青黄色称为“绿”，呈青赤色为“紫”，呈青白色为“缨”，呈橘红色的是“缇”，完全呈黑色的叫“缁”，呈赤色为“缙”，呈青色为“缥”。白色而又细密、未经加工的丝织品称为“素”,“缟”是白色的细绢,“绢”是像麦茎的青。“绣”为五彩俱备，而五彩文饰的繁密就叫作“缛”了;会合了五彩的刺绣,叫作“绘”。绯闻的“绯”，其实是染成红色的丝织品。“絑”为朱红色，“绌”是深红色。“绾”是粗浅的一种绛色，“绛”则为大红色，“纁”为浅绛色。说到纁，就算说到了颜色的“核心”了——在华夏色彩图谱中，“玄纁”二色最为神圣，因分别象征天地而并称。黑中扬赤为“玄”；赤色之浅者叫“纁”。玄色，较之青、赤、黄、白、黑等五正色尤为尊贵，而独居其上。

乐，刻意隐瞒了“糸”族字的高贵血统；港台地区一直使用的正体“樂”（正体又称“繁体字”，其中“繁”字里也有丝），却出卖了它的身份。“樂（𢆶）”，像丝附于木，罗振玉说它有“琴瑟之象”。乐本指用丝竹制成的乐器，后引申为音乐。我国古人将乐器按其制作材料分为金、石、丝、竹、匏（páo）、土、革、木八音。《乐记》载:“土曰埙，竹曰管，革曰鼓，匏曰笙，丝曰弦，石曰磬，金曰钟，木曰柷。”这里的丝，是否指蚕丝，虽无法取证，但恐与蚕丝脱不了干系。

“给点颜色就好看”的丝族字，不仅声色俱佳，而且有超强的文化渗透力。据统计，目前已释读的1500个甲骨文中，有近300个单字与丝绸有关。这些“糸”族字，有的表达色彩亮度，有的追怀远古生活，有的指涉国计民生和政治上层建筑，有的秘藏先民的审美情趣和宗教信仰。

比如，“乱”（亂，金文写作𤔔）的本义是治丝，即整理紊乱的丝，使之顺溜（江淮人的后裔老昆明人所说的“乱”，就保留了这层意思）。篆文的𤔔（亂）描述的正是丝搭在框架上，用双手将其理顺的物象场景。后来，“乱”字一头扎进国家政局，才乱了方寸，辩证地表达了与“治”相同或相反的意思——“乱政”，既表示治理政务，也表示干扰、败坏政制，体现了古人的辩证思维，这是造字的辩证法。

再比如，“经纬”一词本为丝织术语。经的本字为“巠（巠）”——上部的三条曲线代表织布的“经线”，下部是撑线用的“工”（工，也有穿梭的意思。祥见拙作《汉字动物园：鹤》）。丝线上机，纵的叫经，横的叫纬。经与纬，扩而大之用于地球仪上，南北曰经，东西曰纬。经纬交错分布于地球表面，虽肉眼不见，但不小心照样会被绊倒，摔成伤兵（黄亚洲《磕磕绊绊经纬线》有诗叹曰：“在生命的黄昏里，谁都是伤兵……”）。

我个人认为，一直被当作是外来词的“总统”两字，比“主席”更有传统文化内涵。它们其实都来源于丝织业。聚丝成束，叫总（總）。《说文》：“统，纪也。”缫丝过程中，抽出的丝头有分有统，“传统”“系统”皆因此而生；分出一丝称为“一纪”，“世纪”“纪律”“纪念”等词皆由此而生，这是丝织流程进入政治和社会生活范畴的典型案例。“组织”一词也不例外。多色线织成的绶带叫“组”，而“绶”则是古代用以系佩玉、官印的丝带；经线纵列密排，纬线装在梭中，来回反复横穿，经纬相交叫“织”。“纳”是指用来进贡的丝，所以入党叫“纳新”，意思是把个体的身心都供奉给强大的组织（“纳粹”则是“国家社会主义”的意译，与丝无关）。

中国人发明了蚕丝，少不了纠缠于“丝”。古希腊历史学之父希罗多德甚至称中国为“丝国”。没错，丝是中国的国粹，也是希罗多德们了解中国的线索。时下常用的“纠结”一词，也与“丝”丝丝缕缕地关联着（“关联”一词，繁体字写作“關聯”，其中有丝）。丝之交合叫作“纠”，丝绾成“纥縫”叫作“结”。“终”也是纠丝，意思是把理顺的丝绞成麻花状；将成束的丝缠好打个“纥縫”，就成了“结”。现代语境下，“纠结”即心结，心结重，必然心绪乱。不知从何时起，“疙瘩”两字代替了“纥縫”而大行其道，正好说明后工业时代新新人类紧张、恐怖、颠倒梦想的生存状态。解得开“纥縫”的是“亚历山大”（史载马其顿帝国亚历山大大帝斩开了“戈尔迪死结”，因而做了亚洲王）；解不开“疙瘩”的是“压力山大”，意思是郁结在心，压力比山还大。

如此说来，“结”是一种心理状态，“俄狄浦斯（恋母）情结”“伊莱克拉特（恋父）情结”都属于弗洛伊德潜意识范畴，而现代人的“心结”则表现为自我纠缠，自己跟自己拧巴。自我，说到底就是一个系得很紧的结，倘若心怀慈悲、舍得放下，方可远离颠倒梦想终究涅槃：“我”在，结在；“我”不在，结自然终结。忘“我”，或许是一条解开疙瘩、通向禅悦的坦途。

宋於潜（临安的旧称，潜与蠶明显有关）县令楼璹，似乎并没有纠缠于“小我”与“自我”，作为一个有良知的宋朝公务员，他关心的是民间现世的疾苦，全然进入无我、忘我的境界。这位绍兴年间的鄞县人写了一部《耕织图》，详尽地记录了古代蚕农育蚕、养蚕、缫丝、织绸的全景图，目的不是为文而文，也不是宣泄或投诉于自然聊作自慰，而是为了普及蚕桑技术，促进生产发展。

《耕织图》“图绘以尽其状，诗文以尽其情”，其描绘的耕作与丝织场景形象生动、细腻传神，被奉为艺术瑰宝。从中我们得以窥见许多丝族字本义的“图解”。比如，蚕吐丝做茧后，将茧投入沸水，边煮边搅，这个过程叫缫丝。缫出的丝头叫“绪”。沸水中找出头绪，抽出丝来，这种情形用于文章称为绪论、绪言，而情绪、思绪则是“丝头”语意在人的情感上的运用。单丝的缫出，尚未成线叫“细”，缫丝的残絮用帘网捞起来叫“纸”（书写用纸沿袭此称呼）。缫丝时抽出细丝延续不绝，称为“络绎”。斩断细丝叫“绝”，绾上转轮的流程叫作“缭绕”“缠绕”。丝和麻混织成线，叫“绩”。丝绩成线，不掺和别的纤维叫作“纯”。

当一条蚕慢慢长成，蜕皮、上簇、吐丝、结茧，它的身体状态不断提升，短短的一生经历了数次变化。因此，在古人看来，蚕是自然界中变化最神奇的生物。神秘的小生命先是由一粒卵变成细小的幼虫，历经“四眠四起”后，突然变成白胖的蚕宝宝；最后，“蚕食桑叶”也被赋予了神圣的宗教意义。从考古发现和史料记载来看，丝绸业一开始便与“蚕崇拜”的宗教仪式纠缠在一起。

传说扶桑是由两棵相互扶持的大桑树组成。太阳女神羲和与她的儿子金乌（三足乌鸦，太阳之灵）就住在这里。他们早出晚归，每天从这里起驾。于是，我们称东方为扶桑，称家乡为桑梓。据说人们扶着桑树就可以通天（扶桑与北方寻木、中部建木、西方若木、南方的桃都是传说中的神树），因此桑树是中国人通天的“巴别塔”。最迟在新石器时代中期，人们对桑蚕开始了有意识的保护和驯养，为的是避免这“通天之塔”因天敌的攻击或自然环境的影响而折断。于是，先民开始用茧丝缝制葬服，以求灵魂升天，这大概是桑、丧语音相同的缘由。古人把死者称为“桑主”，逝者的牌位也多用桑木制作，取“归家”的意思。他们用蚕丝缝制祭服，用丝绸包裹青铜、玉等礼器随葬，以寄托将随葬品送达到另一个世界的愿望。

丝绸“事鬼神”的用途，大约一直延续到商周时期。直到春秋战国时，丝绸作为日常服饰才渐渐普及起来。到了汉代，桑蚕丝织业迅猛发展，平常百姓有可能穿上了丝织品，当然人数不会很多。宋人张俞对此十分感慨：“遍身罗绮者，不是养蚕人！”真丝毕竟来之不易，注定了丝绸的华贵和神秘。

据说，1000条蚕从蚁蚕到吐丝作茧，大约要吃掉20千克桑叶，才能吐500克的丝。一条蚕一辈子只活短暂的28天，一生所吐的丝有1000米长……你瞧，

多少条蚕的生命才能汇聚成一方丝帕、一袭披风、一件旗袍、一床被面。因此，中国丝绸在古罗马曾与黄金等价，只有少数贵妇才有幸穿上它，以相互炫耀，正如当代中国贵妇显摆 LV 一样。

史学家说，丝绸作为一般等价物、交换的介质，其流通时间可能要比贝币还长。一直到唐代，中国的丝绸还作为货币在市场上流通。在国际交往中，丝绸还是中国人连接世界的纽带、馈赠友朋的国礼。中华民族最早输出的产品也是丝绸。平和的中国人，不曾用“四大发明”中的火药轰开西方的大门，而是用蚕丝织就的绸缎缩起了东西方关系网，成为中西文化交流的纽带（易碎品陶和瓷器，也起过同样的作用）、和平的使者。

秦统一中国后，建立了中央集权的帝国，为发展民族经济文化创造了条件。到西汉时，中华国力已经强盛。西汉建元三年（前 138 年）、元狩四年（前 119 年），具有国际意识的汉武帝两次派出非武装力量（也可能带有少量武器防身）的张骞团队出使西域，开辟了中国与西方的陆路通道。从此，一条从长安出发，经河西走廊到达中亚、西亚、欧洲的“丝绸之路”正式开通。

剪彩当天，汉武帝肩头上想必是搭满了各色哈达。东汉以降，中国人一直忙于内讧，主旋律是打仗。经三国两晋南北朝一直打到唐朝才算消停。同样具有国际意识的唐太宗，稍事喘息之后，决定恢复国际贸易。但唐人似乎已不满足于汉朝的“陆相思维”——汉朝人从东方小沛出发，一直向西；而唐朝人相反，从西一直向东，试图开辟一条海上丝绸之路，加强唐王朝同中亚、地中海东岸诸国的海上联系。这条海道经宋朝到明末一直畅通，不用说郑和当年随身携带的主要交易产品无非是丝和瓷，另外还有东方神奇的小树叶，外国人称之为“Tea”。

上海作家张远山说：“如果不是中国人的独创性利用，很可能人类永远会对这种小虫熟视无睹。”我觉得这话未免自恋。西方人虽然错过了驯化野蚕的机会，但他们也曾在蜘蛛身上下过功夫，试图让善于结网的小虫拉出的美丽丝线能坚挺起来，无奈不争气的蜘蛛拉不出蚕丝。从 20 世纪最后一年开始，科学家提出了若干不需要蚕、单靠基因力量批量生产廉价“蚕丝”的方法。德国人想到了用转基因烟草和土豆来生产丝蛋白，一群加拿大分子生物学家甚至将解码的蚕丝基因植入山羊卵细胞，借助山羊的乳房产出丝蛋白，最后制成一种叫作“生物钢”的产品。韩国人虽然近水楼台先得月，不花半文专利费轻易获取了中国的丝绸工艺（其实中国人也没申请专利），但他们觉得应该做点样子以证明他们的确是孔子的后裔。此后，打着八卦旗的韩国人通过移植蚕丝基因或蜘蛛的 DNA 到大肠杆菌里，一点儿都不八卦地培养出了丝蛋白细菌，经过合成提炼，生产出真丝。整个流程只占传统蚕养殖时间的十分之一！对此，我的同胞不知作何感想。

不管如何想，专家们一丝不苟地放出了狠话：无论是在山羊乳房中，还是在转基因烟草、土豆或大肠杆菌中拔出丝来，有一点是可以确定的，蚕儿想垄断丝织业的想法，终将终结。

（原载于《西湖》文学月刊2014年第9期“汉字动物园”专栏）

豹

“凝视豹子浅琥珀色陷入虚妄的眼睛，”作家周晓枫说，“我不知究竟是豹子复制了满天星宿，还是星空有一只蹲俯在天的巨兽。”

女作家的血液里，显然浸淫了祖先巫术思维的遗传密码，她的细致入微的视觉，掠过符咒一般的豹纹，直逼豹子的眼睛。人兽之间，眸子里彼此印证的镜像，无意间泄露了先民造字的天机。

五千年前的满天星宿，跟今天的星图大约没有迥然的两样；五千年前的华夏先民与今天的芸芸众生相比，却有着完全不同的某种超验的敏感，他们深邃无底的视域，交替映照着太阳与北斗——天空中，既照古人也照今人的两大星体。

文明扩大光明的值域，也缩减了潜意识感应的黑色领地。现如今，由于广泛使用的人造发光体、采暖技术，遮蔽了自然天体的光明与温煦、深邃与神秘，新新人类甚至可以漠视星斗的存在。幸好，人间还保留着远古先民的孑遗，一个叫作“作家”或“文人”的族群，他们弃绝文明的临时约束，将灵魂寄存在史前状态，不时回归人类的诗性、慧根，在神话、传说和诗中，转身走向通灵者的祭坛。他们，作为巫者——人类最早的知识分子的继承者、敏感的观察者和写作者，心怀崇高的道德准则，仰望灿烂的星空（康德），潜意识里保持着“史前世界”的神秘、混沌，为芸芸众生源源不断地提供人类心灵考古的文本观照。

沿着历代观察者、写作者提供的线索回溯，方知在古人看来，太阳与北斗昼夜轮值，普照大地，或滋润万物，或左右物候，指导着先民的作息，保佑人间风雨调顺，同时赐给人类最初的时间概念和方位意识。也因此，太阳与北斗成为人间一切信仰膜拜的源头。

白天看日出日落，夜间观斗转星移——这样的物象场景，如果我说这是汉字“的”的造字机理，你可能不以为然。可是，小篆时期的汉字“的”恰好写作[小篆字形]（旳）：左边是“[小篆字形]（日，太阳）”，右旁是“[小篆字形]（勺，北斗）”；一个在白昼炫目，一个在黑夜耀眼。只不过，有的篆文[篆文](的)，将早期篆文的“[篆文](日)”写成了“[篆文](白)”，这才以讹传讹，成为楷书“的”误写的源头，以至于我们今天浑然不知“的”字的来龙去脉。

当然，你也可以这么理解，误写的“的”，或许又恰好传达了观察者的自信：我明明白白地看见了，那明明白白的存在。

《说文解字》：“旳，明也。从日，勺聲。”字圣许慎的意思是说，“的”是一个形声字，声旁“勺”只发声而不表义。持不同见解的文字学者立马纠正说，许大人说得不对，“勺”明明是“灼”的省略，既表音又表义，强调的是日光强烈醒目。央视百家讲堂主讲人，一位知名学者甚至认为，勺是“钓”的省变，“的”是“钓太阳”的意思，也有不靠谱的学者认为，“的”是用勺子舀太阳的意思。

我个人认为，“的（dí）”作为“目标”“标的”的符号，甚或具体到“箭靶”“莲子”以及女人的“酒窝”等“鲜明”而“确定”的义项，不可能排斥在茫茫黑夜的神秘关怀之外，形成一个漫长无目标的时间空场。因此，“的”字右边的“勺”，既不是拒绝示义的发声附件，也不是舀的意思，更不是“灼”“钓”的省略，而是遥指夜空中显赫的“北斗星”，它与左边的“日”乃至演变成后来的“白”，联袂构成24小时“白＋黑”全天候天象景观，作为“明明白白、准确无误”的视觉参照，具有强烈的目标性和定位感。

古代星相图，北斗是由天枢、天璇、天玑、天权、玉衡、开阳、摇光七星组成。古人把北方天空这七颗星连缀起来，想象成一把舀酒祭神的“斗”或“勺”，故称北斗或勺星。天枢、天璇、天玑、天权四星组成斗身，叫作魁（“魁”字中的“斗”与“勺”同义）；玉衡、开阳、摇光三星组成斗柄，叫作杓。

由于北斗星在不同的季节和夜晚的不同时间，出现于天空的方位不同，古人便根据斗柄（杓）所指的方向来断定季侯：斗柄指东，天下皆春；斗柄指南，天下皆夏；斗柄指西，天下皆秋；斗柄指北，天下皆冬。

自古人们把北斗星（北极星）视为天极所在和宇宙万物生命发源地，因此，至今仍有“众星拱斗”之说。闻一多认为：“古人想象天随斗（北斗星）转，而以北斗为天之枢纽，因假北斗以为天体之象征。”（《闻一多全集》，第2册，第247页）湖北随县擂鼓墩曾侯乙墓出土漆箱盖上所绘《青龙白虎二十八宿图》，双古堆汉墓出土的六壬式盘，都是以北斗七星居中，二十八宿在周围。

既然季节愿意接受北斗的节制、调度，并随北斗七星的斗柄而转移，整个天体看起来都是围绕着它在运转，那么，古代智者立即拜倒在“勺把子”之下，也

就顺理成章了。最早的北斗崇拜，大概由此而生。

所以，古人用“勺”字加“示”，就顺势造出了“礿（yuè）”字，表明“礿”是“杓（北斗的斗柄）”的祭拜仪式，后逐渐衍化为专门祭祀北斗星的夏祭仪规。有远古典籍《尔雅・释天》为证：“春祭曰祠。夏祭曰礿。秋祭曰尝。冬祭曰蒸。”

在古代，斗也罢，勺也罢，说到底都是盛具，也是衡器；对应于星空，斗星或勺星，则是天神的盛具或衡器。也因此，取象于“勺”的汉字，如杓（斗柄）、礿（夏祭）、酌（斟酌）、灼（炙治）、约（衡量）等，作为“勺”的同根分化字，一律被小心翼翼地赋予衡量、程度、规制，有分寸、合仪规等含义。

吊诡的是，与作家周晓枫对视的那“一只蹲俯在天的巨兽”——“豹”，也取象于“勺”，这大概是动物命名史上的一次最神秘的精神远足——作为匍匐于地面的动物，竟然与天象牵掣，凝聚于字象之中，甚至还有一个不像动物的奇怪的名字——“程”。

话说陆游是宋代著名文学家，他的爷爷陆佃却是了不起的文字学家。陆爷爷在其训诂专著《埤雅》中，提到一只叫“程列”的豹子，却不限于指向一只，而是豹子的通称。

明代药物学家李时珍也说过：“秦人谓豹为程。”（《本草纲目》）《列子释文》引《尸子》一文说得更加明白：“程，中国谓之豹，越人谓之貘。”至于豹子为什么叫程，王安石解释说：“豹性勺物而取，程度而食。”（《字说》）“程”是个形声字，原为有肚量的动词，本义是称量谷物并如实呈报；“程”用于豹子的字号，取义为程度、章法、规范、风度，表明豹子具有十分谨慎的德性。

原来，古人认为豹子是一种节制而食的动物。正如古书所说：“饿狼食不足，饥豹食有余。”

豹子之所以饮食有节，据说是担心因贪食而影响体形和奔跑的速度，这与古代“韬光养晦”的智慧，似有某些融通的玄机。因之，“豹韬”入列古代兵书《六韬》。

行走于主流文化边缘的豹子，虽然没有像龙凤狮虎那样成为煊赫一时的偶像，却承载着古人几多精神寄托。豹子不忘初心谨遵八项规定，小心翼翼、举起勺子度量危机的意象，也便成为诗人赞美的禀赋。所以，西蜀诗人蒋蓝感叹道：

“它本性中的残忍转化为无与伦比的节制和风度。而一旦它的胃口得到满足，立刻目光柔和，如同一位苦修者，然后回到雪山上去沉思，去思考雪如何开出莲花，石头如何孕出玛尼堆，土壤如何预谋贝母，去观察白云如何飞舞成经幡。”

在古希腊文化中，柔美的长腰花豹是动物世界的玫瑰，是酒神狄奥尼索斯放浪的化身，代表泛滥的情欲；暴突于《神曲》中的豹子，则被认为是淫欲的象征。这与中国古代“豹房”的说法，如出一辙。

中国人对豹子的认识，没有停留在感觉的表层。“君子豹变，其文蔚也。”（《易经》）在汉字体系中，甲骨文[甲骨文字形]（豹）“画成其物”，令人眩晕的斑纹蔓延、幻化、红移，从幼年的斑点到成年的圆圈，形成不同风格的图谱，像圆钱、像艾叶、像芍药、像北斗、像星云……一圈圈撑开先民想象的翅膀，镌入不同族群的集体表象。

至秦汉时期，独体象形字“[古字形]（豹）”以其闪电般的速度把自己拉长为长脊的[古字形]（豸），把自身的斑痕拉伸为“勺把子”，于是造字者另加“[古字形]（勺）”字，变成了合体会意字（豹），强调的是动物与天象之间的某种史前世界的默契。我个人认为，造字的先民愿意摘下星图中的神圣之勺（北斗），赋予豹子慎独、自制的德性，正应和了许氏关于“仰观天文，俯察地理”的造字法则。

附：汉字植物园四篇

艾草

长在《诗经》里的艾草，弥散着缠绵的香。

“彼采艾兮，一日不见，如三岁兮。”（《诗经·王风·采葛》）意思是说，一日不见，如隔三秋啊。热恋中的情人，即使是短暂的分别，在感觉上已是无边的漫长，实在难熬；所谓“乐哉新相知，忧哉生别离”，欣悦与焦虑在时间消长中彼此交织、不断放大。

可见，在大谐音修辞格泛滥的《诗经》时代，“艾”就是“爱”；艾一出场，就跟浪漫的爱建立了关联。

赋比兴，风雅颂，华夏民族特有的诗性表达方式，滥觞于《诗经》，渗透到民间就泛滥成一个村庄、一个民族的语言。

旧时乡村，夫妻之间不兴直呼其名，一呼一应都是“哎”。

老婆呼老公：哎。

老公应老婆：哎。

“哎”，成为夫妻间约定俗成的名字，一种不可言说的灵犀通路。两个人的世界，两个人的默契，借“艾”的幽幽香气、“哎”的交会响应，荡漾开来，融入村庄，成为村庄习俗的一部分；深入民间，成为乡人灵魂的一部分。

艾，香了乡村的四季，也香了乡人的一生。我们不得不叹服古汉字音、形、义暗生情愫的玄妙。

古人爱艾，从少爱到老。他们用“艾”为年轻美丽的女子命名。《孟子·万章上》：“知好色，则慕少艾。”赵岐注曰：“少，年少也；艾，美好也。”孟子认为，对异性的好奇和好感，是一件十分自然的事。“食色，性也。”孟子毕竟师承孔子，并不避讳从本能的角度谈性。

可是，《礼记》又说：“五十曰艾。”原来，古人认为人过半百者发丝青白，色如艾叶。因此，返老还童的老人被尊称为艾。为示区别，“艾人”特指老人，“少艾”则是指少女。

“艾”，关乎人生一老一少两个美妙时段。

孟子澎湃的激情中，显然浸淫着《诗经》的诗性。孟子不仅发现了“艾”之美妙，也发现了诗经所说的“三年艾”的药用价值。“七年之病，当求三年艾”（《孟子·离娄篇》）意思是说：一个人犯了七年的病，非三年艾而不能灸治也。

李时珍也说：艾叶“以蕲州者为胜，用充方物，天下重之，谓之蕲艾。”（《本草纲目》）。蕲州盛产艾，也是李时珍的故乡。据说端午采的蕲艾，点着之后，香气如针，具有不可思议的穿透力。这艾灸的力量，也是精神自疗的法门。

艾叶是制作艾绒的材料，艾绒是拿艾叶捻成细丝，供中医针灸治疗。《本草》注曰：“医家用灸百病，故曰灸草。”《毛诗传》说：“艾，所以疗疾。”药用的艾，温经，安胎，理气血，逐寒湿，散寒止痛。小儿肚子痛，艾叶炒热包好焐肚脐，立好。肚子发胀，吃隔食了，或者拉肚子，艾叶煎水喝，消炎止痛。艾草燃烟，可杀菌消毒，夏夜驱蚊，辟邪除秽，洁净空气……在乡间，青黄不接时，艾的嫩叶甚至还可以食用，可以制成艾糕、艾酒、艾粥。

艾是乡村最早的医者，也是乡村最早的巫者。

古代巫、医同体相通，艾除了治病之外，民间通常用来驱邪。《楚辞》之后，艾常常与芦苇伴生，以一种低伏、纤弱，坚韧、顽强的力量，将五月的香气酝酿成一种习俗，一直延续至今。

南北朝以前，民间已经惯于在端午节悬艾草于门上以消除毒气。我国第一部岁时民俗志《荆楚岁时记》（南朝梁·宗懔）就记载了这个习俗：“五月五日，四民并蹋百草……采艾以为人，悬于门户上，以禳毒气。”

如今，从旧历五月的第五天起，家家户户都不约而同插一把艾枝和菖蒲在窗口，在门楣，直到干枯，迎接另一个端午节的如约而至。一辈一辈的中国人，都这么坚守着，并不问为什么，只是生生不息地传承。他们深居乡里，识不了几个象形字，也不懂用象形字写成的诗句，只知道用艾草与菖蒲作为道具所怀念的那人，爱国、忠君，还写诗，写好了就在江畔吟唱；不高兴了还发牢骚，走投无路了就去跳水，以至于那湿身的水痕一直沿着汨罗江漫延到今天，濡湿了一个民族

的心灵，汇成一段悼词，一种咒语，与一位楚国达人逶迤相绾着。

汉字充盈着汉民族的正奇（陰陽）思维，比辨证思维不知道要奇妙多少。比如，艾为草，却有一个冰火相容的别称。《说文解字》:“艾，冰台也。从艹，乂声。”《尔雅》也是这么说的：“艾，冰台。”

何为“冰台”？东晋张华在《博物志》中说：削冰令圆举以向日，干艾于后，承其景则得火，故曰冰台。意思是说，拿冰磨成凸透镜，透过阳光对着艾绒可以取火，所以有冰台之名。张华的解释揭示了艾绒易燃的物理属性，是否与“钻木取火”相关？不知道。艾草青白相溶的独特色调，正是冰清玉洁的表征，用来寄托哀思，象征屈原爱国忠君的清白一生，倒也十分贴切。

从《离骚》的自白中获悉，生活在艾草故乡的楚人屈原，其实并不喜欢艾草。在屈大夫的伟大诗篇里，常用香草美人来比喻自己的美政理想，用恶草贱禽来比喻自己厌恶的佞臣小人。比如,《离骚》中就有“何昔日之芳草兮,今直为此萧艾也”这样的句子。屈原将芝兰和芳草与萧艾做对比，烘托了兰草，赞扬了君子的崇高美德,却也贬低了艾蒿。“户服艾以盈要兮,谓幽兰其不可佩。”(《离骚》)大意是说，无知的人们把艾草挂满腰间,却说幽兰是不可佩的东西。用屈原不喜欢,甚至厌恶、鄙视的艾草来纪念屈原，莫非是民俗史上的一个文化“悖论”？

悖论是智慧的闪光、科学的酵母。篆文“[篆文](艾)”由“[篆文](艸,草药)”和“[篆文](乂，收割)”两个字符会意合成。造字的本义似乎是说，这是一种用于治疗或理疗的草本植物，每到农历五月，抽薹、亢奋的艾草开始挺直身躯，等待着凄惨的收割（乂，通“刈”，刈割，斩除）。因此，有诗人叹道：艾草的香气，不过是植物受伤的叫喊。可见，艾草与屈原的命运或许就隐身于“悖论”之中。

依《诗经植物图鉴》（潘富俊，上海书店出版社）的说法：葛三个月开花结果，萧（蒿的一种）秋至而充实,艾草的成熟期则长达三年。所以,《诗经·王风·采葛》中反复吟唱：“彼采葛兮，一日不见，如三月兮；彼采萧兮，一日不见，如三秋兮；彼采艾兮，一日不见，如三岁兮。”男子因对采葛、采萧、采艾的女子心怀爱怜，于是就赋予时间以曲率、温度和韧性,将“一日”在心理上渐次延伸为三月、三秋、三岁，直映情人如胶似漆、难分难舍的恋情。

时间的刚柔，显于外，则是一种自然刻度；存乎内，则是一种心理体验。一切卿卿我我的呓语，山盟海誓的情境，到了《诗经》这里，只需要置换三种植物，在重叠的格调中反复吟诵就足以把愈来愈强烈的眷恋的情感，生动地表达出来。此时，时间的自然刻度消失了，时间的情绪体验却如艾草般疯长。

《诗经》的艺术感染力，妙就妙在语言自身罗织的“悖论”中。单向度不可逆的时间属性，所造成的心理错觉、情感刻度，由于融进了他们无以复加的恋情，看似痴语、疯话，却能妙达离人心曲，唤起不同时代读者的情感共鸣。

芦苇

老家小镇，纵横交错的街衢编织着每一个游子的乡愁，也绘就我的精神地图，牵制着我在异乡的经纬定位；故乡的街衢，大多都有被炊烟熏染的名字，充满磁性。它们或短或长，或直或曲，或起或伏，或涩或润，虽然形态各异、色调不一，但都无一例外融汇于小镇外围的护城河，消失在一片水色氤氲的苇子地里，犹如大树高耸的枝叶隐身于云朵。

家乡，因此成为一个永远漂浮在苇丛里的梦境。

乡亲们习惯把护城河叫作“苇沟”，把苇沟两侧的堤岸称为“苇堆”。仿佛同一个原点画出的同心圆，苇沟外面有苇沟，宛若宽窄不一的腰带，束在我家乡水白的腰际，间离为苇里、苇外和“湖”——我一直怀疑，我的乡亲曾经是一群水生动物，他们顽固地滞留在渔猎时期，把苇沟以外的田畴叫作“湖”，即使是缺水的丘陵地也不例外，下地干农活无论上坡还是下坡一概叫“下湖”。

你也许会说，“苇”应该写作“围”或“圩”才是吧。海州湾地区的确有很多以“圩”命名的乡村——请原谅我遗传性的固执，我个人认为苇与圩、围，音同义近，它们都与水有关。只不过，“苇”强调的是一种顽强神秘的生命存在；“圩”是指培育生命奇迹的临水堤岸，而“围”则体现了苇与人群的关联，它们呈亲切合围的态势，环绕在人类聚居地的四周。

《说文解字》:“葦(苇),大葭也。从艸,韦声。”许慎的意思是说苇是高大的葭草。字形采用“艸”做形旁、“韦”做声旁。

我个人认为,声旁“韦”其实不仅表音,还兼具表义功能。从字源上说,韦(韋)是“卫(衛)”和“围(圍)”的同源分化字。

甲骨文时期，韋（韦）写作“”或者写作“”“”，由“”（囗，祭祀中心，城邑）和“”（众多脚印，代表巡逻的防卫行为）组合而成，造字本义是卫兵环绕祭坛、城邑（）巡逻（，行走）警戒或献祭。其中，“口”是原始生命力历经磨难后得以升华的精神空间。甲骨文“邑（[illegible]）”从“囗”会意，表示同信仰的族群早期定居的范围。

篆文时期，“韦”的“卫城”本义消失，因之在“韦”的外围加“行（[illegible]）”另造“衛（[illegible]，今简化为‘卫’）”，表示巡逻守卫；同期，又在韦的外围加“囗”另造“围”，表示环绕城邑的城防工事。也因此，“苇”与“围”“衛”三个字分道扬镳之后，依然保留着同根的基因。

许多年前，我读《百年孤独》，曾自恋地认为马尔克斯可能神游过我的故乡。原因是，我在“马贡多”找到了漂离的故乡原型，所有地球人的故乡大约都与马贡多相联系，这使我感觉到我们其实一直生活在古代社会的素朴投影里。当霍塞·阿卡迪奥·布恩地亚发现，马多贡四面八方被水包围的时候，我确信马贡多小镇与我老家同出一脉。只不过，我的家乡是被一片横无际涯的水生群居植物——芦苇，包围着。

芦花怒放的时节，我确曾发现一片芦苇如士兵护卫着我的家乡，它们森然肃杀，如刀，如旗，立于秋风中，我能听见它们神秘的呐喊声。难怪先民为芦苇类植物的花命名为“艻”（《尔雅·释草》）。《说文》：“苅，艻也。”芦花名艻，又称苅——古人认为芦花堪称草中的“列（列通烈）者”。为了聆听自然的教诲和启示，古人愿意变成一株苇草，去接近自然，反观自身。或许古人在造“苇”字时，关注的已不是芦花的美，而是它的“列”性。因其秉性之列，才不愧为村庄或城邑的守卫者。有学者称，苇字中的“韦”是经纬之“纬”的省略，说苇是一种可以编织成席的植物。我个人认为，此说貌似成理，却疏于浅显。

《周礼·夏官·戎右》说：“赞牛耳桃苅。”郑玄注曰：“桃，鬼所畏也，苅，扫帚，所以扫不祥。”《礼记·檀弓下》：“君临臣丧，以巫祝桃苅执戈，恶之也。”陈澔集说：“桃性辟恶，鬼神畏之……苅，苕帚也，所以除秽。巫执桃，祝执苅，小臣执戈。”唐·韩愈在《论佛骨表》中也谈道：“古之诸侯，行吊于其国，尚令巫祝先以桃苅祓除不祥，然后进吊。”元·刘镗《观傩》诗曰：“归来桃苅坐深蔺，翠鹑黄狐犹在眼。”将桃杖与扫帚并列，可知《周礼》中的扫帚，绝非今日扫除所用的普通扫帚，当是一种巫术礼仪必备的道具，与桃木一样用以辟邪除秽。毫无疑问，制造这把扫帚的材料，正是今日寻常所见的芦花。

可见，在神主宰一切的上古时期，芦花非同凡响。看一眼甲骨文里“帚”的长相就会明白其中的堂奥了。

在甲骨文里，帚写作“（帚）”或“”，明显就是一束随风摇曳的植物，而且有根有叶有花穗，可断定是秋水伊人（）无疑——古文字学家称，此字正是“帚”的初文，类似于今天的扫（笤）帚，描绘的是远古巫术时代巫师、祭司手中的法器，形成文字后则代表着祭祀权或祭司的身份。

宋人范成大在《上元吴中节物俳谐体三十二韵》谈道：“箒卜拖裙验，箕诗落笔惊。”大义是说，帚卜为女性之占事（范自注：弊帚系裙以卜，名扫帚姑）的方式。早年，我老家曾保留上古时期“帚卜”“箕卜”“筷卜”的习俗，我母亲至今还时不时用筷卜预测未来诸事，口中念念有词“筷姑筷姑”之类。

甲骨文（帚）由（芦花状）和（工字形）构成，依民间学者唐汉的解释，（工形符）为“工”字的90°反转字符，作为穿通符号，表明通天地、彻人神的意思。相传，帚卜多为女性所司，后加女旁成为“妇（婦）”。文字学者们认为，最初（帚）并非妇女的专属名词，只代表祭司身份和祭祀权。

张素凤在《卜辞中“帚”与从“帚”之字考释》一文中说：“卜辞中‘帚’的身份是巫觋。”我老家民间确信：芦花就像一把刀锋，能够扫除一切恶鬼凶煞。所以，家里有客人，往往忌讳执帚。也因此，忌讳的“讳（諱）”中有“韋”字符的遗留。试想，连鬼都怕的植物，你说是列也不列（烈）？

从巫术时代（石器）经英雄时代（青铜）到文明时代（黑铁），科学昌明的代价是神性的遮蔽。因此，《诗经》时期密植于汉语的“苇草”所呈现的方式，远离了不可言说的超自然神性和灵犀之通，已经蜕化为一种低伏、顽强、柔韧、隐忍、谦卑、茂盛而又新鲜、自然的秉性。它中空、虚怀若谷，所以它的目光永远是垂直向下，卑微是它的信仰。

“谁谓河广，一苇杭之。”芦苇，在《诗经》中多次现身。在《驺虞》《河广》《行苇》等篇章中，都有它们摇曳的身影。当然，最著名的还是《蒹葭》（蒹葭即芦苇。蒹，没有抽穗的芦苇；葭，初生的芦苇）：

蒹葭苍苍，
白露为霜。
所谓伊人，
在水一方。
溯洄从之，

道阻且长。
溯游从之，
宛在水中央。

毕竟，芦花美到了极致，就算它们没有驱鬼降魔的神力，当你像芦苇一样立于水岸，相信你也一定会被一种无尽的凛冽而空蒙的情怀所环绕，躲都躲不开。

撇开“列者”的象征意义或职能不说，芦苇作为一种草，是极具东方神秘主义情调的，也只有浸润在东方天人合一、阴阳转合、民胞物与的思维琼浆中，芦苇才能育为东方的化身。“人之生也柔弱，其死也坚强。草之生也柔脆，其死也枯槁。故坚强者死之徒，柔弱者生之徒。”老子尚柔，刚强在他看来，是与死亡联系在一起的。所以，芦苇属于道家，属于东方。正如一位客居西域的嘉兴诗人所说：“没有一种植物像芦苇那样深深地扎根于东方的血脉，那样普及东方的山山水水，海角天涯。”这位诗人姓沈名苇，他的名字正是他的标签：“这里的一切仿佛都发生在它深沉的内部，悲剧总是在人群翩翩的衣裳下面起伏、动荡，就像演员们都包裹在长长的戏袍里一样。”诗人还引用保尔·克洛岱尔《认识东方》中的句子，说芦苇乃东方的衣裳和戏袍。的确，在所有的植物中，唯有芦苇能够为我们打开或折射东方风景，却将其深沉的内部隐藏起来。它是中国戏曲中的戏袍，中国书画中的狂草，是最具东方主义的艺术元素和哲学图符。

“会思想的芦苇”源自法国17世纪科学家、思想家布莱兹·帕斯卡尔1670年出版的散文集《思想录》。他在文中写道，人只不过是一根芦苇，是自然界最脆弱的东西；但他是一根能思想的芦苇。用不着整个宇宙都拿起武器来才能毁灭他；一口气、一滴水就足以致他死命了。然而，纵使宇宙毁灭了他，人却仍然要比置他于死命的东西更高贵得多；因为他知道自己要死亡，以及宇宙对他所具有的优势，而宇宙对此却是一无所知。因而，我们全部的尊严就在于思想……

如同庞德发现了汉字的“意象”，艾森斯坦发现了汉语的“蒙太奇”，布莱希特发现了汉语的“间离”，阿波利奈尔发现了汉语超现实的“回文”与“图像”，帕斯卡尔发现了东方的苇草密植成了思想者的森林。

西蜀诗人蒋蓝说：“大概没有任何一个哲人的话语，在汉语思想界能够超过帕斯卡尔‘苇草—思想’论的深广影响。奇怪的是，这个有些悲壮的命名，在另外

的语境里是无法重现它在汉语中的盛景的。”不过，蒋蓝认为，帕斯卡尔设想的比拟物（思考的芦苇），极可能指的是古埃及人用来书写的纸莎草。

大麻

一种神的语言，在事物内部说话。本雅明说，每一种人类语言，其实都是对神语失败和歪曲的翻译。

所以，本雅明渴望超凡脱俗的生活，更直接地理解事物内部的神语。这种渴望，驾驭着体悟宇宙意义的强烈的目的性，最终散漫而不确定地将这位“欧洲最后的文人”，引向了大麻。

大麻始载于《神农本草经》，为一年生草本植物。据考古资料证实，较早的大麻遗存均出土于亚洲，亚洲又以中国的大麻遗存年代最早。目前，我国发现的较早的大麻实物遗存，是甘肃省东乡县林家遗址出土的大麻籽，属于马家窑文化。这说明，大麻的栽培史至少有 5000 年。

大约在公元前 1000 年，沉溺于宗教情感的印度人开始认识到大麻的麻醉性能。此前，在古汉语语境中，大麻曾被列入五谷之一。《黄帝内经》：“五谷为养。麻、麦、稷、黍、豆，以配肝、心、脾、肺、肾。”《礼记·月令》也有“孟秋之月，食麻与犬”的记载。在一些偏僻的地区，至今仍然保留食用麻籽的多种偏好。比如，可做零食，嗑食麻籽是生、熟两便的早期零食习惯；也可以将麻籽加水磨细滤渣，掺上菜品煮着吃，称为“麻籽豆腐”，类似唐代的麻粥，与我家乡的“清浆（豆腐渣加青菜制成）”相仿。还可以用麻仁泥做糕点馅。在西藏地区，有将大麻籽掺入糌粑食用的；云南食用大麻籽的人，也很多。

三国时期，《吴普本草》（魏吴普撰于公元 3 世纪初期）已经意识到大麻籽带壳而食是有毒的。据我老家赣榆学者胡淼先生介绍，“古人经验，春种者含毒高，不堪食用；秋（夏）种者含毒少，可少量炒食”（胡淼：《〈诗经〉的科学解读》）。可见，古人食用大麻还是颇为讲究，很有分寸的。

或许是出于对食用大麻麻酥酥感觉的警觉，人们逐渐在食物意义上疏离它。大麻淡出“五谷”行列之后，作为纤维作物的重要性明显增加。据《史记·货殖

列传》载，秦汉时期已出现了上千亩的大面积麻田。从曹魏开始，历朝租调中都有麻布的征收。因为大麻适应环境能力强，用途广泛，是普通百姓衣料的主要来源，所以在棉花普及之前，大麻种植面很广。至此，大麻从麻纰的实用价值出发，作为柔韧的绳索、披挂的麻衣、造纸的麻浆，在食不果腹衣不遮体的漫长岁月里，它缠绕着中国人朴实的日子，遮蔽并温暖过中国人的身体。但在丰衣足食之后，大麻随后工业时代的到来渐趋堕落。如今，在汉字“麻”的根系上滋生的词汇，大多含有贬义，比如：麻痹、麻醉、麻木、麻缠（陕西话，死缠烂打），还有“麻烦”等等。

事实上，大麻的确给人类惹来很多“麻烦”。大麻的功过是非，使之成为最有争议的植物。大约在公元前700年，大麻传入欧洲之始，就作为一种致幻剂存世。大麻中毒可引起人的思维迟钝、近事记忆混乱，行为由狂躁转入抑制、昏睡，以至于导致不省人事等症状。医学界有报告指出，大麻有影响白细胞产生干扰素的能力，而干扰素对人体免疫系统的调节至关重要。在国际社会，这种来自遥远东方的怪异植物，因其所含的致幻性成分四氢大麻酚（THC），曾一度被联合国禁毒公约列为与海洛因、可卡因并列的三大毒品之一。许多国家和地区也有明文规定，严禁种植、栽培大麻。然而，由于其特殊的经济价值和易栽培等特性，大麻在世界范围内种植面积有增无减。大麻的易获取性，也使之成为当今最普及、最廉价的“穷人的毒品”。

《南方周末》记者吕明合曾撰文说：“一些外国背包客到大理、丽江云游，发现田间地头随处可见的大麻，不禁喜出望外。在阳光、蓝天和如画般的异域风情之外，还能随时随地享用免费的大麻，对喜爱‘飞叶子’（抽大麻的俗称）的嬉皮士们而言，此地简直不啻天堂。奔走相告之下，一到大麻丰收季节，大理、丽江就挤满了专为大麻而来的嬉皮士。”（吕明合《“大麻”的诱惑》）据称，大麻的致幻作用，可使人的心境、警醒性和认知功能改变。也有人认为，在第一次嗑毒之后，会引起通常情况下体验不到，只有在梦中或处于宗教狂热状态下才能体验到的知觉、思维和情感改变的某种情状，比如视物形象鲜明，色彩绚丽，听觉清晰，乐感强烈，思维敏锐，神清气爽，甚或感觉时间停滞，常伴有自我销魂、通体欣悦的感觉……本雅明甚至确信，大麻能够让服用者产生类似X射线拍出时空内在结构的图片的幻觉。

“在沉醉的状态中——向新事物、未被触碰过的事物伸出手的——伟大的希望、欲望、向往”；“在它们的帮助下，突然穿透那最隐蔽，总体上最难以接触的、表面之世界”。大麻像童话里邪恶的精灵一样，许诺了本雅明一个愿望，但又抑制他无法享受到愿望实现的乐趣。本雅明是一个可以从任何分类中溜掉的、难以捉摸的人物，有时候你会怀疑：是否只有通过毒品致幻，才能亲近这位怪癖的“最后的文人”，犹如他借助毒品翻越事物的表层，亲近事物的本质一样。或许我们可以相信，在人的精神系统“失序”的特殊情况下，心灵深处处于“潜在”状态的“原始意象”便有可能裸露出来。正如理查德·卡尼所描绘的：

“他既是诗人神学家，又是历史唯物主义者，既是形而上学的语言学家，又是献身政治的游荡者，……在纳粹德国，他是一个犹太人；在莫斯科，他是一个神秘主义者；在欢乐的巴黎，他是一个冷静的德国人。他永远没有家园，没有祖国，甚至没有职业——作为一个文人，学术界不承认他是他们中的一员。他所写的一切最终成为一种独特的东西！”

1927年，35岁的沃尔特·本雅明以一种异乎寻常的热忱、学者式的勤谨开始求助于药物，寻找他称为“世俗的启迪”的东西。12月18日凌晨，本雅明开始写一个备忘录，名字叫作《我对大麻初感的主要特征》，这就是后来在20世纪哲学史上占有重要地位的《论大麻》。书中，作者对大麻的迷狂体验极具诱惑性，仿佛对人类发出恳切的邀请：“你知道，大麻总能唤起光的华丽建筑，壮丽辉煌的景象，液体黄金的瀑布。”“无边的亲切感，逃离了神经强迫性的焦虑心理。”

本雅明关于大麻的经验，几乎超越了“大麻”作为人类语言的世俗局限，接近于本雅明所说的“神的语言”。我相信，从物的语言、人的语言到神的语言的梯级升腾中，凡读过《论大麻》的读者，任谁都难以在知觉上拒绝接受“邀请”，止步于“人的语言”阶段。因为，天才文人实在是可以通神。可是，按本雅明的说法，“大麻”作为人类语言，并非来自事物内部的神语，因为西语的大麻（cannabisplants）作为语言的符号，仅仅标记它的读音而已。

在我国上古文献中，根据语境的不同，“大麻”可指称大麻植株、麻籽实和麻纤维，它的命名可以叫“火麻”（《日用本草》），“黄麻”“汉麻”（《尔雅翼》），“麻蕡”（《本经》），凡此种种，大多与本雅明的母语“能称（概念）”没有多大区别，其“所指”即声音的心理印迹或音响形象几无分别。

鲜为人知的是，大麻在上古中国还有另一个魅力十足的名字——“苴”！

假如本雅明是一个以汉语为母语的写作者，或对汉字稍有研究，我相信他一定会沿着汉字“苴”的形音义线索，避开任何形式主义的狂喜，直奔大麻这一事物的内核。

我个人就有这样的体验：汉字“苴”，一旦在卷帙浩繁的史料中涌现在我们面前，一切关于“大麻”的碎片化、表象化的信息立即退隐。

此刻，“通向一个奇异世界的门，仿佛正在开启”。

“七月食瓜，八月断壶。九月叔苴，采荼薪樗，食我农夫。”（《诗·豳风·七月》。）显形于《诗经》的“苴”，就是我们今天所指的大麻。《诗经》中关于麻的记载，已经有了“枲”（xǐ，雄麻）和“苴”（jū，雌麻）的区分，说明当时人们对大麻雌、雄异株的现象及其不同用途已有清楚的认识。当然，《诗经》中九月采摘（叔）的“苴”，与瓜、壶（葫芦）、荼（苦菜，也有学者认为是“茶”）等作物大约有同等重要的食用地位。三国吴学者陆玑，在《诗疏》中肯定了大麻的雄雌之分：“雄者为枲麻、杜麻，雌者名苴、苎麻。”明代李时珍在《本草纲目》中也说道：“大麻即今火麻，亦曰黄麻，处处种之。剥麻收子，有雌有雄，雄者为枲，雌者为苴。”

汉字“苴”，是由“艹（草）”与“且”两个字根合成。最初的造字者为什么选取“且”作为字根，创造了“苴”字，“且”又映射了什么样的“物象”呢？

康德说，自然在其美妙的、形形色色的状态下，向我们比喻性地打着招呼，作为我们道德性的感情，我们被赋予了这种解释自然暗号的天赋才能。汉字“苴”，不仅是单个模拟音形义的语言结构的符号，而且是通过单字内部模件（字根）的组合，以及多字的外部组合（义域）表述思维结构的符号。

深谙中华文化堂奥的李敖先生，早在1984年就写下了《且且且且且》一文，从古人的性崇拜，考证到儒家文化中的“牌位”，清晰地诠释了“且”代表男根的来龙去脉。从汉民族根文化上看，汉字“且”的神性，保留在我国的原始信仰从生殖崇拜上升到它的高级形式——祖先崇拜的演化过程中。祖先崇拜的实质，就是对男女性器的崇拜。从竖立于旷野山间的灵石，到宗祠里的神主牌位；从天子手中的玄圭，到天安门广场的华表，“且”字形无不映衬华夏民族对于生殖的崇拜与肃穆。

沿着李敖的《且且且且且》文脉、字理向上回溯，不难发现在甲骨文和金文里，“且（ ）”均为男根形状，指代男人的性器。甲骨文“ （苴）”其字形字貌，恰好又是用手拾取麻籽的物象场景。这大概就是古人造字的秘密所在了：以“且”为字根的字族中，都隐约保留了“且”与男人裆下悬垂物之间的神秘关联。

譬如，“狙”传说是殷人的始祖，又名夒；“殂”则指的是帝王的驾崩；“俎”是祭祀祖先的平台；“宜”的本义则是献给祖先俎上的肉；“助”是祈求祖先神灵佑护的意思；“租”是交给祖庙的田税；“诅”的目的是祈求祖先神灵降祸于被诅咒的人；古代蜀人称母为“姐”，而“粗”指的是直径较大的长条圆状物。

由此可见，“且”与“祖”同，“且”是“祖”的本字。

在现代西方文化中，大麻的使用往往与性倾向有染。广泛使用大麻可以增加性欲，征服阳萎，产生持久的勃起，延迟射精，促进润滑，放松压抑和治疗各种疾病。虽说大麻对性功能刺激作用不如鸦片类那样强烈，但易使瘾君子情绪失控，从而产生伦理道德观念的扭曲，在快感的作用下对异性产生戏谑性的行为。美国1971年上映的剧情纪录片《春药！大麻的性秘密》、2009年出品上映的电影《性感大麻》，都从不同角度探讨了年轻人使用大麻催情做爱的情况，为汉字“苴”的造字意图提供了现代注脚。

当代学者们认为，大麻作为春药其催情功能直到现代才被发掘。这种说法，显然缺乏对汉字文化的基本了解。“苴”的造字真（贞）相表明，华夏先民早就谙熟麻籽可食且有催情助兴、繁衍后代的功效。还原“苴”的原始字形得以窥见，中国人早在蛮荒时代已经充分认识到了苴是一种很给力、很煽情的草，充满神性；它生长在本雅明的话语世界之外，是物的语言、人的语言和神的语言的高度统一。用当下流行的网络语言来说：大麻其实很屌。

枫叶

枫，落叶乔木，春季开花，黄褐色。叶互生，通常掌状三裂，边缘有锯齿，秋季变成红色，树脂可入药，亦称“枫香树”。

一条看似寻常的植物定义，却不寻常地从视觉化的颜值值域出发，悄悄翻越植物学的藩篱，径直进入修辞学的芳圃——由于嗅觉的直接参与，从此打破了词的单向度运动，通感与联觉手法的妙用，不同感官的协同映照犹如疑犯的串供，引领我们沿着植物的色彩、气味，一路走下来，审视、叩问“枫”作为一个词的无意识运动的风采。

眼前，仿佛涌现京郊香山那些高举火把的树，瞬间将秋天凝缩、移置为一场疯狂的视觉与嗅觉协同出席的盛宴，声势浩大的美学想象也即刻弥漫起来。枫除了作为“色木”之外，还是一种可以用嗅觉来感受的树种。

枫香。枫树的树脂有香气，但人们常常忽略不闻。

幸亏《唐本草》提醒过我们“枫脂”的存在：“（枫）树高大，叶三角，商、洛之间多有，五月斫树为坎，十一月采脂。”《蜀本草图经》进一步说到“枫香”：“树高大，木肌理硬，叶三角而香。”

香气，似乎特别易于衍射古人的想象张力。所以，《蜀本草》还记载：“枫脂，入地千年化为虎魄。”虎魄大概就是琥珀。

许慎在《说文解字》也谈道：“枫木，宫殿中多植之，故称枫宸。”《本草图经》则引《述异记》说道：“南中枫木之老者为人形，亦呼为灵枫，盖瘿瘤也。”《谭景升化书》说得更加玄幻：“老枫化为羽人，无情而之有情也。”

古人的叙事，无端的纵逸自如，说着说着就进入了神异空间，植物也就通了人性、人伦、政治，或者取得了超自然的力量。

在浩瀚的古代典籍中，《尔雅》的诠释算是最有风姿的了：“枫，欇欇。”（《尔雅·释木》）汉末学者孙炎注曰：“（枫）生江上，有寄生枝，高三四尺，生毛，一名枫子。”

江枫的意象，不禁令人想起唐诗人张继的诗句：“月落乌啼霜满天，江枫渔火对愁眠。”耳畔响起《楚辞》的吟唱：“湛湛江水兮，上有枫。”

毫无疑问，江与枫的自然生态链已深深镌入诗人的意念，与张继同声相和的诗句，顷刻在江岸回响，白了青丝，红了秋风：“青枫江畔白苹洲，楚客伤离不待秋。”（李益《柳杨送客》）“江边枫落菊花黄，少长登高一望乡。”（崔国辅《九月九日》）

不过，孙炎的注释，虽说赋予了植物生长的特定地理氛围的空间联想，却忽略了《尔雅》关于听觉参与的意趣。你看，作为枫的异名——“欇”，三只耳朵同时出现在同一个字象中，意味着什么，难道说仅仅凝眸注目或鼻翼翕动就够了吗？

由于风声的置入，需要由视而嗅，由嗅而听，调动色、声、香、味、触、法多重感觉，才能形成生动完好的表象。而且，就“听觉”而言，“两只耳朵”不足以烘托出枫之飒飒的私密情调；如果没有听觉的参与，没有“第三只耳朵”的介入，这种醉人的风姿岂不成了自言自语，甚或成了早期电影的默片？好在，字圣许慎敏感地开启了风姿摇曳的另一种词义的关注——这位五经博士试图在动态中让我们感受枫的诗情画意——《说文》：“枫，枫木也。厚叶弱枝，善摇。”一个“摇”字，由不得你不心旌摇荡。于是，枫之姿态便遥遥召唤，呼之欲出了。

按许慎的说法，叶厚而枝弱正是枫树摇曳生姿的原因所在——所谓“善摇”者，是说树之叶因风而善摇动，与“风”有关，故以“枫”名之。宋人陆佃在《埤雅》中也跟风说道：“枝善摇，故字从风，叶作三脊，霜后色丹，谓之丹枫，其材可以为式。”比陆佃年长22岁的杰出药物学家、博物学者苏颂在《图经本草》中说：“《尔雅》谓‘枫为欇欇’，言天风则鸣鸣欇欇也。”意思是说，“枫”之命名原是取义于枫之叶片易感天风的风格。今人夏纬瑛在《植物名释札记》一书中指出：枫树之风即峰之假借字，因其为木而作“枫”。枫之叶有岐，作三角，犹如山（𠁼）之有三峰，故名“枫树”。夏纬瑛的说法，作为对许慎、陆佃、苏颂的质疑似乎有理：树欲静而风不止，风动，叶动，世上有哪片树叶感风之下，能自持呢？

撇开古人的敏感触角、话语场域，是无法窥视枫的造字机理的。宋玉在《风赋》中说道：“夫风者，生于地，起于青苹之末。”自然界的“风”，一旦吹入社会人伦层面，便因此拥有了社会学、政治学、人类学的意蕴。也因此，原本用来描绘自然景观的一些词汇，就被赋予另一层含义。风的语义场，实际上就是生机盎然的“文化生态系统”，它浓缩了中华民族的生存大智慧，集中体现了中国古代文化的有机性、

整合性（参见拙作《汉字动物园：凤》）。难怪鲁枢元特别钟情于吟诵“大风歌”，因为，仅仅一个“风”字，便能够集中体现出汉民族的生存状态、生活方式、心理模式，并近乎全面地展现汉民族传统的文化精神风貌。

春不红秋红，花不红叶红。在众多树种中，枫树逆植物法则而动，掀起一场自然红移风暴。春天，百花争奇斗妍之时，枫树融入一片绿，只呈奉点点淡淡的黄褐色花朵，无意与百花争春色，不显山不露水；秋天，待到花落叶黄满目萧条之时，蛰伏已久的枫树终于爆发了，燃烧了，如火，如荼。枫树静静地等候，默默地积淀，这份淡定逆袭的勇气，特立独行的禀赋，怕只有一个字可堪表述，那就是风度之风、风姿之风、风情之风、风暴之风。

汉字“枫”，由风、木两个字根构造，无体察入微的情怀、别具一格的慧眼，是无以揣摩飘然而至的枫之飒飒风姿的。八卦中，风称为巽。《易·说卦》：“巽为木，为风。”风起于自然，感于木。在古人看来，风属木，属东方。唐徐师川诗云：“一百五日寒食雨，二十四番花信风。”倘若没有树的动静参差，风的存在就失去了观照。因此，取既标音又表义的字根“风”，加持“木”字造就的“枫”，寄托了古人多少情愫！

跋

吴明忠

我与孟仪先生相识时间并不长，但一见如故，相见恨晚。虽然自己是学中文出身，但毕竟长期从事应用文写作，在汉字训诂方面缺课实在太多。2014年，我从学校办公室转到文学院工作后，因为专业教学和社会服务的需要，有缘和先生常有走动，得就春风。每次交谈，先生对中华优秀传统文化发自内心的热爱，对中国汉字文化基因近乎痴迷的探寻，让我这个后学时常倍感汗颜。

至今我还记得，我们曾经热聊过“是”字的话题。先生用他广博的学识和条分缕析的解释让我茅塞顿开、恍然大悟。在日常生活中，我们经常使用“实事求是”一词，表明自己分析和解决问题的立场态度。可是，对于“是”为什么有“规律”的义项，并不知其所以然。孟仪先生说，假如我们通晓“是”是日族字的重要成员，又与“走（跑）”字相关联，明了“[illegible]（是）”的结体由⊙（日）和[illegible]（正）两个字根组成，清楚“是”的字形从金文[illegible]（⊙太阳，[illegible]手，[illegible]止，即趾、脚）到石鼓文[illegible]、篆书[illegible]的演变过程，就不难洞悉“是”作为一种神秘图景，其中所饱含的“规律”的义项。

据考证，“是”所描绘的恰好是“太阳（日）运行（走）的轨迹”的天象图。因此，“是”有“周而复始”“规律”“准确”“正确”的义项；同时，“是”所描绘的又是夏至日北半球太阳当空直射的自然现象，所以又表明“正，不偏斜”的意象。另外，金文[illegible]（是）中有“[illegible]（又，手）”有“[illegible]（足）”，表明在太阳崇拜的农耕文明时期，农人忙于夏收夏种、祭祀娱神的物象场景。

先生钩沉历史，从中国神话传说和西方哲学思想中吸取营养。在他看来，“是”字，从日从足，反映了远古夸父追日的神话，是人类追求（足，行走）正能量（日，光明）的象征；同时，“是”作为一种逻辑秩序，在西方话语体系中是人的存在（be），表示的是人类思维力和是非判断，体现了人之为人的本质理据（being）。

先生专心研究汉字构造和演变历史的收获，让我相信这样一句话，熟知并不等于真知。

当我们认真审视日常习用的所谓熟知的汉字时，竟然发现眼前一笔一划构成的方块字如此陌生，真正有莫名其妙之惑。究其原因，乃是几十年来我们认字识字、解字用字，远离了汉字生长的生态时空，割裂了与它血脉相连的同族字的基因谱系。

过去相当长一段时期，我们的语文基础教育从小学一年级开始，就把有着共同基因的汉字拆分成单字，编排在不同的文本中让我们偶遇，而且又是从形音义分离的汉语拼音、简化字开始教字认字。这就很难保证那些初识的汉字，不是残缺不全的孤零零的个体。从这个角度说，汉字难教难学并不奇怪。土生土长的中国人尚且如此感受，那么对于远隔重洋的外国人来说，学习汉字汉语更非易事。美国汉字学者、被称为“汉字叔叔”的斯睿德先生刚到中国时，也深感汉字难写难说。但钻研多年、深悟汉字造字义理之后，斯睿德先生逢人必讲，汉字教育和汉语学习，有道理可遵，有规律可循。对此，孟仪先生曾经自信地说过，儿童和外国人在初识汉字阶段，如果能熟悉掌握 300 个部首（字根），初步掌握汉字的基本造字法，学习汉字完全可以像搭积木、玩魔方一样，其乐无穷，其妙无穷。

正是基于这样纵深的历史感和努力改变汉字难认难学的使命感，孟仪先生针对“素读”的传统诵读方式，首先提出了“真读”的概念。在他看来，真读是突破汉字作为语言符号的音义关系，以汉字字形为切入点，对汉字形体、构件与时间的解读，是文字回归图形的认知模式下的阅读。为此，他不仅格致穷理、探索规律，而且身体力行、亲自实践。

连云港市历史悠久，位于市郊西南方向的将军崖岩画被苏秉琦先生称为东方第一天书。为了做好岩画与汉字文化研究推广工作，经过认真筹备，由连云港报业传媒集团和淮海工学院文学院共建的东方天书研究所，于 2015 年 10 月淮海工学院 30 年校庆之际揭牌成立。研究所成立以后，广泛开展与国内多所学校合作，组织汉字思维课程培训和校本课程开发。今年 4 月，东方天书研究所与《语文报》合作主办的“全国中华优秀传统文化融入语文课程学术研讨会”，在尝试现行教材与传统文化的对接上，进行了有益的探索。最近孟仪先生又有《汉字动物园》大作付梓，嘱我补跋，不敢不从。

20 世纪 50 年代开始推行的汉字简化运动，给语文教育带来的影响至深且巨。值得肯定的是，它在一定程度上降低了汉字书写的难度，加快了普罗大众识字用字的步伐，但同时也有意无意地损害了汉字自身的完整性，破坏了汉字的结构，使汉字背后的丰富意蕴变得扑朔迷离。港台地区保留使用汉字繁体字的实践证明，笔画多少、字形简繁，并不是影响汉字教育成效、制约汉字识别和使用的主要因素。既然如此，那么在保留正体（繁体）字或“识繁写简”的前提下，如何教会我们的学生，教会热爱中国文化的外国人，既快速又快乐地正确识别和使用汉字，就成为一个值得思考、很有意义的重要实践问题。

文字是文化的基石和根脉。新世纪以来，中华优秀传统文化传承发展进入一个新的春天，字以溯源，文以载道，汉字文化也迎来了新浪潮。科学地教字认字，还汉字以真相，是时候了！

吴明忠

2017 年 9 月于耶鲁大学

★作者系江苏省淮海工学院文学院院长、耶鲁大学访问学者。